U0147777

敦煌佛教圖像研究
上冊

王惠民 著

總序

浙江，我國「自古繁華」的「東南形勝」之區，名聞遐邇的中國絲綢故鄉；敦煌，從漢武帝時張騫鑿空西域之後，便成為絲綢之路的「咽喉之地」，世界四大文明交融的「大都會」。自唐代始，浙江又因絲綢經海上運輸日本，成為海上絲路的起點之一。浙江與敦煌、浙江與絲綢之路因絲綢結緣，更由於近代一大批浙江學人對敦煌文化與絲綢之路的研究、傳播、弘揚而令學界矚目。

近代浙江，文化繁榮昌盛，學術底蘊深厚，在時代進步的大潮流中，湧現出眾多追求舊學新知、西學中用的「弄潮兒」。二十世紀初因敦煌莫高窟藏經洞文獻流散而興起的「敦煌學」，成為「世界學術之新潮流」；中國學者首先「預流」者，即是浙江的羅振玉與王國維。兩位國學大師「導夫先路」，幾代浙江學人（包括浙江籍及在浙工作生活者）奮隨其後，薪火相傳，從趙萬里、姜亮夫、夏鼐、張其昀、常書鴻等前輩大家，到王仲犖、潘絜茲、蔣禮鴻、王伯敏、常沙娜、樊錦詩、郭在貽、項楚、黃時鑒、施萍婷、齊陳駿、黃永武、朱雷等著名專家，再到徐文堪、柴劍虹、盧向前、吳麗娛、張湧泉、王勇、黃征、劉進寶、趙豐、王惠民、許建平以及馮培紅、余欣、竇懷永等一批更年輕的研究者，既有共同的學術追求，也有各自的學術傳承與治學品格，在不同的分支學科園地辛勤耕耘，為國際「顯學」敦煌學的發展與絲路文化的發揚光大作出了巨大貢獻。浙江的絲綢之路、敦煌學研究者，成為國際敦煌學與絲路文化研究領域舉世矚目的富有生命力的學術群體。這在近代中國的學術史上，也是一個值得關注的現象。

始創於一八九七的浙江大學，不僅是浙江百年人文之淵藪，也是近代中國社會科學與自然科學英才輩出的名校。其百年一貫的求是精神，培育了一代又一代腳踏實地而又敢於創新的學者專家。即以上述研治敦煌學與絲路文化的浙江學人而言，不僅相當一部分人的學習、工作與浙江大學關係緊密，而且每每成為浙江大學和全國乃至國外其他高校、研究機連結之紐帶、橋梁。如姜亮夫教授創辦的浙江大學古籍研所（原杭州大學古籍研究所），一九八四受教育部委託，即在全國率先舉辦敦煌學講習班，培養了一批敦煌學研究骨幹；本校三代學者對敦煌寫本語言文字的研究及敦煌文獻的分類整理，在全世界居於領先地位。浙江大學與敦煌研究院精誠合作，運用當代信息技術為敦煌石窟藝術的鑑賞、保護、修復、研究及再創造上，不斷攻堅克難，取得了舉世矚目的成就，拓展了敦煌學的研究領域。在中國敦煌吐魯番學會原語言文學會基礎上成立的浙江省敦煌學研究會，也已經成為與甘肅敦煌學學會、新疆吐魯番學會鼎足而立的重要學術平臺。由浙大學者參與主編，同浙江圖書館、浙江教育出版社合作編撰的《浙藏敦煌文獻》於二十一世紀伊始出版，則在國內散藏敦煌寫本的整理出版中起到了領跑與促進的作用。浙江學者倡導的中日韓「書籍之路」研究，大大豐富了海上絲路的文化內涵，也拓展了絲路文化研究的視野。位於西子湖畔的中國絲綢博物館，則因其獨特的絲綢文物考析及工藝史、交流史等方面的研究優勢，並以它與國內外眾多高校及收藏、研究機構進行實質性合作取得的豐碩成果而享譽學界。

現在，我國正處於實施「一帶一路」偉大戰略的起步階段，加大研究、傳播絲綢之路、敦煌文化的力度是其中的應有之義。這對於今天的浙江學人和浙江大學而言，是在原有深厚的學術積累基礎上如何進一步傳承、發揚學術優勢的問題，也是以更開闊的胸懷與長遠的眼光承擔的系統工程，而決非「應景」、「趕時髦」之舉。近期，浙江大學創建「一帶一路」合作與發展協同創新中心，舉辦「絲路文明傳承與發展國際學術研討會」，都是在新的歷史條件下邁出的堅實步伐。現在，浙江大學組織出版這一套學術書系，正是為了珍惜與把握歷史機遇，更好地回顧浙江學人的絲綢之路、敦煌學研究歷程，奉獻資料，追本溯源，檢閱成果，總結經驗，推進交流，加強互鑑，認清歷史使命，展現燦爛前景。

浙江學者絲路敦煌學術書系編委會

2015年9月3日

出版說明

本書系所選輯的論著寫作時間跨度較長，涉及學科範圍較廣，引述歷史典籍版本較複雜，作者行文風格各異，部分著作人亦已去世，依照尊重歷史、尊敬作者、遵循學術規範、倡導化文化多元化的原則，經與浙江大學出版社協商，書系編委會對書系的文字編輯加工處理特做以下說明：

一、因內容需要，書系中若干卷採用繁體字排印；簡體字各卷中某些引文為避免產生歧義或詮釋之必需，保留個別繁字、異體字。

二、編輯在審讀加工中，只對原著中明確的訛誤錯漏改動補正，對具有時代風貌、作者遣詞造句習慣等特徵的文句，一律不改，包括原有一些歷史地名、族名等稱呼，只要不存在原則性錯誤，一般不予改動。

三、對著作中引述的歷史典籍或他人著作原文，只要所注版本出處明確，核對無誤，原則上不比照其他版本做文字改動。原著沒有註明版本出處的，根據學術規範要求請作者或選編者盡量予以補註。

四、對著作中涉及的敦煌、吐魯番所出古寫本，一般均改用通行的規範簡體字或繁體字，如因論述需要，也適當保留了一些原寫本中的通假字、俗寫字、異體字、借字等。

五、對著作中涉及的書名、地名、敦煌吐魯番寫本編號、石窟名稱與序次、研究機構名稱及人名，原則上要求全卷統一，因撰著年代不同或需要體現時代特色或學術變遷的，可括注説明；無法做到全卷統一的則要求做到全篇一致。

書系編委會

2015年10月

目次

上冊

上冊

我與敦煌佛教圖像研究

最早聽說敦煌是在何時，已經毫無印象了。一九八四年杭州大學歷史系畢業前夕，從報刊看到一篇文章，裡面有施萍婷老師的生活與工作片段，就給施老師寫信，要求來敦煌工作，施老師回信說歡迎，於是當年八月即到敦煌研究院報到。見面之後，施老師建議我去考古所，賀世哲老師、段文杰院長都同意。這樣當年來的三個大學生，北師大中文系畢業的趙聲良去了編輯部、陝師大歷史系畢業的楊森去了敦煌遺書研究所，我去了考古所。這是文革後的第二批大學生，第一批大學生是前一年來的川大歷史系寧強、重慶師院歷史系羅華慶。施老師沒有讓我去她當所長的敦煌遺書研究所的原因是她擔心我一旦走不上正軌，就沒有後路了，她認為世界各地的學者都可以做敦煌文獻研究，而敦煌石窟研究得待在敦煌，一手資料多，容易出成果，進退的餘地大些。

二十世紀八〇年代初，中國的敦煌學研究蓬勃開展，其中一九八三年在蘭州召開的全國敦煌學學術會議相當於中國第一屆敦煌研究學術研討會是中國敦煌學研究里程碑式的盛會，國內大多數敦煌學專家都參加了會議提交的論文水平很高。敦煌文物研究所在此前後出版了《敦煌研究文集》(1982年)、《中國石窟・敦煌莫高窟》五卷(俗稱「五卷本」)、創刊了《敦煌研究》雜誌等，並於一九八四年升級為敦煌研究院，學術研究進入了一個新的發展時期。可以說無論是全國敦煌學的發展、還是敦煌研究院的學術發展，我都趕上了一個好時機。

在考古所主要跟賀老師做佛教圖像研究，賀老師首先安排我調查水月觀音像，記得論文初稿交上去後，賀老師拿出他的筆記本，對我文章的資料進行解釋、補充、糾錯，原來我做的一切資料調查，賀老師都做過了，他只是像父母看著一二歲孩子在蹣跚學步而已。《敦煌水月觀音像》後來發表在《敦煌研究》一九八七年第一期，這是我的第一篇論文。一九九六年，中山大學姜伯勤老師念敦煌之情，招我到中山大學讀博士，開闊了眼界。

我的主要工作是對松本榮一《敦煌畫研究》一書未收部分的經變畫進行調查。松本榮一沒有來過敦煌，他藉助歐美藏敦煌圖像資料完成名著《敦煌畫研究》，其中對西方淨土變(阿彌陀經變、觀無量壽經變)、藥師經變、彌勒經變、法華經變、維摩詰經變、報恩經變、華嚴經變、父母恩重經變、牢度叉斗聖變、佛本行經變、涅槃經變、熾盛光佛經變、十王經變、千手千缽文殊經變、千手千眼觀音經變、十一面觀音經變、不空羂索觀音經變、如意輪觀音經變等十八種經變進行了研究，但還有十一種經變沒有涉及，這些經變名稱在松本榮一之後逐漸弄清楚了，但具體內容如根據哪部譯本繪製、主要情節等內容尚未進行調查。我陸續完成了天請問經變、思益梵天所問經變、密嚴經變、楞伽經變、佛頂尊勝陀羅尼經變、十輪經變、孔雀明王經變等經變的調查與研究，這些研究可以給個副標題「松本榮一《敦煌畫研究》未收部分」，遺憾的是，未對《敦煌畫研究》未收的福田經變、金剛經變、金光明經變、梵網經變進行考察。另外，對敦煌壁畫中的千手千眼觀音、一佛五十菩薩、毗那夜迦、尼乾子、十六羅漢、祖師像等圖像也有調查。除了壁畫圖像之外，還寫了《〈太上洞玄靈寶天尊名〉初探》《唐東都敬愛寺考》《河西節度副使楊顒之蕃任官職考》《吐蕃長度單位「箭」考》《敦煌龍興寺等寺院藏三階教經籍》等一些敦煌史地與文獻研究的論文。

學術方法似乎沒有要談的，研究工作無非是發現問題、解決問題或者說是發現新資料、提出新觀點，學術標準就這麼簡單，具體研究中則要方方面面考慮周全，即英語中的「五個 W」（when，where，who，what，why，時間、地點、人物、內容、原因），道理大家都懂，但實際研究過程中會出現偏差，如唐代敦煌出現從化鄉一鄉名，多數學者以此認為從化鄉是粟特人聚落，但考察唐初敦煌移民和從化鄉的人名，就可發現從化鄉是粟特人、突厥人等多民族居住區域（《敦煌莫高窟第 322 窟「龍年」題記試釋》）。

學術研究主要是勤奮，沒有勤奮，一切歸零。單有勤奮似乎又是不夠的，必須有運氣，至少我是這樣的，覺得一些論文的形成彷彿在冥冥之中得到神助：

在調查十六羅漢圖的時候，我翻檢了敦煌遺書中的相關資料，發現敦煌遺書中的一些「十六羅漢頌」是莫高窟第 97 窟十六羅漢圖的榜題底稿（《敦煌壁畫〈十六羅漢圖〉榜題校錄》）；

在還沒有《大藏經》電子版的情況下，我將天津藝術博物館藏的《水月觀音經》從《千手千眼觀音經》中找出類似文字，從而判定《水月觀音經》的內容屬於《大悲懺儀》（《敦煌寫本〈水月觀音經〉研究》）；

在敦煌石窟、雲岡石窟和佛教造像碑中有五十多組成對出現的執鳥外道和持骷髏外道，學術界一致認為持骷髏外道是鹿頭梵志，佛經也有記載，但對於執鳥外道卻沒有從佛經中找到依據，一般稱之為婆藪仙，翻檢佛經，得知執鳥外道是表示尼乾子執雀問佛生死之事（《執雀外道非婆藪仙辨》）；

敦煌藏經洞發現有十多幅與虎為伴的行腳僧圖，被斯坦因、伯希和、鄂登堡、大谷光瑞帶走，壁畫上也有一些。因為圖像特別，戴密微、秋山光和等學者進行了研究，但沒有追溯到其源頭。我也是在很意外的情況下讀到《全唐文》所收馬支撰《釋大方廣佛新華嚴經論主李長者事跡》，據此將敦煌行腳僧圖比定為唐宋時期流行的《李長者（李通玄）事跡畫》。敦煌行腳僧圖與藏傳佛教的達摩多羅像類似，西藏佛教圖像中的達摩多羅像也是來源於《李通玄事跡畫》，而且還保留了帶髮的居士形像。當時（1994 年）在香港做訪問研究的榮新江教授正在幫饒宗頤先生做一期《九州學刊》敦煌學專號向我約稿遂提交《敦煌畫中的行腳僧圖新探》一文，蒙饒先生審查通過，發表在該刊六卷四期（1995 年）；

在考察天請問經變時，翻閱《敦煌寶藏》找天請問經變榜題底稿，鬼使神差地翻到一件《雜阿含經》寫本，而且還是卷二二，因為此前已經讀過《天請問經》，故看完就知道《天請問經》是《雜阿含經》卷二二中的一部經。《天請問經》卷二二共有二十八部短經，加上《天請問經》就是二十九部，原來《天請問經》是求那跋陀羅翻譯《雜阿含經》時漏譯，玄奘補譯，解決了《天請問經》的來源和大小乘歸屬問題（《關於〈天請問經〉和天請問經變的幾個問題》）；

敦煌遺書中有三階教文獻二十九種五十六件，這些文獻是傳到敦煌而沒有流行、還是曾有流行？為了了解三階教思想，我準備看一遍三階教重要經典《十輪經》，通過閱讀《十輪經》，意外發現莫高窟第三二一窟南壁的所謂「法華經變」或「寶雨經變」實際上就是十輪經變，這是《敦煌321窟、74窟十輪經變考釋》一文的來歷。雖然我自己認為天請問經變研究是我做得最好的一篇論文，但更多人對十輪經變感興趣，大約這鋪經變藝術價值高、「寶雨經變」影響力大的緣故吧。

在工作中另一個樂趣是認識了許多德高望重的前輩，如池田溫教授、巫鴻教授、韋陀教授、顏娟英教授、李玉珉教授等，他們的學問和人品讓我體會到學術的尊嚴感；而年齡相仿的同行如榮新江、李裕群、魏文斌、暨遠志、梅林、汪悅進、潘亮文、金延美等見面有著師兄師弟般親切，互相提供資料，討論問題，使我體會到學術的樂趣。一位同事說：「文章是寫給老師和朋友看的。」這句話對我印象很深，每篇文章寫好之後就想起這句話，自覺審視自己文章是否對得起老師和朋友。

轉眼在敦煌待了三十一年，再過六年就要退休了，多少有點感慨：有許多人很聰明可以自學成才，但我見識有限，學術素養先天不足回看走過的路有如履薄冰的感覺常想如果沒有敦煌研究院這個平臺沒有賀老師、施老師、姜老師的悉心輔導，能發表幾十篇論文，有點天方夜譚。在敦煌的歲月，遇到賀老師、施老師、段院長、樊院長這樣的好老師、好領導，遇到一大批好同事和國內外的學者，使我的人生不寂寞，感謝敦煌。

2015年5月於蘭州

如來卍字相與如來心相

佛的形像有「三十二相、八十種好」之説。「三十二相」是指佛的三十二種身體外貌特徵（主要是四肢、身軀、五官、毛髮），「八十種好」是三十二相的補充和具體化，如關於頭髮的相好，三十二相中有一毛孔生一毛相、頂髻相、白毛相等相，八十種好中提到佛的毛髮有七種好：髮長、髮香、髮齊、髮不斷落、髮光滑、毛孔有香味、毛髮光鮮，即毛髮就有七好。各經記載的三十二相、八十種好的次序不一，個別相好也不相同。佛經説，行百善乃得一妙相，稱為「百福莊嚴」，（唐）慧琳《一切經音義》卷二六解釋説：「三十二相。其一一相皆百福所成，謂以五品心行行十善，合成五十，此是初心。至於後心亦具五十，合百共成一相，故《法華》云百福莊嚴相是也。」（唐）地婆訶羅譯《大乘百福莊嚴經》主要講佛應文殊菩薩之請問而講述三十二相、八十種好的名稱、功德，經名即為「百福莊嚴」。

在佛教造像中，頂髻相（螺髻髮式）是所有佛像都具備的，而手足柔軟相、細薄皮相、陰藏相、四十齒相等相好則無法用繪塑形式表現出來。敦煌石窟中，有的佛像畫出「三十二相、八十種好」的部分特徵，如腳板上畫一輪，表示「千輻輪相」；手指間有皮相連，猶如水禽的腳蹼，表示「手足指縵網相」（莫高窟第一期洞窟第二七二窟南北壁說法圖主尊即有，初唐貞觀年間建造的第二二〇窟南壁西方淨土變中的主尊阿彌陀佛的縵網相最為精美，也是敦煌石窟最後一例）；胸口畫有卍字符號，表示「胸有卍字相」等。

一 卍字相

「卍字相」有時也稱「德字相」「德卍字印相」，「卍」是符號，「德」是含義。（東晉）佛陀跋陀羅譯《觀佛三昧海經》卷一記載：「自有眾生樂觀如來胸德萬字印相三摩尼光相者。」卷九記載：「是諸世尊以胸德萬字印光化度眾生。」（後秦）鳩摩羅什譯《摩訶般若波羅蜜經》卷一記載：「爾時世尊自敷師子座，結跏趺坐……心胸德字……各各放六百萬億光明。」佛陀跋陀羅譯《華嚴經》卷三一記載：「一切諸佛，成就勝妙大莊嚴，胸德字相，猶如金剛，不可破壞……胸德字相，不可破壞，堅固真實。」卷四七記載：「從胸德字，出無量阿僧祇阿修羅王，示現阿修羅王不可思議自在神力」，卷四八記載：「胸有德字，勝妙莊嚴，七處平滿。」玄奘譯《大般若波羅蜜多經》提到「胸臆德字」凡三處。

各佛經中的「三十二相、八十種好」略有不同，如胸有卍字相通常是「三十二相」之一，但有的佛經記載的三十二相中沒有卍字相，而是八十種好之一。北涼失譯者名《優婆夷淨行法門經》卷上記載：「若出家者，得成為佛，天上、人中最尊第一，具三十二大人之相。何者三十二相？所謂身黃金色、圓光一尋猶如融金、梵身方直、項後日光、頂有肉髻、其髮紺青、佛身圓滿如尼俱律樹、眉間毫相如兜羅綿、上下俱眴、目睫紺青、舌能覆面、梵音八種如迦陵頻伽聲、口四十齒、齒白齊密、師子頰、皮膚細薄不受塵垢、一一孔一毛生、紺色細軟、皆起右旋、師子臆、胸有卍字、七合處滿、手足合縵網、指纖長、手內外握、立手過膝、陰馬藏、腳傭直、鹿腨腸、奩底相、千輻輪、足跟長，是名三十二大人之相身。」胸有卍字為第二十一相。

（西晉）竺法護譯《普曜經》卷二記載釋迦誕生後，仙人阿夷頭（其他佛經多翻譯為阿私陀）前來占相：「見三十二相：軀體金色，頂有肉髻，其髮紺青，眉間白毛，項出日光，目睫紺色，上下俱眴，口四十齒，齒白齊平，方頰車廣，長舌七合，滿師子膺，身方正，修臂指長，足跟滿安平正，內外握網縵掌，手足輪千輻理，陰馬藏，鹿腨腸，鉤璅鎖骨，毛右旋，一一孔一毛生，皮毛細軟不受塵水，胸有卍字。阿夷見此，乃增嘆流淚，悲不能言。」這裡列舉出二十四相，不足三十二之數，最後一相是「胸有卍字」之相。

有的佛經所記載的三十二相中並沒有卍字相，如鳩摩羅什譯《大智度論》卷四記載的三十二相就沒有卍字相，該經列出的三十二相是：1.足下安平立相；2.千輻輪相；3.長指相；4.足跟廣平相；5.手足指縵網相；6.手足柔軟相；7.足趺高滿相；8.兩腿鹿王相；9.正立手摩膝相；10.陰藏相；11.身廣長等相；12.毛上向相；13.孔生一毛相 14.金色相；15.大光相；16.細薄皮相；17.七處隆滿相 18.兩腋下隆滿相 19.上身如獅子相；20.大直身相；21.肩圓好相 22.四十齒相；23.齒齊相；24.牙白相；25.獅子頰相；26.味中得上味相 27.大舌相 28.梵聲相 29.真青眼相 30.牛眼睫相；31.頂髻相 32.白毛相。（東晉）瞿曇僧伽提婆譯《中阿含經》卷一一《三十二相經》中，也沒有「胸有卍字」相。

有時「胸有卍字」是八十種好之一，鳩摩羅什譯《坐禪三昧經》卷上提到三十二相、八十種好，其中第八十種好是：「八十者胸有德字，手足有吉字，光明徹照無量世界。」前揭玄奘譯《大般若波羅蜜多經》卷三八一提到的三十二相中也沒有「胸有卍字」相，而所述八十種好的最後一好是：「世尊手足及胸臆前俱有吉祥喜旋德相，文同綺畫，色類朱丹，是第八十。」

另外，佛還有九十七種大人相之說，其中包括了胸有卍字相。（唐）實叉難陀譯《華嚴經》卷四八敘述如來九十七種大人相，其中第五十三大人相是：「如來胸臆有大人相，形如卍字，名吉祥海雲，摩尼寶花以為莊嚴，放一切寶色種種光，焰輪充滿法界，普令清淨，復出妙音，宣暢法海，是為五十三。」

▲ 圖1　卍字相與如來心相（251 窟北壁人字披下說法圖主尊）

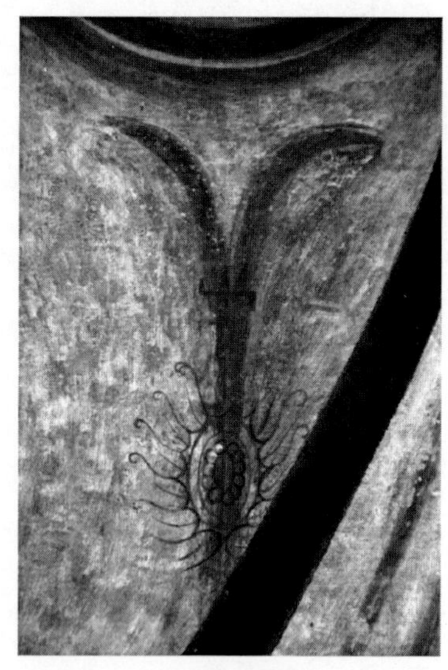

▲ 圖2　卍字相與如來心相（臨摹）（288 窟南壁人字披下說法圖主尊）

雖然佛經記載諸佛都胸有卍字，但佛教造像中的佛像多數沒有畫、刻、塑出卍字相。敦煌早期洞窟中，只有少數主尊胸前畫有卍字符號，如莫高窟西魏第二四九窟北壁中央說法圖主尊胸前就有卍字符號（見附表）。佛像胸有卍字相一直流傳至今，後來在佛的袈裟上也出現卍字符號，如莫高窟隋代第四二〇窟主室開三龕，各龕主尊的袈裟上均畫有很多卍字符號（為「卐」字形，按：「卍」字、「卐」字多數情況通用，本文不進行區別）。敦煌以外的佛教造像碑中也可看到「卍」字符號，如陝西歷史博物館藏孝昌三年（527）石黑奴造釋迦三尊像，正面為浮雕結跏趺坐説法佛並二身合十脅侍菩薩佛胸前袈裟上刻一「卍」字。[1]青州市博物館編《青州龍興寺佛教造像藝術》[2]第九十三圖為北齊倚坐佛像，胸口有一墨書卍字。

二　如來心相

北魏二五一、二五四、二五九、二六〇、二六三窟，西魏二四八、二四九、二八五、二八八、四三一、四三五窟，北周二九〇、二九七窟，隋代二七八、二八〇窟的一些佛胸前還有橢圓形的類似花盤的圖像，我們稱之為「寶花」。（圖 1 至圖 8）寶花有圓形的，也有橢圓形的，多數佛像寶花上方有卍字符號，少數沒有，也有只有卍字符號，而沒有寶花（見附表）。胸有「寶花」的佛像在敦煌石窟中的發展脈絡比較清楚，即：

在第一期洞窟（北涼三窟）中沒有發現佛像胸口上畫有寶花，但第二七五窟南壁西起第一龕主尊交腳菩薩胸口上有一朵花，由於位於菩薩胸口，暫存疑；

在第二期（北魏）第三期（西魏）十九個有畫塑的洞窟中，半數

1　圖見東京國立博物館等 1998 年編《宮廷の榮華：唐の女帝則天武后とその時代展》展品圖錄第 4 圖。

2　青州市博物館編：《青州龍興寺佛教造像藝術》，山東美術出版社 1999 年版，第 84 頁。

有繪塑原作的洞窟的佛像胸口上畫有寶花；

第四期（北周）洞窟有十五個洞窟，只有二個洞窟的佛像胸口上畫有寶花；

隋代一百多個洞窟只有兩個洞窟有寶花；

▲ 圖3 卍字相與如來心相（臨摹）（435窟北壁人字披下說法圖主尊）

▲ 圖4 如來心相（二八五窟東壁門南說法圖主尊）

隋以後的洞窟有一例，見於初唐莫高窟第三〇〇窟，此窟實為一小龕，龕壁塑山巒，主尊為倚山涼州瑞像，主尊胸口有一道彎曲的光。

可見佛像上畫有寶花的現象主要存在北魏、西魏時期，其中第二八五窟數量最多。北周以後的寶花圖像少，而且簡略，有的只畫出一道彎曲的光線。寶花主要出現在佛的身上，菩薩身上很少，僅見莫高窟北魏第二五七窟中心柱北向面上層龕主尊交腳菩薩一例，可視為例外。

莫高窟西魏第二八五窟北壁主要題材是八佛列像，除一身殘破而無法確定外，其餘七身均有寶花，但沒有卍字符號；東壁門兩側各畫說法圖一鋪，其中北壁說法圖中的尊像部分存有榜題，知為無量壽佛說法圖，二鋪說法圖主尊均有複雜的寶花，但沒有卍字符號；東壁門上畫三佛說法圖，中間佛無寶花，南側一身有卍字符號、寶花，北側一身有卍字符號，似無寶花。北壁四個禪龕之間和最外兩側供繪五組千佛，部分千佛胸口有寶花，東起第一組四身佛像，均有寶花；第二組，三身佛像，一身有寶花；第三組，三身佛像，一身有寶花；第四組，三身佛像，二身有寶花；第五組，六身佛像，均無寶花。即該窟多數佛像有寶花，而北周第四二八窟繪塑的佛像有二十多身，均無卍字符號、寶花，形成鮮明對比。

考察敦煌石窟中的三十多個佛像寶花，沒有一個是相同的，也非自然植物花

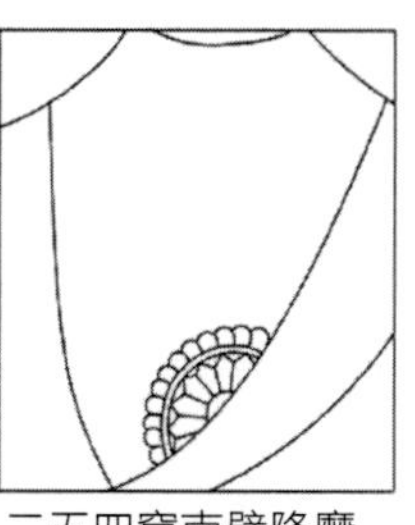

二五四窟南壁降魔變主尊胸飾

二五四窟南壁西側說法圖主尊胸飾

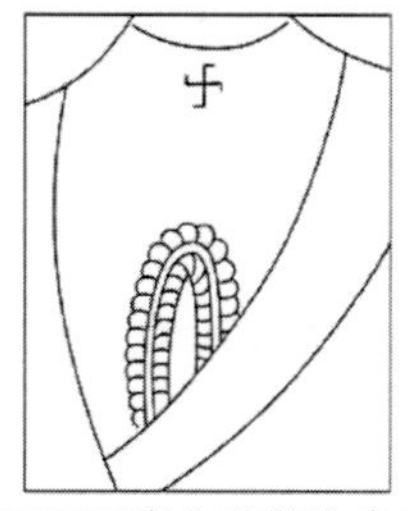

二五四窟北壁難陀出家圖主尊胸飾

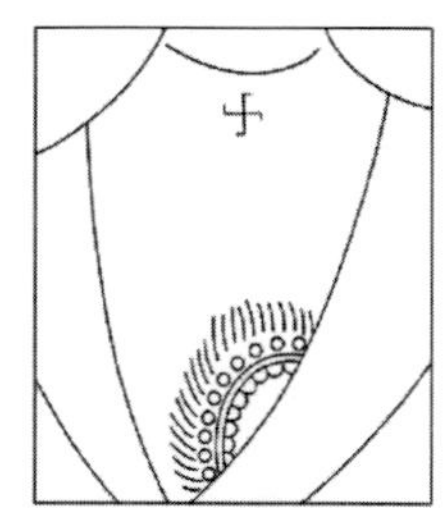

二五四窟北壁西側說法圖主尊胸飾

▲ 圖 5　二五四窟如來心相

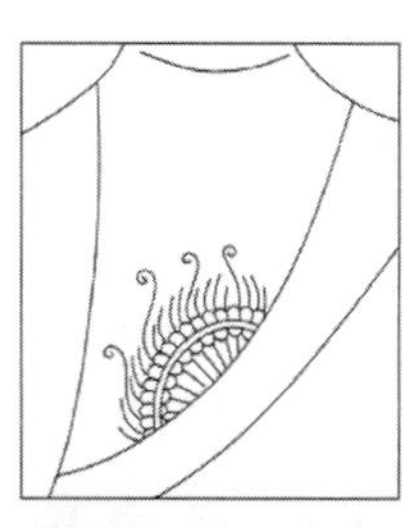

二五一窟南壁人字披下說法圖主尊胸飾

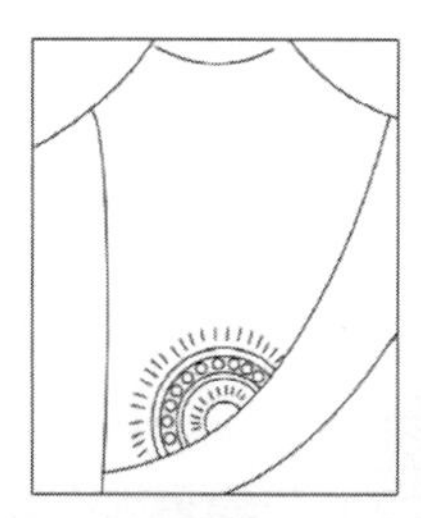

二五一窟南壁西側說法圖主尊胸飾

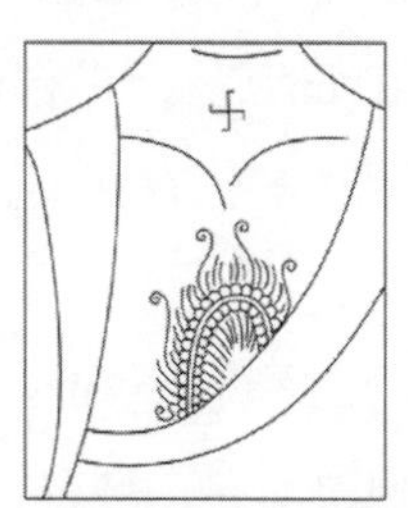

二五一窟北壁人字披下說法圖主尊胸飾

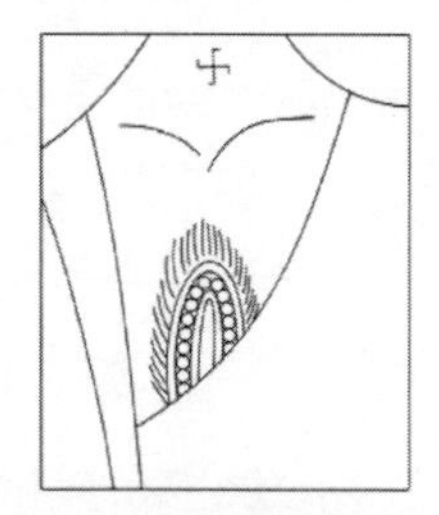

二五一窟北壁西側說法圖主尊胸飾

▲ 圖 6　二五一窟如來心相

弃寫實，一些寶花將光線畫成彎曲狀，如西魏第二八五窟東壁二鋪説法圖主尊的寶花。通過對佛像細部「寶花」的微觀考察，可以看到敦煌佛像帶有濃厚的藝術創作成分。

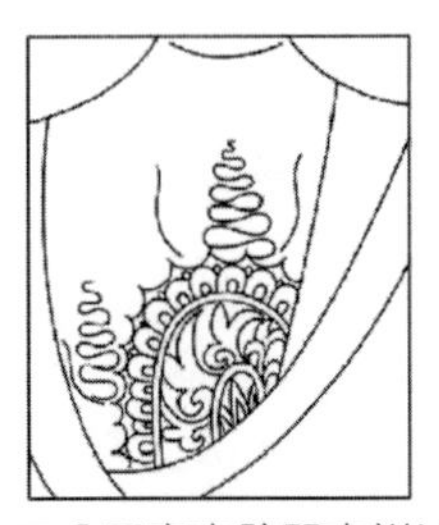

二八五窟東壁門南説法圖主尊胸飾

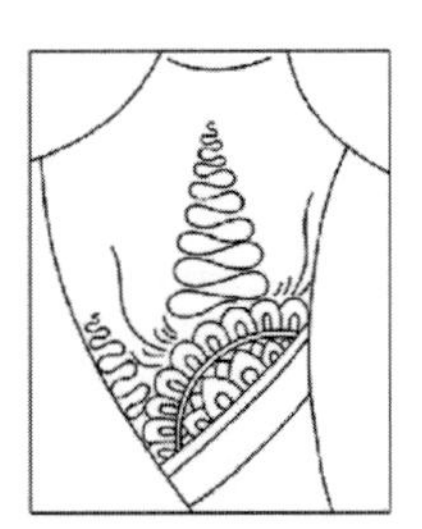

二八五窟東壁門北説法圖主尊胸飾

▲ 圖 7　二八五窟如來心相

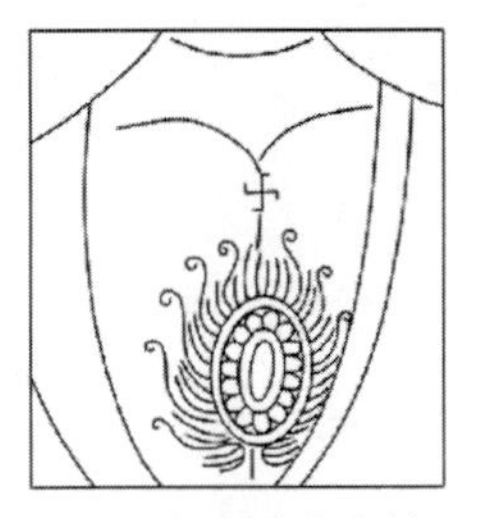

二八八窟南壁人字披下説法圖主尊胸飾

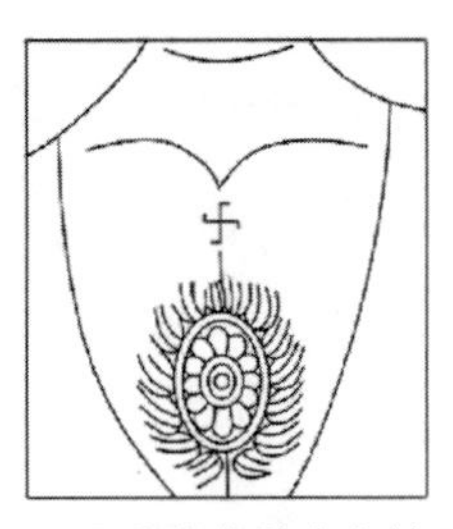

二八八窟北壁人字披下説法圖主尊胸飾

▲ 圖 8　二八八窟如來心相

敦煌之外地區也可見到胸前畫、刻寶花的佛像：

龍門石窟古陽洞北壁第三層東起第二龕（第二三四號龕，陸渾縣功曹魏靈藏等造像龕）主尊胸口也有如來心相。[3]此龕東側一龕即是著名的太和二十二年（498）比丘慧成為亡父洛州刺史始平公所造龕（北壁第 304 號龕），北壁第三層列龕年代相近，魏靈藏龕開鑿的時代即在此頃。古陽洞還有若干身佛像的胸口上也有如來心相，如南壁第五七、六六龕主尊。

酒泉文殊山石窟前山千佛洞有一身立佛胸口也有寶花，寶花位於鎖骨位置，位置比其他寶花要高。（圖 9）該窟的年代較早，暨遠志先生認為是北魏晚期。[4]

麥積山第七二窟也有如來心相。該窟為北魏窟，三壁各開一龕，龕內主尊佛的胸口均有一寶花。

3　圖版見劉景龍編：《古陽洞》第 101–105 圖，科學出版社 2001 年版。

4　暨遠志：《酒泉地區早期石窟分期試論》，《敦煌研究》1996 年第 1 期。

河南博物院藏原存輝縣熙平二年（517）王毛郎造像碑中，主尊為立佛，胸口可見火焰紋寶珠，此即如來心相。

山西博物院藏著名的北周保定二年（562）陳海龍造像碑的主尊佛胸口有清晰的寶花。（圖 10）

那麼，這些寶花圖案的佛經依據是什麼？

我們一度以為這些寶花胸飾是卍字相的一種景象，即前揭實叉難陀譯《華嚴經》卷四八所記載的「如來胸臆有大人相，形如卍字，名吉祥海雲，摩尼寶花以為莊嚴，放一切寶色種種光，焰輪充滿法界」而已。但《華嚴經》所說的摩尼寶花只是裝飾卍字的，即合在一起的，而壁畫中的寶花與卍字有一定的距離，相對獨立。

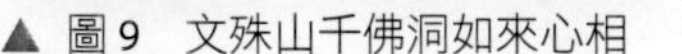
▲ 圖 9　文殊山千佛洞如來心相

▲ 圖 10　陳海龍碑如來心相

我們還曾以為是「臍如寶珠相」，《觀佛三昧海經》卷一記載：「自有眾生樂觀如來胸德萬字印相三摩尼光相者。自有眾生樂觀如來臍如毗楞伽寶珠。」於是認為佛胸前的寶花可能表示「如來臍如毗楞伽寶珠」。「八十種好」中提到佛的肚臍，玄奘譯《大般若波羅蜜多經》卷三八一提到的「八十種好」的第二十三、二十四好是：「世尊臍深右旋，圓妙清淨光澤，是二十三。世尊臍厚，不窊不凸，周匝妙好，是二十四。」但沒有提到肚臍如寶珠。又，《觀佛三昧海經》卷三提到佛肚臍化出大蓮花：「爾時世尊說是語已，即於臍中出大蓮花。其大蓮花化成光臺，其光臺中有百千無數聲聞比丘，如舍利弗、目揵連等，於佛光臺神通自在，作十八變。」無論如寶石、還是如寶花，都與圖像接近，但位置是在胸口，而不是在肚臍位置。我們一度猜測：是否肚臍被袈裟覆蓋而畫在稍上部位呢？但寶花的位置較高，即使古代畫工有所誇張描繪，肚臍不可能在這個位置，形狀也不像是肚臍，絕不可能是「臍相」。於是我們放棄用「三十二相、八十種好」來比對，轉而檢索北朝流行的《觀佛三昧海經》，終有新收穫，覺得佛像胸前的寶花可能表示該經提到的佛的「心相」。

《觀佛三昧海經》卷四記載：「云何觀如來臍相？如來臍中有萬億寶花，一一寶花萬億那由他葉，一一葉萬億那由他色，一一色萬億那由他光。此相現時，一切大眾見佛心相。如來心者，如紅蓮花，金花映蔽，妙紫金光，以為間錯，妙琉璃筒，懸在佛胸。見佛胸內，萬億化佛，是諸化佛，游佛心間。佛臍出光，其光□然，如須彌山。」即伴隨如來臍相，「一切大眾見佛心相。如來心者，如紅蓮花」。這裡將深藏人體內部的心臟畫在身體的外表，並認為「如來心者，如紅蓮花」，如「妙琉璃筒，懸在佛胸」，體現了佛教與佛教藝術的豐富想像力。

三　早期石窟與《觀佛三昧海經》

上文考知，三十二相、八十種好是佛的外貌特徵，而「如來心相」屬於身體內部器官，不在通常的三十二相、八十種好之列，而是見於《觀佛三昧海經》記載，莫高窟、文殊山、龍門石窟等石窟中的早期畫塑中佛胸口的寶花表示《觀佛三昧海經》中如來臍相所映照的「心相」。

這一發現的重要性在於，此前劉永增先生著有《千佛圍繞式說法圖與〈觀佛三昧海經〉》[5]、《敦煌石窟中與禪觀相關的幾個問題》[6]，注意到敦煌以及河西石窟早期畫塑受到《觀佛三昧海經》的影響。他指出，馬蹄寺第二窟、敦煌西千佛洞北周第十窟、莫高窟隋代第三〇五窟和第四一九窟的十方佛的題名與《觀佛三昧海經》所記載的十方佛一致。莫高窟北魏第二五四窟南壁降魔變的右下方有一白骨人物，口出火焰，頸脖後面、左腳周圍也是火焰（圖 11），劉永增先生認為就是《觀佛三昧海經》卷二「觀相品」敘述降魔時提到的九相觀之第九觀「枯骨觀」：「九者枯骨相。或見久昔幹骨，若五十歲至百歲二百歲三百歲時，骨還變白，日曝徹中，火從骨上，焰焰而起。火燒之後，風吹入地，還歸於土。是名略說九相。」九相觀還見於（西晉）無羅叉譯《放光般若經》卷一、鳩摩羅什譯《摩訶般若波羅蜜經》卷一等，但僅提及相名，如《放光般若經》卷一記載：「當復知九相：新死相、筋纏束薪相、青瘀相、膿相、血相、食不消相、骨節分離相、久骨相、燒焦可惡相。」具體描繪各相的有鳩摩羅什譯《大智度論》卷二一、《觀佛三昧海經》卷二。《大智度論》卷二一記載：「經：九相：脹相、壞相、血涂相、膿爛相、青

▲ 圖 11　白骨人物

5　《敦煌研究》1998 年第 1 期。

6　炳靈寺文物研究所編：《炳靈寺石窟學術研討會文集》，甘肅人民出版社 2003 年版。

相、噉相、散相、骨相、燒相。論：……行者到屍林中，或見積多草木，焚燒死屍，腹破眼出，皮色燋黑甚可惡畏。須臾之間，變為灰燼。行者取是燒相，思惟：此身未死之前，沐浴香花，五欲自恣，今為火燒，甚於兵刃。此屍初死，形猶似人，火燒須臾，本相都失。一切有身皆歸無常，我亦如是。是九相，斷諸煩惱，於滅淫慾最勝；為滅淫慾故，說是九相。」

佛教石窟與禪觀的關係，已經有多篇論文涉及，除前揭劉永增先生文外，還有賀世哲先生《敦煌莫高窟北朝石窟與禪觀》、久野美樹先生《中國早期石窟與觀佛三昧——以麥積山石窟為中心》等。[7]現在通過對佛胸前「心相」圖像的考察，進一步說明《觀佛三昧海經》對早期佛教藝術的影響是很深的。

附　莫高窟早期洞窟佛胸前卍字相、心相調查表

	時代、窟號	內容
1	北魏二五一窟	南壁東側人字披下說法圖主尊胸口下部有圓形寶花，顯三分之一，寶花放光。有卍字。
2	北魏二五一窟	南壁後部說法圖主尊胸口下部有圓形寶花，顯三分之一，寶花放光。有卍字。
3	北魏二五一窟	北壁東側人字披下說法圖主尊胸口下部有橢圓形寶花，顯三分之二，寶花放光。有卍字。
4	北魏二五一窟	北壁後部說法圖主尊胸口下部有橢圓形寶花，顯三分之二，寶花放光。有卍字。
5	北魏二五四窟	南壁東側人字披下降魔變主尊胸口下部有圓形寶花，顯二分之一，寶花不放光。無卍字。
6	北魏二五四窟	南壁後部說法圖主尊胸口下部有圓形寶花，顯二分之一，寶花不放光。無卍字。

7　賀世哲文載敦煌文物研究所編《敦煌研究文集》，甘肅人民出版社 1982 年版。久野美樹《中國初期石窟と觀佛三昧——麥積山石窟を中心として》，《佛教藝術》第 176 號，1988 年 1 月。漢譯本載《敦煌學輯刊》2006 年第 1 期。

續表

	時代、窟號	內容
7	北魏二五四窟	北壁東側人字披下難陀出家因緣變主尊胸口下部有橢圓形寶花，顯三分之二，寶花不放光。有卍字。
8	北魏二五四窟	北壁後部説法圖主尊胸口下部有橢圓形寶花，顯二分之一，寶花放光。有卍字。
9	北魏二五七窟	中心柱北向面上層龕交腳菩薩像胸口有寶花，完整顯示。無卍字。
10	北魏二五九窟	北壁西起第一龕主尊為結跏趺坐説法佛，偏袒右肩，胸口可見彎曲的光線。
11	北魏二六〇窟	南壁人字披下降魔變主尊胸口下部隱約可見寶花。
12	北魏二六三窟	南壁東側降魔變主尊胸口下部有寶花，顯五分之四。有卍字。
13	北魏二六三窟	北壁東側初轉法輪主尊胸口下部有寶花，顯三分之二。有卍字。
14	西魏二四八窟	中心柱東向面主尊塑像有寶花，為五瓣開放花，顯全部。無卍字。
15	西魏二四八窟	北壁東側人字披下説法圖主尊胸口有寶花，顯二分之一。有卍字。
16	西魏二四九窟	北壁千佛圍繞説法圖主尊胸口有橢圓形寶花，顯五分之四，有卍字。對應南壁説法圖主尊似無卍字與寶花
17	西魏二八五窟	東壁門南説法圖主尊胸口下部有橢圓形寶花，顯三分之二，寶花放光，光呈曲線。無卍字。
18	西魏二八五窟	東壁門北説法圖主尊胸口下部有橢圓形寶花，顯三分之一，寶花放光，光呈曲線。無卍字。
19	西魏二八五窟	東壁門上畫三佛。中間一身無寶花。南側一身有卍字、寶花，顯二分之一。北側一身胸前有卍字，似無寶花

續表

	時代、窟號	內容
20-27	西魏二八五窟	北壁八佛胸口均有寶花，均無卍字（第四身胸口位置壁畫剝落較多，不能肯定是否有寶花，從其他7身均有看，此身應該也有）。
28	西魏二八八窟	南壁人字披下說法圖主尊胸口下部有寶花，完整顯示，寶花放光。有卍字。
29	西魏二八八窟	北壁人字披下說法圖主尊胸口下部有寶花，完整顯示，寶花放光。有卍字。
30	西魏四三一窟	西壁中央千佛圍繞白衣佛說法圖主尊白衣佛著通肩袈裟，胸中有寶花，簡略，完整顯示。
31	西魏四三五窟	北壁人字披下說法圖主尊胸口下部有橢圓形寶花，顯示五分之四（對應南壁說法圖殘）。 中心柱東向面龕內主尊塑像為倚坐佛，胸口似有寶花（模糊，不能肯定）。
32	北周二九〇窟	中心柱南向面龕主尊塑像，胸口下部有寶花，完整顯示。
33	北周二九七窟	西壁龕內主尊倚坐佛塑像胸口下部有圓形寶花，現二分之一，二道光彎曲向上。有卍字。
34	隋二七八窟	西壁龕內主尊胸口有光，無花。無卍字。
35	隋二七八窟	北壁西起第一鋪說法圖主尊胸口為放光摩尼寶珠，顯二分之一。無卍字。
36	隋二八〇窟	此窟不開龕，西壁前主尊塑像為立像，僧祇支（內衣）上有一朵六瓣寶花，袈裟上部胸口有光。
37	唐三〇〇窟	盛唐（初唐？），實為一小龕，龕壁塑山巒，主尊為倚山涼州瑞像。主尊胸口有一道彎曲的光。

（本文為合作研究成果，原標題《敦煌早期洞窟佛像的卍字相與如來心相》，刊於《敦煌研究》2012年第4期，署名雷蕾、王惠民）

鹿頭梵志與尼乾子

北朝至唐初佛教造像中常可見到一組對稱出現的執雀外道、持骷髏外道，一般稱之為婆藪仙、鹿頭梵志（圖 1、2、3）。敦煌壁畫始見於莫高窟北魏第二五四窟（約 5 世紀末），最晚的是初唐第三二九窟（約 7 世紀中葉），一共畫有三十一組（附表 1），敦煌以外地區的這組圖像有二十八組（可能更多，附表 2），見於雲岡石窟（3 組）、小南海石窟（2 組）、洛陽吉利鄉萬佛山石窟（1 組）、曲陽造像三件（這是筆者見到，實際上應該還有更多）、藁城造像一件、蠡縣造像一組、西安碑林延昌二年（513）造像碑（上有 2 組）、西安考古所藏太昌元年（532）造像碑一件、彭永華（澹泊軒）藏一件、北京保利博物館造像碑一件（贋品，此造像碑是用瑞士的天保八年造像碑和大都會的武定元年造像碑拼湊作偽）、美國紐約大都會博物館藏二件（其中一件就是著名的武定元年造像碑）、美國華盛頓弗利爾美術館二件、美國堪薩斯納爾遜博物館二件、美國費城大學博物館一件、美國羅得島州設計學院博物館一件、法國私人收藏二件、日本私人收藏一件等。另外，舊

▲ 圖 1　武定元年造像碑

▲ 圖 2　二四九窟執雀外道

▲ 圖 3　二四九窟持骷髏外道

金山亞洲藝術館藏有一件持骷髏外道金銅像（館藏號 B60B31），高十七釐米。[1]可見這一題材十分流行。

一　鹿頭梵志

鹿頭梵志又名耆域，是一名醫生，後皈依佛教，（劉宋）佛陀什共竺道生譯《五分律》卷二〇記載：「爾時世尊身小有患，語阿難言：『我病，應服吐下藥。』阿難白佛：『當語耆域。』即往語之。耆域言：『我不可以常藥令如來服，當合轉輪聖王所應服者。』」又記載：「爾時耆域乳母洗浴耆域，諦觀其身而有恨色。耆域覺之即問：『何故恨顏視我？』乳母言：『恨汝身相殊特而竟未親佛、法、眾僧。』耆域聞已贊言：『善哉善哉，乃能教我如此之事。』便著新衣，往至佛所。遙見世尊容儀挺特，有三十二大人之相，圓光一尋，猶若金山，即生信敬，前禮佛足，卻坐一面，佛為說種種妙法，示教利喜，所謂施論、戒論、生天之論，在家染累、出家無著，示現如是助道之法。次為說諸佛常所說法苦、集、滅、道。即於座上遠塵離垢，得法眼淨。見法得果已，歸依佛、法、僧。次受五戒。耆域善別音聲本末之相，佛將至冢間，示五人髑髏。耆域遍叩，白佛言：『第一叩者生地獄，第二叩者生畜生，第三叩者生餓鬼，第四叩者生人道，第五叩者生天上。』佛言：『善哉，皆如汝說。』復示一髑髏，耆域三叩，不知所之。白佛言：『我不知此人所生之處。』佛言：『汝應不知，何以故？此是羅漢髑髏，無有生處。』」

1　此前為 Neill Malcolm 私人收藏, J . Leroy Davidson，*A Problem in Skulls*, Parnassus 11 , 1 , 1939 . 後入藏舊金山亞洲藝術館，見該館 1974 年出版 *Chinese, Korean and Japanese Sculpture in the Avery Brundage Collection* 第 54 圖。

（東晉）瞿曇僧伽提婆譯《增一阿含經》卷二〇記載此事更加具體：「世尊從靜室起下靈鷲山，及將鹿頭梵志，而漸遊行到大畏塚間。爾時世尊取死人髑髏授與梵志，作是說：『汝今，梵志，明於星宿，又兼醫藥，能療治眾病，皆解諸趣，亦復能知人死因緣。我今問汝：此是何人髑髏，為是男耶？為是女乎？復由何病而取命終？』是時梵志即取髑髏反覆觀察，又復以手而取擊之，白世尊曰：『此是男子髑髏，非女人也。』世尊告曰：『如是，梵志，如汝所言，此是男子，非女人也。』世尊問曰：『由何命終？』梵志復手捉擊之，白世尊言：『此眾病集湊，百節痠疼故致命終。』世尊告曰：『當以何方治之？』鹿頭梵志白佛言：『當取呵梨勒果，並取蜜和之，然後服之，此病得愈。』世尊告曰：『善哉，如汝所言，設此人得此藥者，亦不命終。此人今日命終，為生何處？』時梵志聞已，復捉髑髏擊之，白世尊言：『此人命終生三惡趣，不生善處。』世尊告曰：『如是，梵志，如汝所言，生三惡趣，不生善處。』」後面依次討論其他骷髏。最後佛拿來一比丘骷髏，鹿頭梵志不能辨識骷髏的性別與往生地，於是佛向他解釋佛教能斷輪迴，勸其「快修梵行，亦無有人知汝所趣向處」。「梵志即得出家學道，在閑靜之處，思惟道術。」修得阿羅漢果。所以此持骷髏外道就是鹿頭梵志，這是沒有問題的。

二　尼乾子

長期以來都認為執雀外道是婆藪仙，執雀是表示他主張可以在天祠殺生祭祀，事見鳩摩羅什譯《大智度論》卷三：「婆藪仙人言：我知為天故，殺羊噉肉無罪。』……於是舉身沒地中。從是以來乃至今日，常用婆藪仙人王法，於天祀中殺羊，當下刀時言婆藪殺汝。」佛教造像中的這些「婆藪仙」與上述經文不合：

1. 身分不合。圖像上的執雀之人多數是瘦骨嶙峋、形像醜陋的外道形像，而婆藪仙一般都是善神，（北涼）法眾譯《大方等陀羅尼經》卷一云「婆藪」意為天慧、廣通、高妙、離斷、善知、剛柔、慈悲、力善、神通、相好、總持等。由詞義看，「婆藪」實是仙人應具品格的代名詞。

2. 形像不合。這組圖像上的「婆藪仙」執雀，而唐代密教圖像中的婆藪仙是一手持仙杖、一手作眺望狀的老人，未見執雀形像之婆藪仙。

3. 時代不合。「婆藪仙」、鹿頭梵志因與釋迦同時代，所以一般出現在釋迦像兩側，而佛經記載婆藪仙是過去世仙人，與釋迦並非同時代的人。（三國）竺律炎、支謙譯《摩登伽經》卷上記載：「過去久遠阿僧祇劫，我為仙人，名曰婆藪，五通具足，自在無礙，善修禪定，智慧殊勝。時有龍王，名為德叉。其王有女，字曰黃頭，容色姿美，人相具足。我見彼女，起愛著心，生此心故，便失神通及禪定法，深自悔責。」

4. 內容不合。佛教文獻中未見婆藪仙執雀的記載，並且婆羅門教的「供獸祭」（Nidhapasubandha）是用羝羊作供物的，而非用雀。這在佛經上也有反映，《摩登伽經》卷上記載：「一切惡事皆婆羅門之所為作，汝婆羅門，性嗜美味，而作是言：『若祠祀者，咒羊殺之，羊必生天。』若使咒之便生天者，汝今何故不自咒身殺以祠祀求生天耶？何故不咒父母知識妻子眷屬，而盡屠害，使之生天？不滅己身，但殺羊者，當知皆是諸婆羅門欲食肉故，妄為是說。」《大方等陀羅尼經》卷一記載：婆萸仙（即婆藪仙）曾為商主，率人入海採寶歸途遭遇摩竭魚難，眾人許願若得生還，人各一生，祭祀摩醯首羅天，果得平安。

歸國後，眾人各牽一羊往天祠。作為商主的婆萸仙反對殺生，為了改變他們殺生的習俗便化身為二：沙門與婆羅門，真身在天祠。沙門與婆羅門在路上就殺生得大利還是得大罪進行辯論，最後到天祠請婆萸仙決斷，婆萸仙告訴沙門，殺生不墮地獄，沙門要求婆萸仙證明此事，由於婆萸仙謊説可以殺生，「即時陷身入阿鼻地獄」。眾人見狀，驚恐萬分，畏懼地獄，遂「各放諸羊，退走四方」。這是佛教利用神話傳説來宣傳不殺生的一則故事。也就是説，婆羅門祭祀時，在天祠殺羊，而非雀。

所有認為執雀外道是婆藪仙的文章都沒有解釋上述疑問，玄奘《大唐西域記》卷九記那爛陀僧伽藍「其西垣外池側窣堵波，是外道執雀於此問佛生死之事」。季羨林等校注云：「案：此傳説出處不詳。」[2]此事也見稍後義淨著《大唐西域求法高僧傳》：『（那爛陀寺）次此西南有小制底，高一丈餘，是婆羅門執雀請問處，唐云雀離浮圖，此即是也。」[3]這兩條資料最可以解釋持鳥仙人的身分。玄奘譯《俱舍論》卷三〇提到執雀外道故事，似更接近事實真相：「離系子問雀死生，佛知彼心，不為定記。有邊等四，亦不記者，以同常等，皆有失故，寧知此四，義同常等。」此也語焉不詳，玄奘弟子普光《俱舍論記》卷三〇所記載的執雀外道的故事較詳細：「外道離系子以手執雀問佛死生。佛知彼心不為定，若答言死，彼便放活。若答言生，彼便舍殺。故佛不答。」原來執雀外道是離系子，但這一故事在佛傳、《阿含經》等早期佛經中似乎沒有記載，筆者目前所知較早的記載是（南朝）真諦（499–569）譯《阿毗達磨俱舍釋論》卷二三的記載：「是故不可定為四答，譬如不記尼乾弟子握中之雀。」也是一筆帶過。另外，鳩摩羅什譯《大

2 《大唐西域記》，中華書局 1985 年版（1995 年再版），第 760 頁。

3 王邦維校注：〈大唐西域求法高僧傳》，中華書局 1988 年版（2000 年再版），第 115 頁。

智度論》卷二六記載：「有時外道難問，佛默然不答。」大約也是指這件事。佛教經籍中，普光《俱舍論記》的解釋是目前所知最具體的。

離系子即尼乾子，有尼虔子、尼乾、尼揵、尼犍、尼揵陀若提子、昵欏陀弗咀羅等多種譯名，六師外道中的裸形外道（自餓外道、無慚外道。有時指尼乾子這個人，有時泛指這一派的信徒），主張離一切繫縛而裸體，自餓苦行。（後秦）弗若多羅譯《十誦律》卷一四提到：「裸形者，名阿耆維道、尼犍子道。」（唐）窺基《成唯識論述記》卷一記載：「謂尼虔子，今言昵欏陀弗咀羅，翻為離繫子。苦行修勝因，名為離繫，露形少羞恥，亦名無慚。本師稱離繫，是彼門徒，名之為子。」（南宋）法雲《翻譯名義集》卷二解釋是：「薩遮尼乾，此云離繫，自餓外道。尼乾，亦翻不繫，拔髮露形，無所貯蓄。」

尼乾子是耆那教的開祖，這一學派思想主要散見於佛經，如（東晉）僧伽提婆譯《中阿含經》卷四有《尼乾經》。（南朝宋）慧嚴等編集《大般涅槃經》卷一七提到：「今有大師，名尼乾陀若提子，一切知見，憐愍眾生，善知眾生諸根利鈍，達解一切隨宜方便，世間八法所不能污，寂靜修習清淨梵行。為諸弟子說如是言：『無施無善，無父無母，無今世後世，無阿羅漢，無修無道。一切眾生經八萬劫，於生死輪自然得脫，有罪無罪悉亦如是，如四大河，所謂辛頭、恆河、博叉、私陀，悉入大海，無有差別，一切眾生亦復如是，得解脫時悉無差別。』」不論好人壞人，人死即是報應的最後實現，輪迴也就終止，這不同於佛教提倡的生命輪迴永無休止的哲學觀。

尼乾子也是具有大智慧者，前面提到《大般涅槃經》卷一七曾記載：「今有大師，名尼乾陀若提子，一切知見。」尼乾子是釋迦在世時的最大勁敵，雙方經常針鋒相對，所以佛經記載甚多，這也為了解尼乾子思想提供了資料。

（後秦）佛陀耶舍、竺佛念譯《長阿含經》卷一一記載：「一時我在獼猴池側法講堂上，時有尼乾子，字伽羅樓，在彼處止，人所宗敬，名稱遠聞，多有知識，利養備具。」卷一七記載：「弟無畏白言：『有尼乾子於大眾中而為導首，多所知識，名稱遠聞，猶如大海，無不容受，眾所供養。大王，宜往詣彼問訊。王若見者，心或開悟。』」後一事又見於《增一阿含經》卷三九：「最勝白王言：『今有尼揵子，博覽諸經，師中最上。唯願大王，往問其義。』」

（北魏）吉迦夜、曇曜譯《付法藏因緣傳》卷五記載：「時此國中有一尼乾，邪見熾盛，誹謗正法，辯慧聰達，善能數算。佛陀蜜多欲化彼故，往為弟子，就受斯術，不久習學，皆悉通了。」

《五分律》卷一七記載：「佛在王舍城，爾時有一裸形外道，極大聰明，摩竭國人謂之知者、見者。來至僧坊，言：『沙門釋子，誰敢共我論議者？』時諸比丘遊戲諸禪，不共論議，亦不共語。舍利弗作是念：『彼作此語，若無人共論議者，必毀辱佛法，我今寧可與共論議。』復念：『此尼揵為摩竭國人之所宗敬，若我以一句義問不能通者，必失名聞，不歸大法，今當與之七日論議。』念已，語言：『我當與汝七日論議。』時王舍城長者、居士、沙門、婆羅門咸共議言：『沙門釋子舍利弗為第二師，期與尼揵第一師七日論議，當共往聽。』至期一日至於六日，論説餘事，皆使結舌。至第七日，舍利弗説欲從思想生，尼揵子説欲從對起，時舍利弗而説偈言……尼揵聞此偈已，不能加報，便生善心，欲於佛法，出家學道。」這件事又見於（姚秦）佛陀耶舍、竺佛念譯《四分律》卷三四：「爾時佛在羅閱城，時城中有裸形外道，名布薩，善能論議，常自稱説言：『此間若有沙門釋子，能與我論者來。』時舍利弗言：『我堪與汝論。』時諸比丘以此事往白佛，佛言：『論有四種，或有論者，義盡文不盡；或有文盡義不盡；或有文義俱盡；或有文義俱不盡。有四辯：法辯、義辯、了了辯、辭辯。若論師有此四辯者，而言文義俱盡，無有是處。今舍利弗成就此四辯，而言文義俱盡，無有是處。』彼裸形即難問舍利弗義，舍利弗即還答遣，時彼裸形以五百迫難難舍利弗，舍利弗即稱彼五百迫難，而更以深義難問，而彼裸形得難問不解。時彼裸形即生念言：『甚奇甚特，沙門釋子，極為智慧聰明，我今寧可從彼出家學道耶。』」北齊天統元年（565）《郭顯邕等造一切經記》中提到：「魔王奉獻，尼乾歸依。」當指此事。[4]

在六師外道中，裸形外道大約是最有勢力的一派，一是尼乾子有綿密完備的理論體系，見前文。二是信徒很多，分布廣泛，（北魏）菩提流支譯《大薩遮尼乾子所説經》卷二記載：「爾時南方國大薩遮尼乾子與八十八千萬尼乾子俱，遊行諸國，教化眾生，次第到於郁闍延城。復有無量百千諸眾，或歌或舞，吹唇唱嘯，作百千萬種種伎樂，前後侍從大薩遮尼乾子，詣郁闍延城。」雖為誇大，但還是體現了尼乾子一派勢力很大。釋迦涅槃，迦葉奔喪途中也是從尼乾子那裡得到釋迦的近況，《長阿含經》卷四記載：「爾時大迦葉將五百弟子從波婆國來，在道而行，遇一尼乾子手執文陀羅花。時大迦葉遙見尼乾子，就往問言……」尼乾子有自己的塔林，《長阿含經》卷一一提到尼乾子塔林：「彼有七苦行，長夜執持。何謂七？一盡形壽不著衣裳；二盡形壽不飲酒食肉，而不食飯及與麨麵；三盡形壽不犯梵行；四盡形壽，毗舍離有四石塔，東名憂園塔，南名象塔，西名多子塔，北名七聚塔，盡形不離四塔，為四苦行。」（唐）法藏《華嚴經探玄記》卷八記載：「問：施有三事：一田、二物、三心。此三勝劣云何？答：有四句，一自有田劣心等勝，如闍眤咤王禮讚尼乾子塔，塔遂崩倒。」闍眤咤王當

4　顏娟英主編：《北朝佛教石刻拓片百品》第 80 品，「中央研究院」歷史語言研究所 2008 年版，第 217 頁。

即阿育王，莫高窟初唐第三二三窟北壁就有阿育王禮尼乾子塔而塔崩倒的佛教史跡畫，榜題：「此外道尼乾子等塔，育王見，謂是佛塔便禮，塔遂崩壞，□育王感恩。」[5]

裸形外道曾居住在迦蘭陀竹園裡，而後被佛教徒趕走，建立佛教寺院。（後漢）曇果、康孟詳譯《中本起經》卷上記載：「有豪長者，名迦蘭陀，心中念言：『可惜我園施與尼揵。佛當先至，奉佛及僧，悔恨前施，永為棄捐。』長者至心，臥不安席，先福追逮，福德應全。大鬼將軍名曰半師，承佛神旨，知其心念，即召閱叉，推逐尼揵：『裸形無恥，不應止此。』鬼師奉敕，撾打尼揵，拖拽器物，尼揵驚怖，馳走而言：『此何惡人？暴害乃爾！』鬼師答曰：『長者迦蘭陀當持竹園作佛精舍。大鬼將軍半師見敕，逐汝輩耳。』明日尼揵共詣長者，深責所以：『何故改施？令吾等類被乎委頓？不謂長者見困如此。』迦蘭陀心喜：『吾願遂矣！佛聖廣覆，照我至心。』即答尼揵曰：『此諸鬼師，強暴含瞋，懼必作害，不如委去，更求其安。』尼揵懟恨，即日恚去。長者歡喜，修立精舍、僧房、坐具，眾嚴都畢，行詣樹王祠處，請佛及僧。眾佑受施止頓。一時大化普濟，靡不欣樂。」印度古代信仰各類神，如鳥神、象神、河神、風神、水神、樹神等等，祠廟遍地林立。樹王祠，想必是一個小神廟，由此可見釋迦在此地區是借住他處，還沒有自己的生活與修行場所，失譯者名今附秦錄《一切智光明仙人慈心因緣不食肉經》也記載釋迦在自在天廟居住：「如是我聞，一時佛住摩伽提國寂滅道場彌加女村自在天祠精舍。」富翁迦蘭陀決定為他建立一所佛教寺院，竟然將已經施捨給裸形外道的竹園收回，建立迦蘭陀竹園精舍，這是佛教第一所寺院。這件事即使今日看來，也是很過分

5　馬世長：《莫高窟第 323 窟佛教感應故事畫》，《敦煌研究》試刊 1981 年第 1 期。

的，佛教與裸形外道兩派之間由此結下怨仇。

上述資料表明，敦煌壁畫上的裸形執雀外道不是婆藪仙，而是裸形外道尼乾子（離系子）。尼乾子是當時六師外道之一，勢力很大，他執雀而問佛與鹿頭梵志持骷髏而答佛正好是一對，以此來說明佛陀的大智慧。

尼乾子與鹿頭梵志的故事簡單而生動，卻充分展示佛陀的智慧和佛教對其他思想的超越，故而在北朝至唐初頗為流行，但敦煌以外地區的隋代佛教造像中已經見不到這一題材，敦煌初唐較早的洞窟裡尚存。這一組圖像的消失可能與造像的時代潮流變化、外道猥瑣形像有損於佛國莊嚴景象、對外道的鄙視態度也有違佛教的眾生平等思想等等因素有關。但筆者推測認為這一圖像的消失還可能與三階教有關。

三階教在隋代至初唐間頗為流行，它的苦行、露屍葬等宗教行為與裸形外道類似。苦行本是在印度廣泛流行的一種宗教修行方式，但裸形外道將苦行極端化，以致吃牛糞鹿糞，這就違背了人性。對此，釋迦曾有歸納，《長阿含經》卷八記載：「佛告梵志：『汝所行者皆為卑陋。離服裸形，以手障蔽，不受瓦食，不受盂食，不受兩臂中間食，不受二人中間食，不受兩刀中間食，不受兩盂中間食，不受共食家食，不受懷妊家食，見狗在門則不受其食，不受多蠅家食，不受請食，他言先識則不受其食。不食魚，不食肉，不飲酒，不兩器食，一餐一咽，至七餐止。受人益食，不過七益。或一日一食，或二日三日四日五日六日七日一食。或復食果，或復食莠，或食飯汁，或食麻米，或食穇稻，或食牛糞，或食鹿糞，或食樹根、枝葉、果實，或食自落果。或被衣，或披莎衣，或衣樹皮，或草襜身，或衣鹿皮，或留頭髮，或被毛編，或著塚間衣。或有常舉手者，或不坐床席，或有常蹲者，或有剃髮留髦鬚者，或有臥荊棘者，或有臥果蓏上者，或有裸形臥牛糞上者。或一日三浴，或有一夜三浴。以無數眾苦，苦役此身，云何，尼俱陀，如此行者，可名淨法不？』梵志答曰：『此法淨，非不淨也。』佛告梵志：『汝謂為淨，吾當於汝淨法中說有垢穢。』」同經卷一一則歸納為七條：『彼有七苦行，長夜執持。何謂七？一盡形壽不著衣裳；二盡形壽不飲酒食肉，而不食飯及與麨麵；三盡形壽不犯梵行；四盡形壽，毗舍離有四石塔，東名憂園塔，南名象塔，西名多子塔，北名七聚塔，盡形不離四塔，為四苦行。而彼後當犯此七苦行已，於毗舍離城外命終，譬如野干疥癩衰病死丘塚間，彼尼乾子亦復如是……又，一時我在冥寧國白土之邑，時有尼乾子，名究羅帝，在白土住，人所宗敬，名稱遠聞，多得利養。時我著衣持缽，入城乞食。時善宿比丘隨我後行，見究羅帝尼乾子在糞堆上伏舐糠糟。梵志，當知時善宿比丘見此尼乾子在糞堆上伏舐糠糟已，作是念言：『世間諸有阿羅漢，向阿羅漢道者無有及此，此尼乾子其道最勝。所以者何，此人苦行乃能如是，除捨驕慢，於糞堆上伏舐糠糟。』」佛卻不以為然：「汝今愚人，謂究羅帝真阿羅漢，此人卻後七日當腹脹命終，生起屍餓鬼中，常苦飢餓。其命終後，以葦索繫，拙於塚間……時彼善宿故前到死屍所，語言：『究羅帝，汝命終耶？』死屍答言：『我已命終。』問曰：『汝以何患命終』？死屍答言：『瞿曇記我七日後腹脹命終。我如其言，至滿七日，腹脹命終。』」死屍是不會說話的，從文中「犯此七苦行已，於毗舍離城外命終」一句看，可能是尼乾子臨終被安置在墓地（是「城外命終」，而不是命終送葬城外），善宿比丘前往探望。[6]曇無讖譯《大般涅槃經》卷三三也記此事：『爾時苦得（即究羅帝）

6　這是印度一種習俗，彌勒信仰中就有人老自詣墳墓的記載。中國也曾流行，如《續高僧傳》卷二〇記載慧思（588–642）臨終：『思曰：出家之人，生已從緣，死當自任，豈勞人事送此枯骸？余必一期當自運耳。時以為未經疾苦，故得虛置其言。後覺不愈，才經兩日，尋告眾曰：余其死矣。便起躡履，案行空屆，除屏殘屍。入中加坐，發遣徒侶，累以正命。處既森竦，世號寒林。眾不忍離，經夜旁守。至明往觀，端拱如故，就觸其身，方知已卒。」

聞是語已，即便斷食。從初一日乃至六日，滿七日已，便食黑蜜。食黑蜜已，復飲冷水。飲冷水已，腹痛而終。終已，同學舁其屍喪置寒林中。」臨終或死後以葦席置於墓地，這是一種露屍葬，與三階教的葬式極其類似。

尼乾子有一日一食等諸種苦行，三階教也提倡一日一食等，（隋）費長房《歷代法寶紀》卷一二記載三階教生活是：「門徒悉行方等結淨，頭陀乞食，日止一飡。在道路行，無問男女，率皆禮拜，欲似《法華》常不輕行。」三階教創始人信行（540–594）也像尼乾子一樣禮塔、乞食，《續高僧傳》卷一六「信行傳」記載：「凡有影塔，皆周行禮拜，繞旋翹仰。因為來世，敬佛之習，用斯一行，通例餘業，其克核詳據，率如此也。後於相州法藏寺，舍具足戒，親執勞役，供諸悲敬，禮通道俗，單衣節食，挺出時倫……莫不六時禮旋，乞食為業，虔慕潔誠，如不及也。」因此筆者推測，由於三階教的苦行、乞食、露屍葬等宗教行為與裸形外道十分接近，而三階教屬於佛教，所以三階教出現後，不宜再宣傳類似的卻屬於裸形外道的行為與思想，故而作為裸形外道的代表人物尼乾子在佛教造像中走向消亡。但這一推測尚不足據，有待進一步求證。

附表 1　敦煌地區鹿頭梵志、尼乾子統計表

時代	窟號	位置	主尊塑像	執雀外道	持骷髏外道
北魏	二五四	中心柱東向面龕內主尊兩側	交腳佛	南側，立姿，有頭光，執鳥於胸前	北側，立姿，有頭光，左手上舉，大拇指與食指相捻，似不持物
	二五七	南壁東側說法圖主尊東側下方	立佛畫像	模糊。細瘦，只穿犢鼻褌，彎腰曲腿，左手托舉狀（似乎握一鳥）	無

續表

時代	窟號	位置	主尊塑像	執雀外道	持骷髏外道
西魏	二四九	西壁龕內主尊兩側	倚坐佛	南側，立姿，有頭光，執鳥於胸前	北側，立姿，有頭光，持骷髏
	二八五	西壁南側小龕龕外	主龕倚坐佛	南側，立姿，有頭光，執鳥於胸前	無
	西九	中心柱南向面龕內	毀	立像，塑像東側、西側，執物模糊	
北周	二五〇	西壁龕內主尊兩側	倚坐佛	北側，立姿，舉蓮花（？）作觀察狀	南側，立姿，舉蓮花（？）作觀察狀
	二九〇	中心柱東向面龕內	倚坐佛	北側，立姿，有頭光，舉鳥過頂	南側，立姿，有頭光，舉骷髏過頂
	二九四	西壁龕內主尊兩側	倚坐佛	北側，立姿，舉鳥過頂	南側，立姿，似不持物（模糊）
	二九六	西壁龕內主尊兩側	倚坐佛	北側，立姿，似執鳥於胸前（模糊）	南側，立姿，舉骷髏作觀察狀
	二九九	西壁龕內主尊兩側	倚坐佛	北側，坐於方座，舉鳥過頂	南側，坐於方座，左手上舉，不持物，右手撫膝
	四三八	西壁龕外兩側	倚坐佛	北側，立姿，有頭光，模糊	南側，立姿，有頭光，舉骷髏過頂
隋代	二〇六	西壁龕內主尊兩側	結跏趺坐	立姿，後代改為供養童子，面目全非（或原非二外道）	
	二六六	西壁龕內主尊兩側	倚坐佛	南側（模糊）	北側（模糊）
	二七七	西壁龕內主尊兩側	毀（原結跏趺坐）	南側，立姿，模糊	北側，立姿，舉骷髏作觀察狀
	三八〇	西壁龕內主尊佛座東向面兩側	結跏趺坐	南側，坐於地，舉鳥平視狀	北側，坐於地，舉骷髏作觀察狀

續表

<table>
<tr><th>時代</th><th>窟號</th><th>位置</th><th>主尊塑像</th><th>執雀外道</th><th>持骷髏外道</th></tr>
<tr><td rowspan="9">隋代</td><td>三八八</td><td>西壁龕內主尊兩側</td><td>結跏趺坐</td><td colspan="2">立姿，模糊</td></tr>
<tr><td>三九〇</td><td>西壁龕內主尊兩側</td><td>倚坐菩薩</td><td colspan="2">坐姿，似不持物，形像健壯，或非二外道</td></tr>
<tr><td>三九七</td><td>西壁龕內主尊兩側</td><td>結跏趺坐</td><td>南側，立姿，舉鳥平視狀</td><td>北側，立姿，舉骷髏作觀察狀</td></tr>
<tr><td>四一八</td><td>西壁龕內主尊兩側</td><td>結跏趺坐</td><td>北側，立姿，舉鳥過頂</td><td>南側，立姿，舉骷髏過頂</td></tr>
<tr><td>四一九</td><td>西壁龕內主尊兩側</td><td>結跏趺坐</td><td>南側，立姿，舉鳥過頭頂</td><td>北側，立姿，舉骷髏過頭頂</td></tr>
<tr><td>四二〇</td><td>西壁龕內</td><td>結跏趺坐</td><td>無</td><td>北側，立姿，持骷髏</td></tr>
<tr><td>四二一</td><td>西壁龕內主尊兩側</td><td>結跏趺坐</td><td>南側，立姿，舉鳥過頭頂</td><td>北側，立姿，舉骷髏過頭頂</td></tr>
<tr><td>四二六</td><td>西壁龕內主尊兩側</td><td>毀（原結跏趺坐）</td><td>北側，立姿，舉鳥過頭頂</td><td>南側，立姿，舉骷髏過頭頂</td></tr>
<tr><td>四二七</td><td>中心柱南向面龕內</td><td>禪定佛</td><td>西側，立姿，舉鳥過頭頂</td><td>東側，立姿，舉骷髏過頭頂</td></tr>
<tr><td rowspan="4">初唐</td><td>五七</td><td>西壁龕內主尊兩側</td><td>結跏趺坐</td><td colspan="2">南側和北側均為執鳥外道，坐於地，舉鳥平視狀</td></tr>
<tr><td>二〇四</td><td>西壁龕內主尊兩側</td><td>結跏趺坐</td><td>北側，立姿，有頭光，舉鳥平視狀</td><td>南側，立姿，有頭光，舉骷髏作觀察狀</td></tr>
<tr><td>二八七</td><td>西壁龕內主尊兩側</td><td>結跏趺坐</td><td>北側，立姿，舉鳥平視狀</td><td>南側，立姿，舉骷髏作觀察狀</td></tr>
<tr><td>三二二</td><td>西壁龕內主尊兩側</td><td>結跏趺坐</td><td>北側，坐于束腰座（藤几），舉鳥平視狀</td><td>南側，立姿，舉骷髏作觀察狀</td></tr>
</table>

時代	窟號	位置	主尊塑像	執雀外道	持骷髏外道
初唐	三二九	西壁龕內主尊兩側	結跏趺坐	北側，坐於束腰座（藤几），左手持鳥於胸前，右手支頤	南側坐於束腰座（藤几），持物模糊
	三七五	西壁龕內主尊兩側	結跏趺坐	南側，立姿，舉鳥平視狀	北側，立姿，舉骷髏作觀察狀
	三八一	西壁龕內主尊兩側	結跏趺坐	南側，立姿，舉鳥平視狀	北側，立姿，舉骷髏作觀察狀

附表 2　敦煌以外地區鹿頭梵志、尼乾子統計表

	分布	時代	基本內容
1	雲岡十九窟A洞東壁明窗北側釋迦多寶龕龕外兩側	北魏（雲岡早期）	裸上身，有頭光，北側一身站立，左手托舉一鳥右手撐腰。南側一身胡跪，左手撐腰，右手舉骷髏。圖見長廣敏雄等《雲岡石窟》十三卷圖版71a，74圖。
2	雲岡九窟前室北壁明窗兩側	北魏（雲岡中期）	均束髮，坐於束腰座（藤几）。尼乾子右手上舉至額，左手捧一鳥（鳥頭毀）；鹿頭梵志右手托骷髏，骷髏上刻出眼眶、牙齒，左手伸出食指，曲餘指，作說話狀。圖見《雲岡石窟》第六卷圖版三九、四十、四六、四七圖及圖版說明。《中國石窟》「雲岡石窟」第二冊第5至7圖。
3	雲岡十二窟前室西壁佛說法龕兩側	北魏（雲岡中期）	束髮，半跏坐於束腰座（藤幾），有頭光。南側一身左手托骷髏於胸前，右手屈肘，手掌觸臉部（似乎是思惟狀）。北側一身左手托雀於胸前，右手屈肘，作揮舞說話狀。圖見《雲岡石窟》第九卷圖版三一、四〇圖及圖版說明。《中國石窟》「雲岡石窟」第二冊第100圖。此圖北側有阿育王施土，與此圖並列。

續表

	分布	時代	基本內容
4	洛陽萬佛山	北魏	鹿頭梵志較為完整、尼乾子存部分痕跡。未發表。
5	小南海中窟	北齊	立姿，無頭光，圖見顏娟英《北齊禪觀窟的圖像考》第十二圖。
6	小南海東窟	北齊	坐姿，無頭光，圖見顏娟英《北齊禪觀窟的圖像考》第三四圖。
7、8	西安碑林延昌二年造像碑	五一三年	正面一組，背面一組。展廳陳列。
9	西安博物館藏太昌元年釋迦彌勒造像碑	五三二年	原藏西安市考古研究所。碑高一百釐米，下龕為交腳菩薩。上龕主尊為結跏趺坐説法佛，外道位於龕外兩側，左側（碑身右側）一身雙手胸前相握（可能是鳥），右側一身似雙手捧持一圓形物（可能是骷髏）。手勢例外，但著短褲，曲腿，形像猥瑣，亦當為尼乾子、鹿頭梵志。圖見二〇〇三年《國寶展圖錄》。按：此圖類似堪薩斯納爾遜美術館五十一至二十七號造像碑。
10	曲陽	北齊（560年）	乾明元年釋迦多寶像。河北省博物館展廳陳列。
11	曲陽	北齊（562年）	太寧二年陳思業造釋迦多寶像，故宮藏X40399號。馮賀軍《曲陽白石造像研究》第7圖。
12	曲陽	北齊	思惟菩薩像。河北省博物館展廳陳列。

續表

	分布	時代	基本內容
13	藁城縣	北齊（570年）	武平元年賈蘭業兄弟造透雕雙菩薩思惟像，高六十五點五釐米，二外道位於主尊下方兩側，坐姿。程紀中《河北藁城縣發現一批北齊石造像》，《考古》一九八〇年第三期。圖又見二〇〇〇年日本《中國國寶展》圖錄第一三九圖，馮賀軍《曲陽白石造像研究》第四九圖。今存正定縣文物保管所。題記：「武平元年閏二月廿日，賈蘭業兄弟為亡父母造玉像一區，願亡考妣托生西方，緣登正覺。」
14	蠡縣	北齊	雙思維菩薩造像座正面，中為香爐，左側為托骷髏外道，右側為托鳥外道。蠡縣出土，今藏定州市博物館。二〇一四年在河北博物院展出。
15	彭永華（澹泊軒）私入藏	東魏至北齊	碑高二點三米，正面造像分四組，自上而下各龕主尊是半跏坐思惟菩薩、結跏趺坐說法佛、倚坐說法佛、立佛。二外道在結跏趺坐說法佛二側，均坐須彌座上，各舉一手，托一物，從圖版看，佛左側一身右手似舉骷髏、右側一身左手舉雀。圖見金申、彭永華著《兩家藏古代佛像》「澹泊軒（彭永華）藏卷」佛坐像第13圖，天津古籍出版社2009年版，第96-99頁。
16	北京保利博物館藏（偽）	北周	碑高一四一釐米，正面上思惟菩薩龕，中、下為結跏趺坐佛說法會，最下左側為持骷髏外道，右側為瞭望狀外道，未見雀。圖見《保利藏珍》，嶺南美術出版社2000年版，第214頁。按：金申教授告知，此造像碑是用瑞士的天保八年造像碑和大都會的武定元年造像碑拼湊作偽。

續表

	分布	時代	基本內容
17	舊金山亞洲藝術館藏金銅持骷髏外道像（館藏號B60B31）	北魏	立像，高十七釐米，束髮，赤足，裸上身，左手曲臂持骷髏，右手曲臂握拳，無頭光。原為 Neill Malcolm 私人收藏，一九三五至一九三六年倫敦中國藝術展上受到矚目，見 J · Leroy Davidson 文、水野清一文等。後入藏舊金山亞洲藝術館，見舊金山亞洲藝術館 1974 年出版 *Chinese，Korean and Japanese Sculpture in the Avery Brundage Collection* 第 54 圖。
18	堪薩斯納爾遜美術館藏五尊像碑（館藏號37-27 號）	西魏	此碑高達二點五米，中央為結跏趺坐佛說法（四弟子二脅侍菩薩，其中二弟子比丘形像二弟子螺髻），下方左側為立姿尼乾子，右手曲肘舉鳥，左手橫置胸前；右側鹿頭梵志立姿，雙手捧骷髏。圖見水野清一《中國の雕刻》第五二、五三圖、松原三郎書第三一五圖。
19	堪薩斯納爾遜美術館藏三尊像碑（館藏號51-27 號）	北魏	高七十、寬六十四釐米。龕內主尊結跏趺坐說法佛、龕外各站立一供養菩薩。外道站立在菩薩前面，均合十站立，手掌有物（左側似持骷髏、右側持雀），從形像看，應是尼乾子、鹿頭梵志。松原三郎書第 184B 圖。按：此造像碑中的外道與西安市考古所藏太昌元年（532）造像碑中的外道類似。
20	大都會博物館藏造像碑（館藏號 29.72，30.76.302 號）	東魏（543 年）	碑位於造像碑上層佛說法圖下方（中層為著名的維摩詰經變），均為坐姿，無頭光，左側為執雀外道，左手執雀，右側為持骷髏外道，左手舉骷髏，二人均作平視狀。圖見 Alan Priest 書第 23 圖、金申《中國曆代紀年佛像圖典》第 228 頁。

續表

	分布	時代	基本內容
21	大都會博物館藏北魏立佛三尊像造像碑（館藏號24.27）	北魏	主尊為立佛（二脅侍菩薩），外道位於主尊腰部兩側，主尊左手側為細長的雙手執雀外道，戴冠，可見鳥雙腿直立。右手側為細長的雙手捧骷髏外道。形像很小，只有主尊佛的十幾分之一。圖見J・Leroy Davidson 文、AlanPriest 書第七圖、松原三郎書第一五九圖。這件造像非常類似舊金山亞洲藝術博物館藏 B60 S44＋號造像碑（533 年，高 175 釐米。見香港藝術館 1983 年展品圖錄《中國珍貴文物》第 100 圖）。
22	弗利爾美術館藏 F09/231 號觀音立像造像碑	北齊	主尊為觀音立像（四弟子二脅侍菩薩）。外道位於二側弟子下方，蹲姿，觀音左側二弟子下方似為鹿頭梵志，雙手托一較大物；觀音右側二弟子下方為一尼乾子，雙手舉一較小物（鳥？）。圖見喜龍仁書 289A 圖。
23	弗利爾美術館藏 F2652B 號交腳菩薩造像碑	北齊	主尊為交腳菩薩（四弟子二脅侍菩薩，其中二弟子比丘形像二弟子螺髻）。外道位於佛座下方兩側，站姿，尼乾子位於主尊座位左側，右手托舉一鳥，左手橫置胸前；鹿頭梵志位於主尊座位右側，左手托舉一骷髏，右手橫胸前。圖見喜龍仁書 289B 圖，參見林保堯《法華造像研究》第四四圖。
24	費城大學博物館藏北周立觀音造像碑	北朝後期	主尊為觀音立像（四弟子二脅侍菩薩，其中二弟子有螺髻）。外道坐姿，侏儒狀，佛座左側執雀外道左手撫膝、右手托鳥，右側持骷髏外道左手舉骷髏、右手撫膝。圖見喜龍仁書第二八八圖、J. Leroy Davidson 文。

續表

	分布	時代	基本內容
25	美國羅得島州設計學院（Rhode Island School of Design）藏佛教造像碑	北朝後期	主尊為結跏趺坐説法佛（四弟子二菩薩，其中二弟子比丘形像二弟子螺髻）。下層有右脇誕生、九龍灌頂二方圖像），佛座兩側各立一人，圖像模糊，不能確定是否是尼乾子、鹿頭梵志。圖見喜龍仁書第二五七圖。
26	法國私人收藏佛説法造像碑	北朝後期	主尊為結跏趺坐説法佛（四弟子二菩薩，其中二弟子比丘形像二弟子螺髻）。外道位於佛座兩側，立姿，持物模糊，左側一身伸出右手，左手橫於胸前；右側一身伸出左手，似持骷髏，右手橫於胸前。圖見喜龍仁書第二五九圖
27	巴黎 Peytel 收藏觀音造像碑	北朝後期	主尊為觀音立像（四弟子二脅侍菩薩，其中二弟子比丘形像二弟子螺髻）。外道位於二弟子下方，站姿，觀音右側二弟子下為婆藪仙，雙手捧骷髏；觀音左側二弟子下方為尼乾子，右手托鳥、左手撐腰。此造像的大小、內容等與費城大學博物館有許多類似。圖見喜龍仁書第二八七圖。
28	日本私人收藏觀音造像碑	北朝後期	主尊為觀音立像（四弟子二菩薩，其中二弟子比丘形像二弟子螺髻），左側二弟子下方為尼乾子，立姿，右手托舉鳥，左手橫置胸前；右側二弟子下方為鹿頭梵志，立姿，左手托舉骷髏，右手橫置胸前。圖見喜龍仁書第二五八圖。

（本文由 2 篇文章整理而成：《婆藪仙與鹿頭梵志》，〈《敦煌研究》2002 年第 2 期；《執雀外道非婆藪仙辨》，《敦煌研究》2010 年第 1 期）

毗那夜迦像

佛教諸神中有一些是來自印度神話傳說，只是身分和地位有所改變，本文所討論的毗那夜迦神也是來自印度神話傳說：印度教三大神即創造神梵天（Brahma）、保護神毗濕奴（Vishnu）毀滅神濕婆（Shiva）中，濕婆與雪山女神 Parvati 結合而生一子 Ganesa（誐尼沙，毗那夜迦），一次雪山女神洗浴時，令子守門，濕婆歸來不識一日長大的兒子，怒殺之（一說不吉祥的土星神看到 Ganesa，於是 Ganesa 頭掉了），遂安象頭代替，司智慧。這就是毗那夜迦的象頭形像的來歷（還有其他多種傳說本文不列說），他的坐騎是大地女神 Pridevi 所贈的一隻老鼠，一大像一小鼠，形成鮮明的對比。

濕婆還被表現為跳著創造和毀滅世界的宇宙之舞，它的坐騎是公牛，前身是印度河文明時代（前 3300 至前 1700）的生殖之神「獸主」和源於《黎俱吠陀》的風暴之神魯陀羅（Rudra），因此濕婆兼具生殖與毀滅、創造與破壞之雙重性格。作為濕婆之子，毗那夜迦也具備善、惡兩種性格。[1]

佛教諸神中吸納了毗那夜迦神：形像相同，象頭人身，或守護佛法，或行諸惡事。其中「行諸惡事」的性格到後來就不流行了，而敦煌則有較多的表現。

一　敦煌早期的毗那夜迦像

從北魏到初唐，在中國曾流行神王造像，特徵就是獸頭人身，位於造像的最底層，起著守護佛法的作用，一般是八神王，也有十神王。

龍門、鞏縣、安陽、響堂山、天龍山、須彌山等石窟中均可見到神王像。六世紀初建造的龍門石窟賓陽中洞中的十神王最早，鞏縣石窟第三窟、第四窟最著名。安陽大留聖窟開鑿於東魏武定四年（546），坐東向西，進深四點四米、寬三點八米，正面（東面）壁前安置盧舍那佛石雕；北壁前阿彌陀佛石雕，佛座下正面有四小龕，各刻一神王（象神王、山神王、河神王、珠神王）；南壁前彌勒佛石雕，佛座下正面有四小龕，各刻一神王（樹神王、風神王、火神王，另一身待查）。[2]

造像碑中也可見到多例神王像，一般刻於基座，其中美國波士頓市卡特娜博物館（Gardner Museum）藏東魏武定元年（543）駱子寬造像碑中的神王像最著名，一共有十身神王，並刻有名字，底座正面逆時針方向起：獅神王、鳥神王、象神王（以上左側），河神王、山神王、樹神王、火神王（以上後部），珠神王、風神王、龍神王（以上右

1　關於印度教的誐尼沙（毗那夜迦）神，研究者眾多，集大成者可推 I. Wayan Redig 專著 *Ganesa Images From India and Indonesia, New Gyan Offset Press, New Delhi*, 1996.

2　河南省古代建築保護研究所：《河南安陽靈泉寺石窟及小南海石窟》，《文物》1988 年第 4 期。

側）。[3]象神王坐姿，左手托寶珠，置於腳上，右手半舉，持一蓮花。河北臨漳縣習文鄉一九六五年出土的佛教造像中，有兩件造像中有神王：1.北齊結跏趺坐佛說法七尊像，高七十三釐米，背面刻像神王等八身神王；2.北齊交腳彌勒七尊像，高五十五釐米，背面底部有像神王、鳥神王（鳥頭）、珠神王（吐珠）、河神王（荷魚）等四身神王，兩側各有二神王。[4]河北鄴城出土武定四年（546）白玉倚坐佛像基座、山東臨沂出土佛造像基座等均有神王像。[5]二〇〇四年五月，陝西省西安市灞橋區灣子村出土五尊佛立像、四件佛座，今藏碑林博物館，BL04–5號（BL表示碑林，04表示2004年）佛座兩側、後部各雕刻三身神王，均無題名，左側面左起第一身神王比較奇特：猙獰怪面，雙肩有羽，左腿跪地，右腿站立，左手挾一大象（沒有雕出右手），應該屬於象神王，時代判定在北周。[6]有的神王群像中沒有像神王，如紐約大都會博物館藏武定元年（543）維摩詰經變造像碑的底座四面刻有八身神王（每面2身神王），沒有象神王。臺灣震旦藝術博物館藏有一件大理石臺座，四周刻八龕，每龕刻一身神王（珠神王、獅神王、河神王、鳥神王、龍神王、火神王、風神王、樹神王），也沒有象神王。[7]陝西省耀縣藥王山博物館藏北魏《謝永進造像碑》正面下方刻有十神王的名字（沒有圖像），除兩邊各一位神王名不完整外，自右向左的榜題是：人王、佛神王、道神王、磨神王、天神王、地神王、海神王、龍神王。

---

3 Emmy C. Bunker, The Spirit King sin Sixth Century Chinese Buddhist Sculpture, *Archives of Asian Art 18,* 1964.

4 圖見2000年東京國立博物館《中國國寶展》第141圖、142圖。

5 趙秀榮：《北朝石窟中的神王像》，《敦煌學輯刊》1995年第1期。

6 趙力光、裴建平：《西安市東郊出土北周佛立像》，《文物》2005年第9期。

7 震旦藝術博物館：《佛教文物選粹》（1），2003年版，第75圖。

更有學者認為磨神王就是摩尼教神王。[8]遺憾的是，我們不能從漢譯佛經中找到完全對應的神王記載。雖然神王的來歷尚不清楚，但，它們的作用是明確的，就是守護佛法。[9]

多數十神王或八神王中有象神王，形像與毗那夜迦類似，可能與毗那夜迦同源，但象神王是眾多神王中的一員，沒有個性。而毗那夜迦有許多傳說，是一位相當獨立的神靈，至今仍以財神等性格流行於印度、東南亞地區和我國藏傳佛教區，這是象神王和毗那夜迦的一個很大的區別。

在已發現的十四座北涼石塔中，也有神王像，均為人形，我們沒有發現動物形的神王。早期洞窟中，在洞窟四壁和中心柱四壁的下方常繪有護法神，多數圖像比較模糊，我們也沒有發現題記或題記的痕跡。這些護法神大多數為力士形像，四肢發達，它們的作用等同於神王。少數是獸頭人身，可能受到神王圖像的影響。還有一些力士還手持樂器，似乎還有娛佛的功能。它們與中原的神王像最明顯的區別在於多數為人首人身所以一般稱金剛力士，或者藥叉。在獸頭人身的藥叉中（如第 249 窟），我們也沒有發現象頭形像的金剛力士。

敦煌最早的毗那夜迦像出現在莫高窟西魏第二八五窟（北壁有 538，539 年紀年）。西壁開三龕，主龕塑佛像，兩側龕塑禪僧，西壁的壁畫題材多為印度教神。

西壁主龕與南側小龕之間的主要壁畫是：最上是日天及其天眾，

8　李淞：《藥王山〈謝永進造像碑〉的年代與摩尼教信息解讀》，《考古與文物》2008 年第 3 期。

9　關於神王像的研究，除了前揭 Emmy C .Bunker 文、趙秀榮文外，筆者所知的論文還有：常青：《北朝石窟神王雕刻述略》，《考古》1994 年第 12 期。金申：《關於神王的討論》，《敦煌學輯刊》1995 年第 1 期。殷光明：《試論北涼石塔基座像與神王》，《敦煌研究》1996 年第 4 期。

中部是毗紐天（韋紐天，那羅延天）、大梵天、帝釋天。與此相對應的主龕和北側小龕之間的主要壁畫是：最上為月天及其天眾，中部為摩醯首羅天（大自在天，濕婆神，三面六臂，騎青牛 Nandin，髮髻中有一背負風袋的風神，因為濕婆的前身是風暴之神），下為它的兩個兒子，南側是鳩摩羅天（童子天），源自戰神塞犍陀天（Skanda），騎孔雀，四臂，持葡萄、公雞、矛、三叉戟，北側是毗那夜迦，象頭人身，坐姿，無坐騎，兩臂，左手置胸前，握一象牙，象牙周圍有忍冬紋樣的飾帶，右手曲肘上舉一缽，象鼻正在吸食缽中之物。（圖 1）手持象牙的來歷是，詩人大廣博在構思長詩《摩訶婆羅多》時，毗那夜迦幫他記錄，途中將筆折斷，情急之下，毗那夜迦將自己的象牙折斷，蘸墨繼續記錄。

一九八七年，賀世哲先生在敦煌石窟研究國際討論會上宣讀《敦煌莫高窟第 285 窟西壁內容考釋》，涉及了西壁的毗那夜迦圖像。[10]一九八八年六月，饒宗頤先生在香港《明報》發表《敦煌石窟中的誐尼沙》，專就第二八五窟西壁的誐尼沙（毗那夜迦）進行了分析。[11]此後佐佐木律子、張文玲等學者對西壁內容多有考證。[12]

第二八五窟西壁這些神靈在印度教中的地位是非常高的，而在第二八五窟，它們不過是佛教的護法神而已，顯然佛教在這裡是通過貶低印度教神來抬高佛教的地位。在此大背景下，第二八五窟毗那夜迦

---

10 敦煌研究院編：《1987 年敦煌石窟研究國際討論會文集．石窟考古編》，遼寧美術出版社 1990 年版。

11 又見：《陳寅恪先生紀念論文集》，中山大學出版社 1988 年版；《饒宗頤東方學論集》，汕頭大學出版社 1999 年版。

12 佐佐木律子：《敦煌莫高窟第 285 窟西壁內容的解析》，《美術史》46 號，1997 年。張文玲：《古代中亞絲路藝術探微》六「敦煌莫高窟第 285 窟印度教圖像之初探」，臺北「故宮博物院」1998 年版。

的身分是佛教的普通護法神。由於是與它父親、兄弟的組合，而不是一般意義上的神王，所以此象頭神是印度教系列的毗那夜迦，不是神王系列的象神王。

莫高窟隋代第二四四窟東壁門北説法圖由五尊像組成，主尊結跏趺坐説法，兩側各站立一菩薩一神王，北側神王為普通菩薩形像，左手半舉托寶珠，右手下垂持淨瓶，頭光上有雙龍對視，各舉一爪托寶珠，另一爪抓著頭光邊緣，一般認為它是龍王。南側神王象頭，菩薩身，左手托缽，長鼻伸在缽中，右手作手印（大拇指與食指相捻，餘三指伸展）。（圖2）

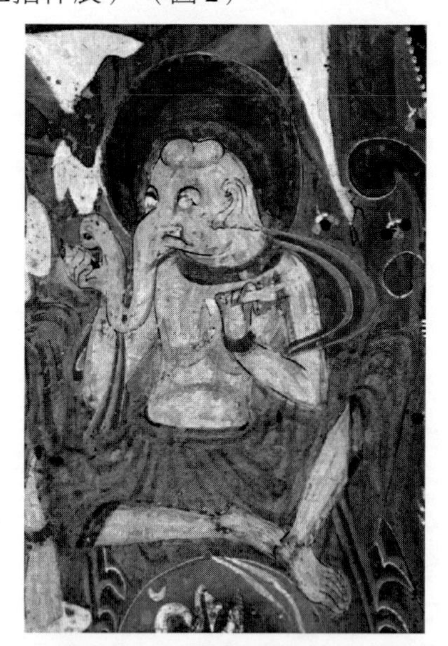

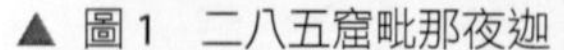

▲ 圖1　二八五窟毗那夜迦

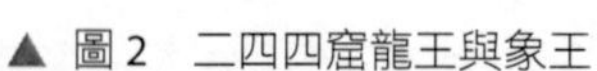

▲ 圖2　二四四窟龍王與象王

一九九六年，姜伯勤先生發表《莫高窟隋説法圖中龍王與象王的圖像學研究》一文，探討了此圖像，認為不是毗那夜迦，而是藥叉（象王），指出「我們推定隋二四四窟有龍王及象王圖像的説法圖，或為《摩訶般若經》中佛在王舍城鷲頭山的説法圖。」並引《大智度論》中

「水行中龍力大，陸行中象力大」句來形容禪定解脱有如大龍王從大海出，又有如善調象王能破大軍有進無退。他還認為此毗那夜迦的有日月頭冠，則帶有濃厚的中亞風格。[13]按：鳩摩羅什譯《摩訶般若經》為佛在王舍城耆闍崛山所説，似未有龍王、象王聽法或守護內容。鳩摩羅什譯《大智度論》卷三解釋龍的含義是：「那伽，或名龍，或名象。是五千阿羅漢，諸阿羅漢中最大力，以是故言如龍、如象。水行中龍力大，陸行中象力大。」

從字面上看，善調象王是指降服野性後的大象，並沒有提到是象頭人身，可是在這裡，象頭神是與龍王對應的，正如前引《大智度論》所説「水行中龍力大，陸行中象力大」，這裡是將陸地動物的代表和水生動物的代表作為護法神，因此，稱象王、龍王應有一定道理。不過，敦煌僅此一例，更多的護法脅侍是二天王或四天王。

在這鋪説法圖中，象神王、龍神王屬於佛的護法神。此象頭神用象鼻在吸食鉢中之物，與第二八五窟毗那夜迦類似，由此看來，第二四四窟的象王受到象神王、毗那夜迦形像的影響。

▲ 圖 3　四〇四窟羊頭神與象頭神

莫高窟隋代第四〇

13　《敦煌吐魯番研究》創刊號，北京大學出版社 1996 年版。收入個人文集《敦煌藝術宗教與禮樂文明》，中國社會科學出版社 1996 年版。

四窟甬道南、北壁各白描一神，《敦煌莫高窟內容總錄》記：「甬道南、北壁殘存力士一部」。[14]考察得見，南壁為羊頭人身神，北壁為象頭毗那夜迦，均為立像。毗那夜迦右手持胡蘿蔔，左手持鉢，象鼻垂下在吸食鉢中之物。由於位於甬道兩側，顯然屬於護法神。（圖3）

在南北朝和隋代，護法神有多種形像，如：河南偃師平等寺北齊天統三年（567）《韓永義等造像碑》正面造像記上方的正中是供器、右側是像主（「像主王小貴供養」）、神王（「迦毗羅神王」）；左側是像主夫人（「像主夫人賀供養」）、神王（「那羅延神王」）。[15]建成於開皇九年（589）的安陽大住聖窟窟門外兩側分別刻有一神王立像，東側題「那羅延神王」、西側題「迦毗羅神王」。[16]第四〇四窟這一對護法神所起的作用與《韓永義等造像碑》、大住聖窟的神王是完全一致的。

至於甬道南壁之羊頭神的來歷，可能與印度神話傳說中的一個名叫達克沙（Daksa）的國王有關，濕婆曾將岳父達克沙的頭砍下，而後安上一個羊頭。而甬道北壁的象頭神也是濕婆將兒子的頭砍下，安上一個象頭。看來濕婆是個性格暴戾的神，常無端殺人。

上述三例毗那夜迦都是作為護法神出現，特別值得注意的是，其中第四〇四窟毗那夜迦是獨立繪出，似乎地位更高一些，或許受到中原佛教護法神的影響。

敦煌以外地區的早期毗那夜迦像有三例：1. 成都萬佛寺造像有二百多件，多數為南朝梁代時期雕刻，其中有一件刻有作為脅侍的毗那

14 《敦煌莫高窟內容總錄》，文物出版社 1982 年版，第 148 頁。

15 顏娟英主編：《北朝佛教石刻拓片百品》第 85 號，「中央研究院」史語所 2008 年版。

16 中國石窟雕塑全集編委會：《中國石窟雕塑全集》第 6 卷「北方六省」第 58、59 圖，重慶出版社 2001 年版。

夜迦。[17] 2. 斯坦因一九〇七年在和田附近 Endere 發現一件毗那夜迦木版畫，今藏英國博物館，高十二釐米、寬十三釐米，毗那夜迦上身裸體，下身穿虎皮。有四臂，胸前左手持花、右手托果盒，外側左手持手斧、右手持槍頭。顯然與第二八五窟一樣，屬於護法神。關於此木版畫的年代，出版物定為七、八世紀。[18] 3. 斯坦因在新疆 Khadalik 發現的一件木版畫毗那夜迦與堅固地神，高十七釐米、寬二十五釐米，今藏印度新德里博物館。毗那夜迦交腳坐，四臂，一右手執象牙於胸前，一左手握拳於腹前，拳心朝下，外兩臂持物不很清楚。堅固地神則二臂，合十而坐。[19]它們與敦煌三例一樣，屬於善神、護法神。

總之，敦煌唐代以前的毗那夜迦像只有三身（第 285、244、404 窟），它們的共同特點是：

1. 均用長鼻吸食缽中之物，這在以後的敦煌壁畫中不再見到。這一特徵非常接近印度的毗那夜迦，現代印度的毗那夜迦形像仍是用長鼻吸食缽中食物；

---

17 這件造像一九五四年出土，今藏四川省博物館，發表號 WSZ54，館藏號 21829 號，圖見馮漢驥《成都萬佛寺石刻造像》圖 4（《文物》1954 年第 9 期），劉志遠、劉廷壁《成都萬佛寺石刻藝術》圖 34、35（中國古典出版社 1958 年）。清晰圖版見 2004 年美國大都會博物館編《走向盛唐展圖錄》（China : *Dawn of a Golden Age,* 200–750AD）第 125 圖。似為一件造像的柱體基座之小半部（應該是後面部分），周圍造像，現存 6 身神王並眷屬，從位置可以判斷出原來完整的神王應該有十二身，因此筆者懷疑這些神王就是《大方等陀羅尼經》中的「十二夢王」，此毗那夜迦為一「夢王」的脅侍。另一件造像佛座下也刻十二神王，但無眷屬。山西省晉城青蓮寺曾出土北齊乾明元年（560）的十二夢王圖像，請參閱劉建軍《「大方等陀羅尼經」的「十二夢王」石刻圖像》，《文物》2007 年第 10 期。

18 圖見《西域美術》第 3 冊第 57 圖，東京：講談社，1984 年。又見：《世界美術大全集》東洋編 15「中央アシア」卷插圖第 189 圖，小學館 1999 年版，第 278 頁。

19 《世界美術大全集》東洋編 15「中央アジア」卷插圖第 198 圖，小學館 1999 年版第 281 頁。

2. 從在洞窟中的作用來看，他們都是佛教的護法神，屬於善神；
3. 從所處的位置上看，此處的毗那夜迦是佛的隸屬與守護神，地位比較低，而在印度教中則具有較高的地位。

二　唐宋元時期的毗那夜迦像

初唐開始出現根據佛經繪製的密教圖像（純密圖像，而早期如第二八五窟西壁密教題材，或稱雜密圖像），中國已知最早有具體年代的密教造像見於山西省長治縣貞觀十二年（638）《阿彌陀佛十二臂觀音四面造像碑》。[20]武則天時期密教圖像十分流行，但敦煌此期的密教圖像中並沒有看到毗那夜迦神。盛唐時期雖然有開元三大士弘揚密教，但這一時期的密教圖像在敦煌藝術中很少，直到八世紀六〇年代開鑿的第一四八窟才出現許多密教圖像，該窟東壁門上千手千眼觀音變的下方兩角各畫有一身毗那夜迦。此後至元代，密教造像一直存在於敦煌石窟中，其中有許多毗那夜迦圖像。

唐宋元時期的毗那夜迦一般屬於惡神，受到佛或佛教諸神的降服，這與早期的守護佛法的性格完全相反。主要畫在千手千眼觀音變、不空羂索觀音變、如意輪觀音變、千手千缽文殊變中，通常一鋪經變中有兩身，位於主尊下方兩角明王的前面，合十而跪，形像卑小，屬於被明王降伏的惡神。另外，在唐宋天龍八部等護法神中，我們可以見到少數幾身披著象皮的護法神。

1. 千手千眼觀音變中的毗那夜迦

敦煌畫中有千手千眼觀音變七十多鋪，其中有十四鋪畫有毗那夜

20　見顏娟英：《唐代十一面觀音圖像與信仰》，《佛學研究中心學報》第11期，2006年7月。

迦，一般有兩身，位於下方兩角明王前面。[21]

盛唐：一四八窟；（圖 4）

中唐：二三一窟、三六一窟（存 1 身）；

晚唐：十四窟、三三八窟；

五代：九十九窟，榆林窟四十窟（存 1 身，後文稱「榆」）；

▲ 圖 4　一四八窟毗那夜迦

宋代：四五六窟；

元代：三窟；

英國藏 S.P.35、S.P.154、S.P.199；法國藏 MG.17775（有 943 年紀年）、法國藏 MG.17659，其中英國藏 S.P.35 有「頻那勒伽」的題記（另一側毗那夜迦可見局部，榜題不存），法國藏 MG.17659 有「毗那鬼父」「夜迦鬼母」的題記（有 981 年紀年，圖 5）。

2. 不空□索觀音變中的毗那夜迦

據彭金章先生統計，敦煌畫中有不空羂索觀音八十鋪（壁畫 75 鋪，紙絹畫 5 鋪），其中有十鋪畫有毗那夜迦。[22]

21　王惠民：《敦煌千手千眼觀音像》，《敦煌學輯刊》1994 年第 1 期。彭金章：《千眼照見，千手護持》，《敦煌研究》1996 年第 1 期。

22　《敦煌石窟不空羂索觀音經變研究》，《敦煌研究》1999 年第 1 期。

中唐：一二九窟、三八四窟（圖6）；

晚唐：十四窟；

五代：三〇三窟、二〇五窟、二八八窟、三二九窟、三七九窟，榆四〇窟；

宋：三三五窟。

▲ 圖5　法藏 MG.17659 中的毗那夜迦

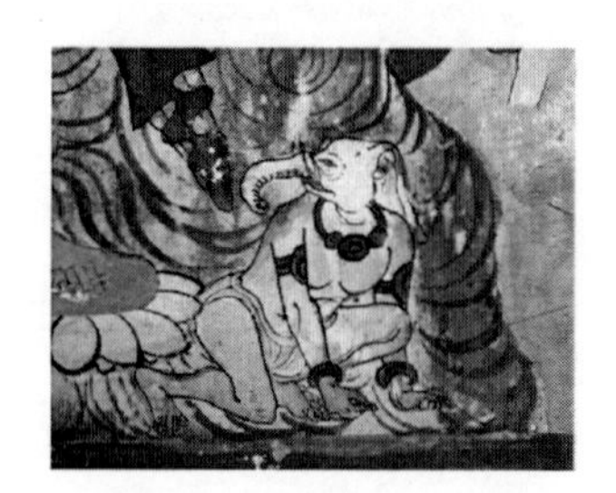

▲ 圖6　三八四窟毗那夜迦

3. 如意輪觀音變中的毗那夜迦

據彭金章先生統計，敦煌畫中有如意輪觀音變八十鋪（壁畫 72 鋪，紙絹畫 8 鋪），其中有九鋪出現毗那夜迦。[23]

23　《敦煌石窟如意輪觀音經變研究》，載 2001 年新加坡大學「七至九世紀唐代佛教及佛教藝術國際會議」文集《唐代佛教與佛教藝術》，覺風佛教藝術文教基金會 2006 年版。

中唐：一二九窟、三八四窟；

晚唐：十四窟、三四〇窟；

五代：二〇五窟、三〇三窟、三二九窟、三三二窟，榆四〇窟。

4. 千手千鉢文殊變中的毗那夜迦

千手千鉢文殊變中的毗那夜迦比較少，一個很好的例證是，莫高窟晚唐第十四窟不空羂索觀音變、如意輪觀音變、千手千眼觀音變中，下方兩角明王前均各有一身毗那夜迦，而唯獨千手千鉢文殊變沒有。五代第二〇五窟前室西披正中畫千手千鉢文殊變下方兩角的明王前面無毗那夜迦，而南、北側不空羂索觀音變、如意輪觀音變下方兩角的明王前面各有一身。在約二十鋪千手千鉢文殊變中，晚唐第一四四窟、晚唐第三三八窟、五代第九九窟，下方兩角明王前面各有一身。

5. 其他

S.P.40 是三頭四臂烏樞沙摩明王像，下方有一身豬頭毗那夜迦。法藏敦煌文獻中的 P.4518（8）是一對站立的毗那夜迦，說見下。

法國藏 MG.17666 為行道天王圖，天王身後鬼卒中就有一身象頭神。波士頓美術館藏 05.202 號為一件日本十二世紀末至十三世紀初（鎌倉時期）佛教繪畫《毗沙門天王圖》，毗沙門右下角有一鬼卒在腰間繫著象皮，旁又畫雙手合十而立的象皮冠童子，象皮冠童子將頭、頸嚴裹，僅露面部，畫面上的象耳很大，但繫帶似是布質，沒有像爪。象頭神為毗沙門天王的鬼卒之一，應該可以稱之為毗那夜迦。[24]

榆林窟第三十一窟北壁西側的降魔變（中央降魔變，兩側以條幅畫形式畫出佛傳）中，我們也可以從眾惡鬼中發現一身象頭神，雙手

---

24 此圖刊布甚多，如講談社 1968 年版《世界の美術館》15 卷「ボストン美術館」東洋卷第 14 圖，每日新聞社 1980 年版《在外日本の至寶》第 1 卷「佛教繪畫」第 78 圖。

持戟。

初唐開始，佛教護法神尤其是在天龍八部造像中，我們可看到許多來自西方的戴獅皮冠或虎皮冠的神，一般認為獅皮神來自希臘赫拉克利斯神（赫拉克勒斯，Heracles），虎皮冠神也與之有關，而後西藏藝術中也出現披虎皮的神將。[25]敦煌畫中有大量獅皮冠神，如莫高窟唐前期的第三二〇窟南壁說法圖、第三二一窟南壁十輪經變中的天龍八部中可以見到。中唐以後的洞窟中較多，廣泛存在於經變、說法圖中。如莫高窟中唐四四、一五八窟的涅槃經變，中唐一一七、一五九、三六一窟的彌勒經變，五代第一四六窟東壁門南文殊變中，均可清楚見到。榆林窟五代第三二窟西壁通壁畫佛說法圖，眷屬甚多，其中兩側邊各有一身獅皮冠護法神，均手彈琵琶，南側邊一身的榜題是「南無乾闥波（婆）」。榆林窟五代第三四窟西壁也是通壁畫佛說法圖，類似第三三窟，但北側邊是獅皮冠護法神，南側邊是象皮冠護法神。象皮冠則較少見，盛唐第七四窟北壁十輪經變中，主尊東側諸護法神中有一戴象皮冠、象的雙足在頸部打結；[26]該經變西側有一神戴鹿皮冠，鹿的雙足在頸部打結（鹿皮冠護法神在敦煌畫中還可見到多身，如初唐第二二〇窟北壁藥師經變，中唐第一五八窟西壁涅槃經變，榆林窟五代第三八窟北壁天請問經變）。[27]元代第三窟北壁千手觀音下方的象皮

---

25 邢義田《赫拉克利斯（Heracles）在東方》對獅皮冠、虎皮冠進行了非常詳細的研究。榮新江主編：《中外關係史：新史料與新問題》，科學出版社 2004 年版。

26 有的摩訶迦羅像（大黑天）、一髻尊（獨髻尊）等神也披象皮，慧琳《一切經音義》卷一〇提到摩訶迦羅有八臂，「後二手各於肩上共張一白象皮，如披勢。」菩提流支譯《不空羂索神變真言經》卷二二記載：『一髻羅剎女神，面目可畏，蛇為瓔珞，身有六臂……身披象皮。」

27 赫拉克勒斯神曾完成國王交給的十二項任務，除了戰勝獅子外，還戰勝過鹿、蛇、豬、鳥、牛、馬、狗等動物，他還有爭獲腰帶、金蘋果、牛群和清掃牛棚等事，敦煌出現鹿皮冠神和獅皮冠神，或許與赫拉克勒斯神存在關聯，但這一問題已經超過本文範圍和本人的研究能力。

冠毗那夜迦、豬皮冠毗那夜迦也將象爪、豬爪繫於顎下（圖 7）。

▲ 圖 7　三窟毗那夜迦

毗那夜迦像在敦煌以外地區也是流行的，如法門寺出土的一件銅香爐中（FD4：018），蓋紐是象頭的毗那夜迦，胡跪雙手捧圓形物（歡喜團，參敦煌第 384 窟）。[28]十二世紀大理國張勝溫《法界源流圖》（清丁觀鵬臨）中有四十八臂觀音像（千手千眼觀音），下方也有豬頭神、象頭神。

總之，敦煌唐宋元時期的毗那夜迦像數量很多，形像、位置、作用幾乎相同。它們具有以下特點：

（1）幾乎沒有獨立像，而是依附於千手千眼觀音、如意輪觀音、不空羂索觀音等圖像中。

（2）多數作為惡神身分出現，因被觀音降服，所以一般位於下方兩角。毗那夜迦作為惡神的形像大量見於敦煌畫中，而在佛教發展的後期，毗那夜迦基本上都是作為善神出現的，至今仍是這樣，在印度、中國其他地區很少見到作為惡神的毗那夜迦，這是敦煌毗那夜迦的一個特點。藏傳佛教造像中，毗那夜迦是善神，如莫高窟元代第四六五窟東壁門北畫一面四臂的大黑天，四周有十八身小神圍繞，其中有一身是象頭神，一面四臂，坐姿，外二手作手印，內左手托缽，右

28　陝西省考古研究院等：《法門寺考古發掘報告》彩版 180 圖，文物出版社 2007 年版。

手持一長形物（筆？待辨識）。最引人注目的是，座下有兩隻肥碩的老鼠，有點類似兔子。座下有老鼠的毗那夜迦在敦煌以外地區有較多的存在，敦煌僅此一例（圖8）。

（3）毗那夜迦的持物，據說有象牙、歡喜團、木蘋果（wood apple, Shiva fruit）、斧頭、葡萄、趕象的刺棒、套索、蛇、念珠、蓮花等多種。[29] 敦煌密教經變中的毗那夜迦的雙手多數不持物，但也有例外，如第三八四窟南壁豬頭毗那夜迦則一手持蛋狀的歡喜團。一般來説，獨立的毗那夜迦的雙手是持物的，如前述二八五、二四四、四〇四窟中的毗那夜迦。我們特別注意到，敦煌文獻 P.4518 中共有三十九件繪畫品，其中 P.4518（8）是一對象頭毗那夜迦、豬頭毗那夜迦，均為立像，雙腿各纏繞一蛇。象頭毗那夜迦左手持蘿蔔、右手持葡萄；豬頭毗那夜迦左手持五六根刺（趕象的刺棒？）、右手持蓮蓬。（圖9）

▲ 圖8　四六五窟毗那夜迦

（4）毗那夜迦的男女合抱像則以極其隱晦的形式表達出來，説明漢傳佛教系統中就有男女合抱像，而非藏傳佛教專有。

（5）從莫高窟第三窟的毗那夜迦像以及天龍八部等護法神中出現的獅皮神、象皮神看，象頭人身、豬頭人身可能來源自遠古儺戲中所使用的象皮、豬皮面具。另外獅皮神來自希臘赫拉克勒斯神，也與遠

29　前引張文玲文，第127頁。

古儺戲有一定關聯。我們還注意到，佛教的藥叉、天龍八部、鬼卒等護法神或惡鬼中，可見人身而頭為羊、牛、馬等動物者（牛頭馬面之類，如《大正藏》圖像部第四冊所收日本《覺禪鈔》卷四六第一五二圖就是寶龜院藏的馬頭神，見圖 10。按：此馬頭神可能就是前引金剛智譯《佛説金色迦那鉢底陀羅尼經》中的四藥叉之一：「四大藥叉，各執器杖，一牛頭，一豬頭，一象頭，一馬頭。」或人身人頭而頭冠上有蛇、龍、鹿、孔雀、鵝等動物者，如密教馬頭明王就是頭冠顯示馬頭而為特徵的。凡此種種，或許均可用儺戲來解釋之。

▲ 圖 9　P.4518（8）毗那夜迦

▲ 圖 10　日本寶龜院藏馬頭神

三　關於敦煌毗那夜迦幾個問題

毗那夜迦最大的特點是象頭，但它的身分、形像有時存在著差異。

1. 護法還是外道：毗那夜迦身分問題

毗那夜迦有多種身分。一是護法神，菩提流支譯《大使咒法經》：

「又說八毗那夜迦名字，一名曲鼻，二名一牙，三名象牙，四名黑頭，五名擔牡，六名利牙，七名魔王，八名煙色。如是名字，至心常憶念，即所作一切法，皆有一切罪除，悉皆消滅。」金剛智譯《佛說金色迦那鉢底陀羅尼經》中，佛說此陀羅尼後，「金色迦那鉢底白佛言：『我當擁護持此真言者。』」

還有一種是障礙神，菩提金剛譯《大毗盧遮那佛說要略唸誦經》記載：「複次誦《除障大護明》者，為降伏諸魔、制惡鬼神，是故當念難忍明王，以作障者無堪忍故，號大護難忍，明曰……若暫憶持此明威力，毗那夜迦及惡羅剎，聞此護故，盡皆四散，恐懼馳走，威力甚大，無能勝者。」阿地瞿多譯《陀羅尼集經》卷六有「縛毗那夜迦咒」通過唸咒語並「取安悉香作八百丸，一丸一咒一投火中，乃至香盡，毗那夜迦即自被縛」。菩提流志譯《如意輪陀羅尼經》序品記載：「爾時觀自在菩薩摩訶薩說此陀羅尼明時，大地山林六返震動……種種諸惡大力鬼神毗那夜迦作障礙者，皆大戰悚。」

莫高窟二八五、二四四、四〇四窟中的毗那夜迦以及天龍八部圖像中的象皮神屬於前者（護法神），而唐宋元經變畫中，護法的功能主要由天王、明王來承擔，毗那夜迦則表示惡神（障礙神），這是毗那夜迦在漢傳密教中的一個特點（偶或在天王圖像中以善神身分出現），而藏傳佛教、東南亞佛教中的毗那夜迦多數以善神出現，保留在敦煌畫中的障礙神毗那夜迦是研究佛教圖像和佛教思想的珍貴材料。

2. 象頭與豬頭：毗那夜迦形像問題

佛經記載的毗那夜迦像有多種。

單身像。前引金剛智譯《佛說金色迦那鉢底陀羅尼經》記載：「於白氈上畫之，刻作用得，白檀、紫檀、苦練木通用，餘木不得。若彩色，勿用皮膠，須用香汁及有汁木。其身正立，鼻向右曲。左上手把刀，次手把歡喜團，下手把劍。右上手把棒，次手把縛折羅，下手把索。身作金色，腳蹈金山，頭上五色雲，雲內有四天王及諸仙散花。左邊有俱摩羅淨軍，右邊有阿咤薄俱元帥大將。向下左畫美女，音樂供養立。右畫四大藥叉，各執器杖，一牛頭，一豬頭，一象頭，一馬頭，皆著虎皮褌。」憬瑟《大聖歡喜雙身毗那夜迦天形像品儀軌》記載：「其像形端立，象頭人身，左牙出右牙折，面少向左，其鼻向外瘻。有六臂，其左上手把刀，次手把果盤，下手把輪。右上手把棒，次手把索，下手把牙。造此像不得違價，足數付之……若欲修調和法除障難者，應造供六臂天像。其形象頭人身，具足六臂。六臂者，所謂左上手把刀，次手把果盤，下手把輪。右上手把棒，次手把跛折羅，下手把索。復有四臂像，其形象頭人身，具足四臂，所謂右第一手執鉞斧，第二手把歡喜團盤，左第一手把牙（或執杵），第二手執寶棒。復依《不空奮怒王觀自在菩薩經》明四臂天相者，此毗那夜迦金剛，其形象頭人身，具足四臂，左一手執金剛杵，次手持鉞斧。右一手執羂索，次手持三叉戟。」敦煌沒有發現這些圖像。

男女抱持像，一男性象頭人身與一女性象頭人身的互抱像。前引《大使咒法經》記載：「欲作此法，先須造像。或用白臘及銅木各克（刻）作其形像，夫婦二身，和合相抱立，並作象頭人身。」阿地瞿多譯《陀羅尼集經》也記載：『欲作此法，先須造像……夫婦二身，令相抱立，各長五寸，七寸亦得，二身各作象頭人身。」善無畏譯《大聖歡喜雙身大自在天毗那夜迦王歸依唸誦供養法》記載：「大聖自在天是摩醯首羅大自在天王，烏摩女為婦……夫婦令相抱立之，身長五寸，象頭人身。」前引憬瑟《大聖歡喜雙身毗那夜迦天形像品儀軌》敘述最為具體：「若鑄刻若畫，並得。其雙身天王形像，夫婦二天，令相抱立，其長七寸或五寸，作之二天，俱象頭人身。但男天面繫女天右肩，而令現女天背。亦女天面繫男天右肩，而令視男天背。足蹱皆俱露現，手足柔軟猶如壯肥端正女人。男天頭無華鬘，肩繫赤色袈裟，女天頭有華鬘，而不著袈裟。手足有瓔珞環，亦用其兩足蹈男天足端，此二天俱白肉色，著赤色裙，各以二手互抱腰上，其右手覆左手背。二天右手中指端，令至左手中指中節背上。此相抱像表六處之愛。六處之愛者，一者以鼻各觸愛背，二者以臆合愛，三者以手抱愛腰，四者以腹合愛，五者以二足蹈愛，六者著赤色裙。是偏表敬愛故。有行者造供六愛敬像，此人必得國王大臣后妃婇女及以一切諸人敬愛，發勇猛信心，莫生一念疑滯，往往證驗，甚以多多。」這類雙身相擁的形像在敦煌畫中沒有發現。

成對組合像，分別畫出象頭毗那夜迦與豬頭毗那夜迦，互相對應，成為一組。前引《大使咒法經》云毗那夜迦除了「雙身象頭，抱持相合」外，還有一種是「豬頭、象頭二身，各自胡跪。」也就是說，毗那夜迦有象頭形像，也有豬頭形像。（南宋）法雲編《翻譯名義集》卷二「鬼神篇」也記載：「頻那夜迦，舊云頻那是豬頭，夜迦是象鼻，此二使者。」松本榮一將象頭神定為毗那夜迦，又將豬頭神定為金剛面天。[30]佛經沒有記載金剛面天的形像，一些日本佛教文獻中有金剛面天的記載，如《大正藏》圖像部第二冊《叡山本金剛界大曼荼羅》記載：「豬頭天，又名金剛面，赤黑色。」丁福保《佛學大辭典》「金剛面天」條記載：「金剛界外金剛部二十天之一，豬頭人身，持劍。謂人出胎至盛年生長，皆此尊之德。」[31]松本榮一的依據可能來自《慈覺大師在唐送進錄》中記錄的「金剛面豬頭菩薩像樣一張」。但敦煌豬頭神不是金

30 松本榮一：《敦煌畫研究》第6章第三節「千手千眼觀世音菩薩圖」，東京文化學院東方學研究所1937年版，第656頁。

31 丁福保：《佛學大辭典》，文物出版社1984年版，第665頁。

剛面天，而是毗那夜迦的形像之一。根據《大使咒法經》的明確記載，凡是象頭人身和豬頭人身對應出現的，都是毗那夜迦，敦煌畫中甚多，如在莫高窟第一四八窟、第三八四窟、敦煌遺書 P.4518 中都是成對出現，第一四八窟千手千眼觀音變中的豬頭神的榜題是「夜迦神」。

實際上，「各自胡跪」是雙身形像的折衷的表現方法，因為中國傳統文化不允許男女相抱像的存在，所以《大使咒法經》才妥協地提出可以分開表現「各自胡跪」。雖然漢譯經軌中已提到雙身像，但漢文化對這類造像的排斥是巨大的，我們只能從藏密中才能見到雙身（如莫高窟第 465 窟就繪有多幅雙身像）。

敦煌繪畫品中有一個絕佳例證。法國藏 MG.17659 千手千眼觀音變繪於九八一年，在下方兩角各有一明王，明王的前面分別有豬頭神、象頭神，榜題分別是「毗那鬼父」「夜迦鬼母」。把「毗那夜迦」四字分為「毗那」與「夜迦」，再用「父」「母」來表示男、女，真是煞費心機。

（原標題《敦煌毗那夜迦像》，曾在耶魯大學 2007 年 11 月 9 至 11 日舉辦的「經典、禮儀和圖像：東亞密教傳統」國際學術討論會上宣讀，補充修改後刊於《敦煌學輯刊》2009 年第 1 期）

一佛五十菩薩圖

在四川、河南和敦煌等地的石窟中，約有四十鋪一佛五十菩薩造像，時代從初唐到五代宋。圖像特徵是：從主尊佛的佛座下蔓生出蓮莖（或樹狀蓮樹），分枝上坐著許多菩薩，具數有五十，故稱一佛五十菩薩，或加上二大菩薩而稱一佛五十二菩薩。一些造像的菩薩數目因壁面等原因而略有增減，但保存最主要的特徵：菩薩數目多（五十身左右），均坐在蓮莖相聯的蓮花上（非立姿）。

五十菩薩是生活在西方淨土世界的菩薩，表示西方世界的成人。九品往生的形像是化生童子，表示剛剛在西方世界誕生的兒童。在敦煌莫高窟第一七一窟一佛五十菩薩圖中，就穿插著許多化生。

約從唐後期開始，四川石窟出現一主尊佛並從佛座蔓延出蓮莖，上有五十（或多或少於此數）小佛，當稱千佛變，形式上當受到一佛五十菩薩圖的影響。但一佛五十菩薩圖中的菩薩坐姿較自由，而此類千佛變中的各小佛像的一般是說法佛或禪定佛，邛崍市花置寺（千佛岩）第二窟可為代表，眉山市萬勝鎮丈六院也有類似造像二鋪。

一　一佛五十菩薩圖的分布

1. 四川石窟

一佛五十菩薩圖在四川石窟分布廣泛，在旺蒼、巴中、通江、丹稜、綿陽、大足、安岳、資中、梓潼、仁壽等地石窟都有分布，數量可觀。

一九九一年，李巳生先生發表《一佛五十菩薩和菩薩裝佛》，提到四川石窟中有一佛五十菩薩圖二十鋪，分布是「通江十一，巴中五，丹稜二，綿陽、大足各一」。[1]需要說明的是：（1）一佛五十菩薩圖像與菩薩裝佛圖像之間並無密切連繫，無混論之必要。（2）巴中實有六鋪、大足石窟群實有四鋪。（3）該文雲通江有十一鋪，但文中只列出通江第六窟有此造像，沒有其餘十鋪造像具體窟窟號，熟悉通江造像的一些學者認為沒有這麼多。（4）沒有提到梓潼臥龍山千佛崖、旺蒼佛子岩、安岳西禪寺等地的相關圖像。

一九九四年，四川人民出版社出版胡文和先生的專著《四川道教佛教石窟藝術》，此書對四川石窟內容有較詳細的調查。但一些題材的數目統計似不全面，如巴中六鋪一佛五十菩薩造像只記錄南龕三三、六二、一一六號窟三鋪（第120頁，但247頁提到第33、62、78窟）。

二〇〇四年十至十一月、二〇〇五年八月、二〇〇六年四月，筆者前往四川考察了以下一佛五十菩薩圖造像。

旺蒼佛子岩，四鋪。佛子岩現存窟龕約三十個，造像二百二十餘尊，多為唐前期造像，尚存天寶紀年題記一方。一九八六年，楊春美先生發表《旺蒼縣佛子岩唐代摩崖造像》，指出一三、一五、二〇、二五窟有「佛及修觀徒眾」，稱之為「修觀菩薩龕」。[2]按：作者不識此即

1　《敦煌研究》1991年第2期。

2　《四川文物》1986年第3期。

一佛五十菩薩圖。二〇〇一年，楊春美先生又參與廣元皇澤寺博物館等單位對該石窟的普查，見《旺蒼縣佛子崖摩崖石刻造像調查簡報》，對十三、十五、二一、三一窟的一佛五十菩薩圖作了描述。[3]二〇〇四年十一月筆者考察了該石窟，造像精美，但沒有加以保護，荒蕪殘破，令人擔心。只有第三一窟是完整的。地面上還有若干一佛五十菩薩圖殘像，《簡報》未介紹，我從參與調查的王劍平先生處見到調查資料，調查組將地面兩件造像編為第四一、四二窟。與其他三窟造像是否可以拼合，待考察。

巴中石窟，六鋪。巴中石窟始建於隋代，一九九六年，羅世平先生發表《巴中石窟三題》，提到南龕三三、六二、七八、一一一、一一六窟，西龕第三七窟有一佛五十菩薩圖造像。[4]二〇〇四年十一月，筆者考察了巴中石窟，南龕三三、六二、七八窟較為完整，而一一一、一一六窟的菩薩數目不夠五十之數。西龕造像包括龍日寺、流杯池、佛爺灣等處，西龕第三七窟在佛爺灣。

通江，四鋪。李巳生先生云有十一鋪，但無具體介紹。筆者二〇〇四年十一月見到以下四鋪：千佛岩二鋪（6、29 窟），趙巧岩一鋪，白乳溪一鋪（第 15 窟）。其中千佛崖第 6 窟建於龍朔三年（663）。據說已經毀盡的佛日岩也有。[5]

大足石刻，四鋪。一九九四年，大足石刻藝術博物館、大足石刻藝術研究所發表《大足尖山子、聖水寺摩崖造像調查簡報》，於是我們知道，一九八七年發現的大足尖子山石窟有窟龕九個，其中第七窟殘

3　《四川文物》2004 年第 1 期。

4　《文物》1996 年第 3 期。

5　丁明夷《川北石窟札記》云「通江魯班石第 15 窟及佛日岩二大龕」有此造像。《文物》1990 年第 6 期。

存永徽年號（650–655），第四窟的造像為一佛五十菩薩圖。[6]二〇〇四年十至十一月，筆者參加大足石刻考察團，發現營盤坡第三窟、佛耳岩第六窟是一佛五十菩薩圖，加上著名的北山石窟晚唐第二四五窟，大足石窟群實有四鋪。

安岳石窟，二鋪。安岳有石刻一四五處，相當分散，筆者二〇〇五年八月見到以下二鋪：圓覺洞第二三窟（佛道合龕），主尊為佛，左壁主尊為佛，右壁主尊為長鬚老子，三壁上方為蓮上坐菩薩，約有二十餘身。西禪寺第六窟，數目則有七十餘身。

資中石窟，一鋪。北崖第五五窟為觀經變，兩側壁刻五十菩薩（實有 62 身）。構圖形式與大足北山第二四五窟相同。

梓潼臥龍山千佛崖，一鋪。第三窟是僧道密建於貞觀八年（634），是有紀年的一佛五十菩薩圖中年代最早的，所刻《阿彌陀佛並五十二菩薩傳》碑也十分珍貴，受到學者的重視。[7]

綿陽城碧水寺，一鋪。第五窟，建於貞觀十六年（642）。[8]

仁壽石佛溝（抱雞婆石），一鋪。位於縣城東三十公里龍橋鄉練武村一組，有窟龕十八個，第二窟為一佛五十菩薩造像，建於元和六年（811）。

丹稜，三鋪。鄭山六〇、四二窟。雞公山第一窟，建於會昌五年

6 《文物》1994 年第 2 期。

7 勝木言一郎：《中國阿彌陀三尊五十菩薩圖考——臥龍山千佛崖遺例介紹與意義》有全文，但有一些錯字，《佛教藝術》第 214 號，1994 年。岡田健《初唐期轉法輪印阿彌陀圖像研究》也有全文，《美術研究》第 373 號，2000 年 12 月。胡文和：《四川道教佛教石窟藝術》，四川人民出版社 1994 年版，第 246 頁。仇昌仲：《梓潼臥龍山千佛崖摩崖造像》，《四川文物》1998 年第 2 期。

8 何志國、李其堂：《綿陽碧水寺摩崖造像》，《四川文物》1987 年第 3 期。于春等：《四川綿陽碧水寺唐代摩崖造像調查》，《文物》2009 年第 3 期。

（845）。[9]

2. 河南石窟

浚縣千佛洞石窟。主要有二個洞窟，造像千餘身，兩窟均有武周紀年，一佛五十菩薩圖位於第一窟。一九九二年，河南省古代建築保護研究所發表《浚縣千佛洞石窟調查》，記載第一窟「右壁主尊身光大蓮瓣形，內淺浮雕五十二尊菩薩，菩薩頭部均殘，原貌不詳，有披肩長髮可見。斜掛絡腋，或盤曲蹲坐，或單膝半跪，或作左右舒相及手托面腮思維等姿勢。菩薩所坐蓮臺，以蓮梗相連，布局生動。』[10]圖見重慶出版社二〇〇一年出版的中國石窟雕塑全集編委會《中國石窟雕塑全集》第六卷「北方六省」第七四圖。

龍門石窟。約有十鋪，但李淞先生《龍門石窟唐代阿彌陀造像考察筆記》等專題研究著述並無涉及。[11]這些一佛五十菩薩圖多數刻於武周時期，分布在萬佛洞（543 窟）、敬善洞（403 窟）、六三窟、三六二窟、三六三窟、三九四窟、五一四窟、一六七四窟、二〇〇三窟、擂鼓臺北洞等處，其中有具體年代的是萬佛洞刻的一鋪，此窟建於永隆元年（680）。顧彥芳、李文生先生《龍門石窟主要唐窟總敘》記：「正壁主像阿彌陀佛，通高五點六五米……背光兩側的帶梗蓮座共計五十四個，每一蓮座上各有一姿態不同的蓮花供養菩薩。」又記述敬善寺「北壁自內向外有三組坐蓮花座的供養菩薩坐像，有七、六、十六身，南壁「蓮花供養菩薩像約二十餘身」。[12]溫玉成先生《中國石窟與文化藝術》描述敬善洞「在窟內四壁間，穿插雕刻了數十身姿態各異的坐

9　王學軍：《四川丹棱雞公山石窟造像》，《敦煌研究》2008 年第 3 期。

10　《文物》1992 年第 1 期。

11　李淞文見（臺灣）《藝術學》第 17 號，1997 年 4 月。

12　《中國石窟》「龍門石窟」（二），文物出版社 1992 年版，第 260、258 頁。

式菩薩立式菩薩，並以蓮花梗串聯成組。」[13]實際上，萬佛洞的五十四個「蓮花供養菩薩，敬善洞「蓮花梗串聯成組」的菩薩群像都是一佛五十菩薩圖。[14]

3. 敦煌莫高窟

莫高窟壁畫上有三鋪，分布在三三二、二三、一七一窟。其中二三、一七一窟二鋪為近年新發現。

莫高窟第三三二窟是較大的一個中心柱窟，窟內原有聖歷元年（698）李克讓立的《李君莫高窟佛龕碑》。東壁門南繪一佛五十菩薩圖，主尊結跏趺坐說法，左右各有一脅侍菩薩立於水池上，佛座下樹枝張蔓，樹枝上共有五十菩薩。（圖 1）主尊佛身著輕紗透體的袈裟，具有濃厚的印度鹿野苑藝術風格。此圖最早由伯希和公布，一九三七年，松本榮一先生著作《敦煌畫研究》第三章第十二節「多子塔圖」論及了此圖。一九八九年勝木言一郎先生完成碩士論文《敦煌莫高窟阿彌陀三尊五十菩薩圖考》，對這鋪圖像進行了詳細的分析，但他沒有注意莫高窟第二三、一七一窟還繪有一佛五十菩薩圖，也未及四

▲ 圖 1　三三二窟一佛五十菩薩

13　上海：上海人民出版社 1993 年版，第 302 頁。

14　《中國石窟》「龍門石窟」（二）有圖，圖 64（萬佛洞）圖 38–43（敬善洞）。

川石窟、河南浚縣石窟的資料。將鞏縣石窟等處一些脅侍菩薩站在蓮花上的佛說法圖作為比較研究，有牽強附會之嫌（一佛五十菩薩圖基本特徵之一是五十菩薩為坐姿）。

莫高窟第二三窟為盛唐窟，窟頂東披畫尊勝經變南披畫法華經變（部分，與東壁、南壁、西壁組成一鋪法華經變），西披畫彌勒經變，北披畫一佛五十菩薩圖。此一佛五十菩薩圖原定為阿彌陀經變，但畫面正中為一佛二菩薩，四周有坐於蓮上的菩薩四十七身（上 13 身、東側 18 身、西側 15 身，佛座下一身。兩側菩薩數目布置失調，可能是畫工在繪製時考慮欠周），故可定為一佛五十菩薩圖。（圖 2）

▲ 圖 2　二三窟一佛五十菩薩

莫高窟第一七一窟也為盛唐窟，東壁、南壁、北壁各繪觀經變一鋪，這是敦煌石窟中唯一在一窟之中繪三鋪觀經變的洞窟。西壁龕內主尊為唐塑結跏趺坐說法佛、二弟子，南、北壁前各塑一弟子一菩薩。從痕跡看，是先繪製壁畫、後塑像，所以部分壁畫遭覆蓋。西壁塑像主尊下蔓延出蓮莖，分布南、西、北壁，三壁尚存蓮上坐菩薩四十五身，有的在彈奏樂器，在蓮苞中的化生十三身。內容顯然是一佛五十菩薩圖。

日本法隆寺金堂第六號壁為一佛二大菩薩二十四菩薩（其中二身為化生），可能受到一佛五十菩薩圖的影響。[15]

我們將上述報告歸納如下：

（1）目前已知的一佛五十菩薩圖約有四十鋪，分布廣泛，而以四川石窟最多。

（2）始見初唐，晚唐尚存，但主要流行於初唐時期。

（3）造像可分作三式：

Ⅰ式：一佛二大菩薩五十菩薩，如莫高窟第三三二窟；

Ⅱ式：一佛二大菩薩四十八菩薩，如莫高窟第二三窟（少畫一身菩薩）；

Ⅲ式：因壁面關係，造像數目略有增減，但菩薩坐於蓮枝的特徵不變，如莫高窟第一七一窟。

另外，一些初唐造像主尊周圍有許多菩薩坐在蓮花上，數目較多，或許受到當時流行的一佛五十菩薩圖的影響。但有學者將主尊周圍菩薩站在蓮花上的造像理解為受到一佛五十菩薩圖的影響，理由欠充分，因為在佛教造像中，大部分菩薩都是站在蓮花上的。還有，天龍山石窟第九窟建於武周時期，上層為七點五五米高的倚坐彌勒大像，下層正中前部為十一面觀音立像，觀音像後壁左右有數支蓮樹，樹枝上的蓮花坐著結跏趺坐佛，總數有六十多身。[16]莫高窟中唐第一九七窟西壁龕外兩側各繪一棵樹，上各有禪定佛十三身。這些樹上群佛定名待確認，可能是千佛變，其背景或許受到一佛五十菩薩圖的影響。

---

15 勝木言一郎：《中國阿彌陀三尊五十菩薩圖考——臥龍山千佛崖遺例介紹與意義》。

16 圖見松本榮一《敦煌畫研究》「圖像篇」第 482 頁插圖 132 圖，東方文化學院東京研究所，1937 年。《中國美術全集》「雕塑篇 13」第 98 圖，文物出版社 1989 年。李裕群：《天龍山石窟調查報告》，《文物》1991 年第 1 期。

二　一佛五十菩薩圖的文獻資料

關於一佛五十菩薩圖的文獻資料有三條：一是道宣（596–667）《集神州三寶感通錄》，二是道宣《續高僧傳》卷一二「慧海（541–609）傳」，三是四川梓潼臥龍山貞觀八年（634）所刻《阿彌陀佛並五十二菩薩傳》碑文。臥龍山刻文是當時流行的一種文本，道宣的記載及此後相關資料幾乎均源於此。該刻文全文是：

阿彌陀佛並五十二菩薩傳　鄧元覺書　作龕及鐫字　楊子尚

阿彌陀佛五十菩薩像者，蓋西域之瑞像也。傳云彼國雞頭摩寺有五通菩薩至安樂世界，白阿彌陀佛言：「世尊，娑婆世界無世尊像，今願得之，接彼供養。」佛言：「可爾，汝且前去，尋遣送口。」菩薩即還，適到娑婆，其像已至，有一佛五十菩薩各坐蓮花，於樹葉上圖寫，在菩薩前立，菩薩遂取供養，於是彼國始有此瑞像焉。至後漢明帝使郎中蔡暗從雪山南懸度道而入天竺，請三藏法師迦葉摩騰至此洛州，為立精舍。於後有三藏姊子法師口從彼至持此像來，於此漢地始有此像。其姊子法師未盈幾時，還將此像而歸。西域記傳如此。爾時漢地佛法始而人情疏略，本像復還，致今此土不廣流布。自魏晉已來，年歲久遠，佛流行處口頹毀，至於同寫之跡殆。欲夢聞阿彌陀佛坐千葉蓮花口相併出。至大隋開皇元年（581），明獻（憲）法師言從齊道長法師所得此一軀，說其因起，與本無別，是已遂更圖寫流布。至十六年（596），有豫州刺史鄭，在州畫得一軀，並本傳，遂將入京，在真寂寺流通供養。於是京師始有斯像。貞觀八年七月十四日。

《集神州三寶感通錄》卷中「隋釋明憲五十菩薩像緣」條記：

阿彌陀佛五十菩薩像者，西域天竺之瑞像也。相傳云：昔天竺雞頭摩寺五通菩薩往安樂界請阿彌陀佛：「娑婆眾生願生淨土，無佛形像，願力莫由，請垂降許。」佛言：「汝且前去，尋當現彼。」及菩薩還，其像已至，一佛五十菩薩各坐蓮花，在樹葉上。菩薩取葉，所在圖寫，流布遠近。

漢明感夢，使往祈法，便獲迦葉摩騰等至洛陽。後，騰之姊子作沙門，持此瑞像，方達此國，所在圖之。未幾，齎像西返，而此國傳不甚流廣。魏晉已來，年載久遠，又經滅法，經像湮除，此之瑞跡，殆將不見。隋文開教，有沙門明憲，從高齊道長法師所得此一本，說其本起，與傳符焉。是以圖寫流布，遍於宇內。[17]

內容與四川梓潼臥龍山所刻《阿彌陀佛並五十二菩薩傳》碑文基本相同，唯記隋代事更為詳細。

《集神州三寶感通錄》所記與四川梓潼臥龍山千佛崖第 3 窟所刻《阿彌陀佛並五十二菩薩傳》碑文基本一致，說明初唐時期一佛五十菩薩故事流傳確實廣泛，這一造像在當時「圖寫流布，遍於宇內」的真實性是不容置疑的。

三　一佛五十菩薩圖與瑞像崇拜

雞頭摩寺位於中印度摩揭陀國波吒釐子城，為阿育王的國寺，（劉宋）求那跋陀羅譯《雜阿含經》卷二五稱雞雀寺，（西晉）安法欽譯《阿

17 道世《法苑珠林》卷一五同。

育王傳》卷七云有「十六萬八千僧」，同傳卷一記載：阿育王建八萬四千塔時，該寺上座耶舍以手障日，八萬四千塔同時建成。阿育王臨終曾對該寺作最後的施捨（《雜阿含經》卷二五、《付法藏因緣傳》卷四）。一佛五十菩薩的傳説依託該寺，是借此寺的名聲。《大唐西域記》卷八記載玄奘巡禮時，該寺已經「頹毀已久，基址尚在」。

佛教瑞像是與現實有關的佛、菩薩、天王等聖像，發生地點在娑婆世界，內容與現實佛教徒信仰有關，情節富有傳奇色彩，生動有趣，僧人崇拜瑞像以堅定信仰。如蘇州通玄寺是一所著名的瑞像崇拜寺院，東晉時天竺石佛浮江而至，於是該寺名聞天下，為佛教徒所景仰。莫高窟初唐第三二三窟繪有此故事。《續高僧傳》卷一四「慧頵（564–630）傳」記他隋末人住該寺，直至圓寂，平生「依瑞像而弘演」。

佛、菩薩等佛教諸神能飛行空中，自由往來，佛經和佛教文獻多有記載，如《觀無量壽佛經》中，釋迦牟尼佛「在耆闍崛山，知韋提希心之所念，即敕大目犍連及以阿難，從空而來。佛從耆闍崛山沒，於王宮出。時韋提希禮已舉頭，見世尊釋迦牟尼佛身紫金色，坐百寶蓮花，目連侍左，阿難侍右。釋梵護世諸天在虛空中，普雨天花，持用供養。」該經宣稱若人臨終時，阿彌陀佛會前來迎接，所以一佛五十菩薩從西方極樂世界騰空而來並不希罕。

五通菩薩是指具有五神通的高僧，五神通即神境智證通、天眼智證通、天耳智證通、他心智證通、宿住隨念智證通。五通菩薩以神力去西方極樂世界請阿彌陀佛，結果一佛五十菩薩現身五通菩薩所在的雞頭摩寺，這是一種標準的瑞像。

于闐國雕檀立佛瑞像故事有助於我們對瑞像崇拜的理解。《大唐西域記》卷一二「瞿薩旦那國」之十一「媲摩城雕檀佛像」條記于闐（瞿薩旦那國）媲摩城有雕檀立佛瑞像，多靈應，「媲摩城有雕檀立佛像，高二丈餘，甚多靈應，時放光明。凡有疾病，隨其痛處，金薄帖像（《洛陽伽藍記》卷五作金箔貼像），即時痊復。虛心請願，多亦遂求。聞之土俗曰：此像昔佛在世，驕賞彌國鄔陀衍那王所作也。佛去世後，自彼凌空至此國北曷勞落迦城中。初，此城人安樂富饒，深著邪見，而不珍敬，傳其自來，神而不貴。後有羅漢禮拜此像，國人驚駭，異其容服，馳以白王，王乃下令，宜以沙土粉此異人。時阿羅漢身蒙沙土，餬口絕糧。時有一人，心甚不忍，昔常恭敬尊禮此像，及見羅漢，密以饌之。羅漢將去，謂其人曰：『卻後七日，當雨沙土，填滿此城，略無遺類，爾宜知之，早圖出計，猶其粉我，獲斯殃耳。』語已便去，忽然不見。其人入城，具告親故，或有聞者，莫不嗤笑。至第二日，大風忽發，吹去穢壤，雨雜寶滿衢路，人更罵所告者。此人心知必然，竊開孔道，出城外而穴之。第七日夜，宵分之後，雨沙土滿城中，其人從孔道出，東趣此國，止媲摩城，其人才至，其像亦來，即此供養，不敢遷移。」此故事中的瑞像騰空、顯靈、民眾信仰等內容與我們所討論的一佛五十菩薩圖可相比較。此故事可能本於義淨譯《根本說一切有部毗奈耶》，該經卷四六記載勝音城國王用泥土粉比丘、六日雨寶而第七日塵土掩城、二大臣因救護比丘而攜寶夜遁、比丘騰空而去。

許多佛教瑞像起源於中國本土，《續高僧傳》卷一二「寶襲傳」記寶襲（武德末年卒）在隋代奉敕送舍利至邢州泛愛寺，「忽於函上見諸佛、菩薩等像，及以光明，周滿四面，不可殫言，通於二日，光始潛沒，而諸相猶存。及當下時，又見臥像一軀，赤光湧起。襲欣其所感，圖而敬奉。」寶襲所圖畫的佛像就是他見到的一種神異瑞像，所據非佛經。

四　一佛五十菩薩圖探源

西方淨土信仰在古代印度的流傳幾無蹤跡可尋，道宣兩書所記一佛五十菩薩圖故事均與北齊有關。北齊時，西方淨土信仰頗盛，除文獻記載外，更有鄴城地區石窟中的淨土圖像為證。一佛五十菩薩圖產生於佛教興盛的北齊，也未嘗不可能。

據文獻記載，一佛五十菩薩圖出現在北齊，而現存最早的造像可推至初唐貞觀年間。至於迦葉摩騰姊子攜來的傳說在中國早期佛教文獻中不見記載，其可靠性值得懷疑。

既然一佛五十菩薩圖與佛教徒的現實信仰有關，似不當從佛經中找依據，如果從中國佛教發展史角度分析此圖像，或有一線希望。

1. 一佛五十菩薩圖與《十往生阿彌陀佛國經》

一佛五十菩薩圖的主尊是阿彌陀佛，但常見的有關西方淨土的佛經並沒有提到一佛五十菩薩，我們注意到疑偽經《十往生阿彌陀佛國經》的有關記載。

《十往生阿彌陀佛國經》是一部短經，主要敘述往生西方淨土的十個條件，一般認為是疑偽經，《大週刊定眾經目錄》卷一五「偽經目錄」列有該經，《開元釋教錄》卷一八「偽妄亂真錄」同之，該經現收錄於《續藏經》第八七冊。初唐時期該經就流行於佛教徒間，道綽（562–645）《安樂集》也重視該經。《安樂集》共二卷十二門類，第十二門類援引《十往生阿彌陀佛國經》論往生條件。經文流通部分提到釋迦牟尼佛、阿彌陀佛各遣二十五菩薩擁護受持該經者，則合計有五十菩薩，組成一個集合體：

佛告山海慧菩薩：汝今欲度一切眾生，應當受持是經。

佛告大眾：於我滅後，受持是經，八萬劫中，廣宣流布，至賢劫千佛，使諸眾生，普得聞知，信樂修行，說者聽者，皆得往生阿彌陀佛國。若有如是等人，我從今日當使二十五菩薩，護持是人，常令是人無病無惱，若人若非人，不得其便。行住坐臥，無問晝夜，常得安穩。

若有眾生，深信是經，念阿彌陀佛，願往生者，彼極樂世界阿彌陀佛即遣觀世音菩薩、大勢至菩薩、藥王菩薩、藥上菩薩、普賢菩薩、法自在菩薩、獅子吼菩薩、陀羅尼菩薩、虛空藏菩薩、德藏菩薩、寶藏菩薩、金藏菩薩、金剛菩薩、山海慧菩薩、光明王菩薩、華嚴王菩薩、眾寶王菩薩、月光王菩薩、日照王菩薩、三昧王菩薩、自在王菩薩、大自在王菩薩、白象王菩薩、大威德王菩薩、無邊身菩薩，是二十五菩薩擁護行者，若行若住，若坐若臥，若晝若夜，一切時一切處，不令惡鬼惡神得其便也。

若人願往生西方淨土，釋迦牟尼和阿彌陀佛各遣派二十五菩薩護持，剛好五十身。阿彌陀佛遣二十五菩薩擁護受持者，說明阿彌陀佛有二十五菩薩圍繞，這與雞頭摩寺五通菩薩因「娑婆眾生願生淨土，無佛形像」而前往阿彌陀佛處請佛，於是阿彌陀佛與五十菩薩顯神於雞頭摩寺，頗可比較，唯數目減半。

釋迦牟尼佛和阿彌陀佛所遣五十菩薩是護持者身分，而造像中的五十菩薩是坐在蓮花上，類似於常見的化生，不像是護持者，《十往生阿彌陀佛國經》與一佛五十菩薩不能完全對應，但經中云阿彌陀佛有二十五菩薩圍繞的記載值得注意。日本京都知恩院有一鋪十三世紀（鎌倉時代）製作的絹本著色《阿彌陀二十五菩薩來迎圖》，一般認為依據

《十往生阿彌陀佛國經》繪製。[18]

2. 一佛五十菩薩圖與禪觀

由於《十往生阿彌陀佛國經》是偽經，我們還要考察此偽經的來源。

《十往生阿彌陀佛國經》記載：「眾生未有唸佛三昧緣者，是經能與作開大三昧門。」顯示此偽經的產生或許受到唸佛三昧的某些影響。

觀想阿彌陀佛是禪觀的一項內容，《安樂集》卷下記載：「凡聖修入多明，唸佛三昧，以為要門。」此說當來源於《般舟三昧海經》(《十方現在佛悉在前立定經》)，該經卷上記載：「菩薩於是間國土聞阿彌陀佛，數數念，用是念故，見阿彌陀佛。見佛已，從問：『當持何等法，生阿彌陀佛國？』爾時阿彌陀佛語是菩薩：『欲來生我國者，常念我數數，常當守念，莫有休息，如是得來生我國。』」傳説許多中國古代僧人在禪定之中見到阿彌陀佛，如：

《高僧傳》卷一一「慧通傳」記其曾禪中見阿彌陀佛：「釋慧通，關中人……初從涼州禪師慧紹咨受禪業，法門觀行，多所遊刃。常祈心安養，而欲棲神彼國。微疾，乃於禪中見一人來，形甚端嚴，語通言：『良時至矣。』須臾見無量壽佛光相暉然，通因覺禪，具告同學所見，言迄便化。」

《續高僧傳》卷一五「玄會（582–640）傳」記其「貞觀八年，又敕住弘福寺，講事都廢，專修定業，夢登佛手，號無量壽，遂造彌陀像一座，常擬繫心，作身同觀。」臨終，「見佛來迎，因而氣盡」。

前述之慧海也是禪僧，《續高僧傳》卷一二「慧海傳」記載：「其自少精苦，老而逾篤。般若密行之行，蘭若思惟之儀，亟展修行，瑞

18　圖版及解説見1998年NHK等單位主辦的《ブッダ展》圖冊第152圖。

相常擾。」

進一步追溯佛經原典，佛陀跋陀羅（359–429）譯《觀佛三昧海經》值得關注，該經卷三敘述觀佛而現種種景象，其中就有觀見佛足生花，「佛足跟出圍繞諸光，滿足十匝，花花相次，一一花中有五化佛，一一化佛五十菩薩以為侍者，一一菩薩其頂上生摩尼珠光。」雖未明言此佛為阿彌陀佛，但一佛有五十菩薩以為侍者之描述與我們討論的一佛五十菩薩圖類似。

筆者據此推想，北朝禪觀盛行，《觀佛三昧海經》是當時禪觀名典，《十往生阿彌陀佛國經》相關記載可能受到《觀佛三昧海經》的影響，兩部佛經都有「五十菩薩」為一個集合體的內容，一個是「一一化佛五十菩薩以為侍者」，一個是五十菩薩守護受持《十往生阿彌陀佛國經》者。

我們推測，一佛五十菩薩圖當是信仰西方淨土的僧人們在禪定時所感悟到的一種瑞相。

3. 一佛五十菩薩圖與道場法師

曇鸞一系的西方淨土信仰在東魏（534–550）、北齊（550–577）最為流行，兩朝首都均在鄴城。對北齊佛教的描述，以《續高僧傳》卷一〇「靖嵩傳」中的一段話最為著名：「屬高齊之盛，佛教中興：都下大寺」略計四千；見住僧尼，僅將八萬；講席相距，二百有餘；在眾常聽，出過一萬。故寓內英傑，咸歸厥邦。」道綽《安樂集》卷下記載曇鸞一系的系譜是：菩提流支（生卒年不詳，六世紀初來華）—慧寵（道寵）—道場—曇鸞（476–542）—大海（慧海，541–609—法上（495–580）等六人。法上的弟子有淨影慧遠（523–592）、靈裕（518–605）等。

《續高僧傳》卷八「法上傳」將道場與法上列為京師兩大高僧：「故

時人語曰：『京師極望，道場、法上。』斯言允矣。」《魏書》「釋老志」列出十二位「世宗以來，至武定（543–550）末，沙門知名者。」其中有道長法師，一般認為此道長法師即道場法師。[19]

道場法師信仰西方淨土，說法時有聖僧來聽之瑞相，《安樂集》卷下記載：「有大德尋常敷演，每感聖僧來聽，則有道場法師。」
四川梓潼臥龍山所刻《阿彌陀佛並五十二菩薩傳》碑文記：「至大隋開皇元年（581），明猷（憲）法師言從道長法師所得此一軀。」於是我們懷疑，一佛五十菩薩圖或即是道場（道長）法師觀想西方淨土時所感悟到的一種極樂世界瑞像。

五　一佛五十菩薩圖的傳播

一佛五十菩薩圖發源於北齊，而後向西、向南傳播，其過程大致可以勾勒出。

1. 向西傳播

道場法師弟子明瞻（559–628）活動在京師一帶，在當時極有影響《續高僧傳》卷二四「明瞻傳」云明瞻在恆州應覺寺出家後，「師密異其度，乃致書與鄴下大集寺道場法師。令其依攝，專學《大論》，尋值法滅，潛形東都，隋初出法，追住相州（今安陽）法藏寺，而立志貞明，不干非類……將事觀國，移步上京，開皇三年（583），敕召翻譯，住大興善。」「貞觀之初，以瞻善識治方，有聞朝府，召入內殿，躬升御床，食訖對詔，廣列自古以來明君昏主指御之術，兼陳釋門大極以慈救為宗，帝大悅，因即下敕：年三月六普斷屠殺，行陣之所皆置佛寺。」唐初在舊戰場建寺院一事是實行的，見諸史籍。他信仰西方淨

19　望月信亨：《佛教經典成立史論》，法藏館 1946 年版，第 620 頁。

土，臨終總結說「吾於《觀經》，成就十二，餘者不了。」十之一二是謙遜的說法，仍見阿彌陀佛與二大菩薩來迎。

於是我們就可以作以下推測：北齊鄴下大集寺道場法師傳《大智度論》於明瞻，明瞻後到東都，他帶來了一佛五十菩薩圖，此圖在東都一帶流行，並由豫州刺史傳到西京的真寂寺，開始在西京流傳。

真寂寺位於西京義寧坊，乃隋唐名寺，三階教的大本營，開皇三年（583）尚書左僕射齊國公高熲舍宅立寺，供養三階教主信行，武德二年（619）改名化度寺，大中六年（852）改名崇福寺，寺中有中國佛教史上著名的無盡藏院。[20]高熲是隋代名臣，《隋書》卷四一有傳，曾封為義寧縣公，所居義寧坊的得名或與此有關。

更深刻的背景是，真寂寺乃是隋代五眾（涅槃、地論、大論、講律、禪門）之大論眾所在地，《續高僧傳》卷一〇「法彥傳」記載：『開皇十六年下敕以彥為大論眾主，住真寂寺，鎮長引化。仁壽造塔，復召送舍利於汝州。四年又敕送於沂州善應寺。」《續高僧傳》卷一二「寶襲傳」記寶襲「開皇十六年敕補為大論眾主，於通法寺四時講化，方遠總集。逮仁壽造塔，又敕送舍利於嵩州嵩岳寺，初雲霧暗合，七日矇昧。襲乃擎爐發誓，願將限滿下舍利時得見日採。俄而所期既至，天開光耀，日當正午。既副情望，遂即藏翳。末又送於邢州泛愛寺，忽於函上見諸佛菩薩等像及以光明，周滿四面，不可殫言。」法彥、寶襲為大論眾主，分別在真寂寺、通法寺住寺講說《大智度論》。而道場、明瞻正是研習《大智度論》的，法彥、寶襲的學問來源和一佛五十菩薩圖為何傳入真寂寺，於是豁然開朗。

20 小野勝年：《中國隋唐長安寺院史料集成》，法藏館 1989 年版，第 295–299 頁。楊鴻年：《隋唐兩京坊裡譜》，上海古籍出版社 1999 年版第 357–358 頁。

法彥在真寂寺任大論眾主的同年，豫州刺史將一佛五十菩薩圖傳來真寂寺，恐非巧合，因為法彥本來就在豫州一帶活動，《續高僧傳》卷一〇本傳云其「寓居洛州，早歲出家，志隆大法而聰明振響，冠達儕倫，雖三藏並通，偏以《大論》馳美，游涉法會，莫敢抗言，故齊周及隋，京國通懼，皆畏其神爽英拔也。」至於是豫州刺史帶著一佛五十菩薩圖來賀其任大論眾主，還是護送他來任大論眾主待考。而寶襲也是北齊人，「後聽經論，偏以《智度》為宗。」故隋代擔任大論眾主，在法通寺「四時講化，方遠總集」。

2. 向南傳播

《續高僧傳》卷一二「慧海傳」記：

（慧海）少年入道，師事鄴都廣國寺冏法師……更從青州大業寺道猷法師……以周大象二年（580）來儀濤浦，創居安樂，修葺伽藍……常以淨土為期，專精緻感，忽有齊州僧道詮齎畫無量壽像來，云是天竺雞頭摩寺五通菩薩乘空往彼安樂世界，圖寫尊儀。既冥會素情，深懷禮懺，乃睹神光照爍，慶所希幸。於是模寫懇苦，願生彼土，沒齒為念。

據前引《集神州三寶感通錄》，此無量壽像實是一佛五十菩薩圖。慧海大象二年以後一直在江都安樂寺生活，則一佛五十菩薩圖從鄴都流傳至江南。

由於隋代、初唐時期真寂寺（化度寺）地位顯赫，一佛五十菩薩圖得以風行開來，四川、敦煌的粉本大約都來自真寂寺（化度寺）。

於此一例，我們得見隋唐佛教藝術的北齊源流。

（原標題《一佛五十菩薩圖源流考》，曾在2002年7月「麥積山石窟與絲綢之路研討會」上宣讀，刊於《麥積山石窟藝術文化論文集》上冊，蘭州大學出版社2004年版）

傳法高僧圖

佛滅後，依次有大弟子代代傳承佛法，這些弟子被稱作「祖師」。祖師傳承資料主要見於（東晉）佛陀跋陀羅（359–429）譯《達摩多羅禪經》、（北魏）吉迦夜共曇曜譯《付法藏因緣傳》、（南梁）僧祐（445–518）著《出三藏記集》等。《出三藏記集》記薩婆多部的祖師傳承時說：「唯薩婆多部遍行齊土。」可見祖師說在南齊（479–502）一度流行。此後，祖師傳承受到中國僧人的重視，天台宗、三論宗、地論宗、禪宗等均關注祖師傳承。敦煌遺書中有關於祖師的資料約二十件，多為禪宗之物。在佛教造像中，現存隋至唐前期的石窟中有六鋪祖師圖像：河南省境內的安陽大住聖窟一鋪、沁陽千佛洞石窟一鋪、洛陽龍門石窟二鋪、敦煌石窟二鋪。通過對文獻資料和現存圖像資料的考察，我們可以整理出中國祖師信仰的大致脈絡。

一　祖師傳承的由來

如果將佛法比喻體育運動中的接力棒，祖師就是依序接力者。對祖師傳承的記錄就是一部「佛教家譜」，保存下來的佛教文獻對祖師的記載雖多，但詳略各異，祖師名不一。記載祖師的資料主要有：

1. 失譯者名東晉譯《舍利弗問經》列出孔雀王（阿育王）之前的五位祖師：「我尋泥洹，大迦葉等當共分別為比丘、比丘尼作大依止，如我不異。迦葉傳付阿難，阿難復付末田地，末田地復付舍那婆私，舍那婆私傳付優波笈多，優婆笈多後，有孔雀輸柯王，世弘經律。」

2. 《達摩多羅禪經》卷上開篇提到九位祖師：『佛滅度後，尊者大迦葉、尊者阿難、尊者末田地、尊者舍那婆斯、尊者優波崛、尊者婆須蜜、尊者僧伽羅叉、尊者達摩多羅、乃至尊者不若蜜多羅，諸持法者以此慧燈，次第傳授。」

3. （南齊）曇景譯《摩訶摩耶經》（《佛升忉利天為母說法經》）卷下也提到九位傳法祖師，云佛滅後，有迦葉、阿難、優婆掬多等奉持佛法，第二百年有屍羅難陀比丘，第三百年有青蓮花眼比丘，第四百年有牛口比丘，五百年有寶天比丘，第六百年有馬鳴比丘，第七百年有龍樹比丘，「善說法要」。

4. （南梁）僧伽婆羅譯《阿育王經》卷七「佛弟子五人傳授法藏因緣品」記載最初六位祖師是：「世尊付法藏與摩訶迦葉，入涅槃。摩訶迦葉付阿難，入涅槃。阿難付末田地，入涅槃。末田地付舍那婆私，入涅槃。舍那婆私付優波笈多，入涅槃。優波笈多付絺征柯。」關於阿育王與祖師的關係，徐文明先生曾有專論。[1]

5. 《出三藏記集》卷一二「薩婆多部師資記目錄序」記錄五十三位祖師名。

1　徐文明：《阿育王與前七祖》，《中國哲學史》2002 年第 4 期。

6.《出三藏記集》卷一二「長安齊公寺薩婆多部佛大跋陀羅師宗相承略傳」則記錄五十四位祖師名。按：此二文中的祖師數目雖相近，但有十幾位祖師名字不同。諸祖師一般加尊稱「羅漢」或「菩薩」，也有無尊稱者，甚至提到迦旃延時，一稱羅漢一稱菩薩；《達摩多羅禪經》所提到的九位祖師大致位於五十三或五十四祖師的前、中、後，則可理解是薩婆多部師資記的略稱。

7. 四七二年，（北魏）吉迦夜共曇曜譯《付法藏因緣傳》六卷，記載了二十三或二十四或二十五位祖師的姓名與傳法事跡，最為流行。

按：《付法藏因緣傳》有二十三祖、二十四祖、二十五祖說，二十三祖和二十四祖的問題出在卷二：「佛記罽賓當有比丘，名摩田提，於彼國土流布法眼，（阿難）即便以法付摩田提。」此同《達摩多羅禪經》《阿育王經》所說。但是《付法藏因緣傳》還有另一說法：迦葉要求阿難將佛法直接傳至商那和修，而非摩田提：「摩訶迦葉垂涅槃時，告阿難曰：『今以法寶用相委累，長老於後若入涅槃，王舍大城有一長者，名商那和修……如來法藏悉付囑之。』」這樣一來，是否有摩田提則出現二十三祖與二十四祖的區別（加第三祖摩田提則成 24 祖），一般都有摩田提而有二十四祖師說，如敦煌遺書 S.516《歷代法寶記》云「末田地付囑商那和修」。[2]

二十四祖和二十五祖的問題則出現在卷六，第二十一祖（或 22 祖）婆修槃陀傳法摩奴羅，摩奴羅時代「有尊者號曰夜奢，辯慧聰敏，甚深淵博，與摩奴羅功德同等。亦能解了三藏之意，流布名聞，咸為宗仰。」這裡是並列為祖師，是二取一，還是二者皆取，則成為二十四祖

2 末田地是罽賓佛教的開創者。徐文明：《末田地與付法傳承》，《華林》第 1 卷，中華書局 2001 年版。

與二十五祖的區別。大住聖窟不收夜奢而刻二十四祖師像，沁陽懸谷山石窟和龍門石窟擂鼓臺中洞收夜奢而刻二十五祖師像。

《付法藏因緣傳》中的各祖師事跡詳略不一，如卷一為迦葉傳、卷二至卷四為阿難、商那和修、摩田提、優波毱多等四人傳，較詳細，而此後諸祖師的傳記都很簡略，如卷五記載彌遮迦傳、佛陀難提傳僅百餘字：「昔提多迦臨滅度時，以法付囑最大弟子，名彌遮迦，多聞博達，有大辯才，而告之曰：『佛以正法付大迦葉，如是展轉乃至於我，我將涅槃，用付於汝，汝當於後，流布世眼。』遮彌迦言：『善哉受教。』於是宣流正法寶藏，令諸眾生，開涅槃道，化緣已竟，臨當滅度，復以正法次付尊者佛陀難提，令其流布，勝甘露味。難提於後廣宣分別，轉大法輪，摧伏魔怨，然後付囑佛陀蜜多。」幾乎沒有他們的生平事跡。最後一位祖師為師子，僅六十八字：「復有比丘，名曰師子，於罽賓國大作佛事。時彼國王，名彌羅掘，邪見熾盛，心無敬信，於罽賓國毀壞塔寺，殺害眾生，即以利劍，用斬師子，頂中無血，唯乳流出。相付法人，於是便絕。」[3]

3 關於此經翻譯問題，徐文明認為前後有三譯：寶雲初譯，名《付法藏經》，6 卷；四六二年曇曜再譯，名《付法藏傳》，4 卷；四七二年曇曜三譯，名《付法藏因緣經》，6 卷。初譯本和三譯本早已失傳，現存六卷本實是第二譯，並將第三卷拆成卷三、卷四，將第四卷拆成卷五、卷六。見《「付法藏經」與前二十四祖》，《中國禪學》2003 年第 2 輯。

佛教文獻中的祖師序列

《達摩多羅禪經》（9人）	大迦葉、阿難、末田地、舍那婆斯、優波崛、婆須蜜、僧伽羅叉、達摩多羅、不若蜜多羅。
《薩婆多部師資記目錄序》（53人）	大迦葉羅漢、阿難羅漢、末田地羅漢、舍那婆斯羅漢、優波掘羅漢、慈世子菩薩、迦旃延羅漢、婆須蜜菩薩、吉栗瑟那羅漢、長老脅羅漢、馬鳴菩薩、鳩摩羅馱羅漢、韋羅羅漢、瞿沙菩薩、富樓那羅漢、後馬鳴菩薩、達摩多羅菩薩、蜜遮伽羅漢、難提婆秀羅漢、瞿沙羅漢、般遮屍棄羅漢、羅睺羅羅漢、彌帝麗屍利羅漢、達摩達羅漢、師子羅漢、因陀羅摩那羅漢、瞿羅忌梨婆羅漢、婆秀羅羅漢、僧伽羅叉菩薩、優波膻馱羅漢、婆難提羅漢、那伽難羅漢、達磨屍梨帝羅漢、龍樹菩薩、提婆菩薩、婆羅提婆菩薩、破樓提婆、婆修跋摩、毗栗惠多羅、毗樓、毗闍延多羅菩薩、摩帝麗菩薩、訶梨跋暮菩薩、婆秀槃頭菩薩、達磨達帝菩薩、旃陀羅羅漢、勒那多羅菩薩、槃頭達多、弗若蜜多羅菩薩、婆羅多羅、不若多羅、佛馱先、達摩多羅菩薩。
《長安齊公寺薩婆多部佛大跋陀羅師宗相承略傳》（54人）	阿難羅漢、末田地羅漢、舍那婆斯羅漢、優波掘羅漢、迦旃延菩薩、婆須蜜菩薩、吉栗瑟那羅漢、勒比丘羅漢、馬鳴菩薩、瞿沙菩薩、富樓那羅漢、達磨多羅菩薩、寐遮迦羅漢、難提婆秀羅漢、巨沙、般遮屍棄、達摩浮帝羅漢、羅睺羅、沙帝貝屍利、達磨巨沙、師子羅漢、達磨多羅、因陀羅摩那羅漢、瞿羅忌利羅漢、鳩摩羅大菩薩、眾護、優婆膻大、婆婆難提、那迦難提、法勝菩薩、婆難提菩薩、破樓求提、婆修跋慕、比栗瑟嵬彌多羅、比樓、比闍延多羅菩薩、摩帝戾拔羅菩薩、阿梨跋慕菩薩、波秀槃頭菩薩、達磨呵帝菩薩、旃陀羅羅漢、勒那多羅菩薩、槃頭達多、不若多羅、佛大屍致利羅漢、佛馱悉達羅漢、又師以蔓為證不出名羅漢、婆羅多羅菩薩、佛大先、曇摩多羅、達摩悉大、羅睺羅、耶舍、僧伽佛澄。

續表

《付法藏因緣傳》（23　或 24　或 25 人）	迦葉、阿難、（摩田提）、商那和修、優波毱多、提多迦、彌遮迦、佛陀難提、佛陀蜜多、脅比丘、富那奢比丘、馬鳴菩薩、比羅比丘、龍樹菩薩、迦那提婆、羅睺羅、僧伽難提、僧伽耶舍、鳩摩羅馱、闍夜多、婆修槃陀、摩奴羅、（夜奢）、鶴勒那夜奢、師子。

上述文獻顯示，祖師的序列雜亂，原因大約與傳承序列因為不是佛經而多沒有形成文字有關，少數有文字的記載後來也失傳，如多達五卷的《薩婆多部相承傳》。目前所流行的《付法藏因緣傳》屬於祖師傳承的節略本，從現有的佛教文獻很難詳細考察各祖師的生卒年、活動範圍、佛學思想等。[4]

二　祖師傳說在中國的流行

具有譜牒性質的祖師傳承受到中國僧人的重視，略加考察。

1. 在南齊的流行

根據《出三藏記集》卷一二《薩婆多部師資記目錄序》記載，僧祐曾「搜訪古今，撰《薩婆多記》。」但這部《薩婆多記》已經失傳。同卷《長安齊公寺薩婆多部佛大跋陀羅師宗相承略傳》名只提到祖師

4　關於祖師信仰的研究，王邦維《禪宗所傳祖師世系與印度佛教的付法藏系統》一文進行了綜合考證，《學人》第 10 輯，1996 年 10 月，江蘇文藝出版社。又載楊曾文、方廣錩編《佛教與歷史文化》，宗教文化出版社 2001 年版。徐文明先生的系列研究最堪注意，他的成果有：《富那夜奢與付法傳承》，《貴州社會科學》2000 年第 2 期；《師子比丘與後四祖》，《貴州社會科學》2001 年第 2 期；《末田地與付法傳承》，《華林》第 1 卷，中華書局 2001 年版；《阿育王與前七祖》，《中國哲學史》2002 年第 4 期；《「永嘉證道歌」與二十八祖說的始起》，《中國禪學》第 1 輯，2002 年；《「付法藏經」與前二十四祖》，《中國禪學》第 2 輯，2003 年。他還有一些論文涉及中國禪宗祖師。

名，既然有略傳，則薩婆多部還有「詳傳」——當即同卷所記之「《薩婆多部相承傳》五卷，右一部第四帙」。

《出三藏記集》記薩婆多部的祖師傳承時說：「唯薩婆多部遍行齊土，蓋源起天竺，流化罽賓，前聖後賢，重明疊耀。或德升住地，或道證四果，或顯相標瑞，或晦跡同凡，皆秉持律儀，闡揚法化。舊記所載，五十三人。自茲以後，睿哲繼出，並嗣徽於在昔，垂軌於當今。季世五眾，依斯立教，遺風餘烈，炳然可尋。」《出三藏記集》初稿完成於南齊末年，[5]從「唯薩婆多部遍行齊土」一句看，祖師說在南齊一度流行。但從中國佛教史上看，五十三或五十四祖師說在南齊之後並不流行，《薩婆多部相承傳》五卷也沒有流傳下來。《付法藏因緣傳》譯出後，該書所述的祖師說遂流行於世。

2. 天台宗

智者大師（538–597）《摩訶止觀》卷首提到二十四祖師説，即在《付法藏因緣傳》所記二十三祖的基礎上，「末田地與商那同時取之，則二十四人」。天台宗八祖為左溪大師玄朗（673–754），《全唐文》卷三二〇李華《故左溪大師碑》記載：「佛以心法付大迦葉，此後相承，凡二十九世。」可見天台宗是關注祖師傳說的。

3. 三論宗

吉藏（549–623）乃隋代至初唐時期著名僧人，曾為初唐十大德之一。《續高僧傳》卷一一「吉藏傳」記載：「講《三論》一百餘遍，《法華》三百餘遍，《大品》《智論》《華嚴》《維摩》等各數十遍，並注玄疏，盛傳於世。」「晚以大業初歲，寫二千部《法華》。隋歷告終，造二十五尊像，舍房安置，自處卑室，昏曉相仍，竭誠禮懺。又別置普

5　說見蘇晉仁等點校的《出三藏記集》「序言」，中華書局1995年版，第9–11頁。

賢菩薩像，帳設如前，躬對坐禪，觀實相理。」他所「竭誠禮懺」之二十五尊像當為祖師像，可資證明的是，沁陽懸谷山石窟和龍門石窟擂鼓臺中洞所刻祖師像均為二十五身。

彌足珍貴的是，我們從吉藏傳記中知道，祖師像既可表示佛法綿遠（他造祖師像或許受到「隋歷告終」和末法思潮的影響），又可用來供僧人們面對列祖列宗進行「禮懺」。

4. 地論宗

安陽大住聖窟乃地論學派高僧靈裕於五八九年建成，南壁門東側刻祖師像二十四身（詳後）。

5. 禪宗

上述資料表明，禪宗興起之前，祖師説就已流行，但禪宗的祖師信仰流傳最廣、時間最長。較早的記載當是成書於七七五年頃的《歷代法寶記》（敦煌遺書中有多件，如 P.2125 全，S.516 首略殘，尾全）。八〇一年，慧炬（智炬）編成《寶林傳》十卷，整理《付法藏因緣傳》和《達摩多羅禪經》中的祖師，剔除重複，得二十八祖，遂成定論。[6]

三　石窟中的祖師像

（唐）張彥遠《歷代名畫記》卷三記載：「（西京西明寺）東廊東面第一間《傳法者圖贊》，褚遂良（596–658）書。」所畫傳法者或為祖師像，時代在初唐。同書又記：「千福寺……繞塔板上《傳法二十四弟子》，盧楞伽、韓幹畫。裡面吳生，畫時菩薩現吳生貌。」時間在盛唐。這些《傳法圖》早已無處尋覓。當時禪宗流行，此二十四祖師像

6　印順：《中國禪宗史》第 6 章，正聞出版社 1983 年版，第 254–258 頁。

或與禪宗信仰有關。按：盧楞伽乃吳道子的弟子，生活在八世紀中期，早吳道子而卒。

武威博物館藏有景雲二年（711）《涼州大雲寺古剎功德碑》，具載當時該寺的畫塑，其中有「於南禪院迴廊畫付法藏羅漢聖僧變、摩騰法東來變、七女變，北禪院畫三界圖、九相觀音、福比丘翻譯經典」。[7]

現存隋至唐前期的石窟中，有六鋪祖師圖像：河南省境內的安陽大住聖窟一鋪、沁陽千佛洞石窟一鋪、洛陽龍門石窟二鋪、敦煌石窟二鋪，其中敦煌二鋪是筆者新發現的。

1. 安陽大住聖窟

安陽石窟主要由小南海石窟（有東窟、中窟、西窟）和龍泉寺石窟（大留聖窟、大住聖窟）組成。大住聖窟位於寶山南麓，坐北朝南，據窟外題記，乃地論學派高僧靈裕於五八九年建成。[8]主室正壁（北壁）主尊為結跏趺坐盧舍那佛，袈裟中有六道；東壁為結跏趺坐彌勒佛；西壁為結跏趺坐阿彌陀佛。三佛均有題名。

南壁門東側刻祖師像二十四身，分上下六欄、每欄四身、兩兩相對，坐而論道，無頭光，欄間刻題名。[9]其中最上欄祖師西側題「世尊去世傳法聖僧」，祖師下方題名，由西向東：「弟一摩訶迦葉。摩竭國婆羅門尼拘律陀子。」「弟二阿難。迦維羅衛國斛飯王子。」「弟三摩

---

7 《全唐文》卷二七八。張寶璽：《唐「涼州大雲寺古剎功德碑」所載壁畫考究》，敦煌研究院編：《2004年石窟研究國際學術會議論文集》下冊，上海古籍出版社2006年版。

8 造窟記云：「大住聖窟。大隋開皇九年己酉歲敬造。窟用功一千六百廿四，像、世尊用功九百。盧舍那世尊一龕，阿彌陀世尊一龕，彌勒世尊一龕，三十五佛世尊三十五龕，七佛世尊七龕，傳法聖大法師廿四人。」靈裕，《續高僧傳》卷九有傳。對此窟關注者甚多，專著有河南省古代建築保護研究所編《寶山靈泉寺》，河南人民出版社1991年版。單獨論文有李玉珉《寶山大住聖窟初探》，《故宮學術季刊》第16卷第2期，1998年。

9 圖版多有公布，如《寶山靈泉寺》；〈中國美術全集》雕塑編13，文物出版社1989年版。

田提。罽賓人。」「弟四商那和修。王舍城人。」即在第二、第三祖師間補充祖師摩田地，與《摩訶止觀》二十四祖師説同。

第二欄。西起：「弟五優波毱多。摩突羅國毱多之子。」「弟六提多迦。摩突羅國大長者子。」「弟七彌遮迦。」「弟八佛陀難提。」

第三欄。西起：「弟九佛陀蜜多。」「弟十脅比丘。脅不著席，在胎六十年生，生即發白。」「弟十一富那奢。」「弟十二馬鳴菩薩。」

第四欄。西起：「弟十三比羅，化在南天竺，造《無我論》。」「弟十四龍樹菩薩，南天梵志種，生在樹下，因龍克道。」「弟十五迦那提婆菩薩，南天梵種，與神眼，遂無一目。」「弟十六羅睺羅。」

第五欄。西起：「（前毀，應有『弟十七僧』4 字）伽難提。」「弟十八僧伽耶舍。」「弟十九鳩摩羅馱。」「弟廿闍夜多，持戒弟一，名最後律師。」

第六欄。西起：「（前毀，應有『弟廿一婆修槃陀，善』）解大乘修多羅義。」「弟廿二摩奴羅，善解三藏義。」「弟廿三鶴勒那夜舍。」「弟廿四師子比丘，於罽賓國，大作佛事，為王所絕。」

2. 沁陽懸谷山石窟

此石窟坐北朝南，窟外東側崖面上有造窟題記，知建造於隋代。主室開三龕，正壁龕一佛二弟子二菩薩，東壁、西壁均為一佛二菩薩。窟內下方鑿淺龕，刻傳法高僧立像二十五身，無頭光，始自南壁窟門東側（右繞，同敦煌傳法高僧像方向），殘存有部分榜題，次序同於《付法藏因緣傳》。[10]第一祖師榜題為：『佛垂滅度以諸法藏付大迦葉」，最後一祖師為「次付師子比丘」，其餘諸榜題均不完整或漫漶。參考龍門石窟擂鼓臺中洞祖師榜題，當在二十二和二十三祖師間補充夜奢比丘。

10 王振國：河南沁陽懸谷山隋代千佛洞石窟》，《敦煌研究》2000 年第 4 期。

3. 龍門擂鼓臺中洞

擂鼓臺三洞位於東山，坐東向西。因有武則天新字而被認為建於武則天時期，但古正美《龍門擂鼓臺三洞的開鑿性質與定年》則認為是中宗皇帝所建，「擂鼓臺三洞的開鑿時間，不會晚於景龍四年六月，因為中宗即死於此時。其開鑿應在中宗用佛教政治統治大唐的時期，即神龍元年十月之後至景龍四年六月之間（西元 705–710 年），而不是目前所定的武則天時期」。擂鼓臺南洞的主尊即是義淨七〇五年譯《香王菩薩陀羅尼咒經》所提到的「香王菩薩」。[11]

中洞窟額題「大萬五千佛龕」，各壁刻十方一切諸佛（有榜題），正壁刻一倚坐佛二立菩薩，南、東、北壁下層刻祖師像二十五身，榜題保存完好，始南壁「佛付大迦葉第一」「次付阿難比丘第二」，止於北壁「次付師子比丘第廿五」，依據榜題可確定右繞方向。除《付法藏因緣傳》外，西壁門南刻有鳩摩羅什譯《阿彌陀經》、鳩摩羅什譯《金剛經》、玄奘譯《多心經》、玄奘譯《六門陀羅尼經》、佛陀波利譯《佛頂尊勝陀羅尼經》等五部佛經。[12]

此窟主尊為倚坐佛，一般認為是未來佛彌勒，與窟壁所刻二十五祖師像一併表示佛法綿遠不絕。

4. 龍門看經寺

看經寺各壁刻滿千佛，下層刻二十九身祖師像。由於建窟時打破一開元十二年（724）龕而成，推知此窟建於開元十二年之後。窟內的祖師像或云與南宗有關。』[13]

---

11 龍門石窟研究所編：《龍門石窟一千五百週年國際學術討論會論文集》，文物出版社 1996 年版。

12 王振國：《龍門石窟刻經研究》，《華夏考古》2006 年第 2 期。

13 陳清香：《祖師傳承說的石刻例證》，《東方宗教研究》總第 4 期，1994 年。此論文又見於：《龍門看經寺洞羅漢群像考》，龍門石窟研究所編《龍門石窟一千五百週年國際學術討論會論文集》，文物出版社 1996 年版。氏專著：《羅漢圖像研究》文津出版社 1995 年版。

或云龍門此兩組傳法高僧像均與禪宗有關，但尚需更多材料來證明。因為龍門以外石窟中的祖師造像與祖師資料顯示在禪宗興起之前，許多佛教徒均重視祖師傳承，隋代地論學派靈裕在安陽大住聖窟刻二十四祖師像，初唐三論宗的吉藏更「造二十五尊像，舍房安置，自處卑室，昏曉相仍，竭誠禮懺。」所以筆者對龍門石窟兩組祖師像與禪宗的關係持謹慎態度。[14]

四　敦煌石窟中的祖師像

莫高窟隋代二九二，四二七窟均為中心塔柱窟，坐西向東，中心柱東向面、南壁前部、北壁前部各塑立佛一鋪，組成三佛造像。

塔柱南、西、北面下部畫比丘立像，《敦煌莫高窟內容總錄》稱之為「供養比丘」「比丘」。本文首次提出，這些比丘不是一般的供養人，可能是祖師像。

1. 第二九二窟

第二九二窟壁畫基本上是千佛，祖師像有二十七身，均有頭光。柱基北向面八身，東起：

第一身：面東，雙手持長柄香爐。前方地面上長出繁盛蓮花（正中有寶珠，散發光焰）。袈裟左肩領口上有一「紫」字，是畫工標識。

第二身：脖子掛念珠（同第 427 窟中心柱北向面第四身），右手自然下垂提淨瓶，左手胸前持蓮花，花蕊中有寶珠。

第三身：右手平舉持鮮花。左手自然下垂，似提袈裟衣擺。

14　關於龍門石窟的祖師像，最具體的研究是王振國《關於龍門擂鼓臺中洞與看經寺的羅漢像問題》，敦煌研究院編：《2004 年石窟研究國際學術會議論文集》下冊，上海古籍出版社 2006 年版。

第四身：雙手合十。前方地面上長出繁盛蓮花（上方有寶珠）。

第五身：右手胸前持一蓮花（三花枝分別是蓮蓬、蓮花、瑞草）。左手橫胸前，提一長帶香囊，香囊布質花格。[15]

第六身：穿通肩袈裟，右手持蓮花（花蕊中有寶珠）。左手自然下垂，持念珠。

第七身：雙手合十（持蓮？），特別之處是，側身向後，面向第八身比丘。

第八身：右手上舉，作與第七比丘說法狀。左手胸前提淨瓶。

西向面十一身，北起：

第一身：面北，雙手合十。

第二身：右手持蓮，左手置胸前（似說法手印）。

第三身：捧盒狀供器（不知器物何名，右手托底，左手護蓋）。身前從地面長出蓮花，頂有寶珠。

第四身：右手置肚前（五指分開），左手托香寶子。

第五身：雙手胸前合十持蓮。

第六身：右手持麈尾，左手置胸前，作說法狀。左側袈裟袖口中有畫工標識「朱」字。

第七身：右手持蓮花（花蕊中有寶珠）。左手胸前提一淨瓶。

第八身：雙手胸前捧蓮。袈裟內僧祇支上有一「綠」字標識。

第九身：右手下垂略彎曲，提淨瓶，左手胸前作說法狀。

第十身：雙手合十。

第十一身：右手向外平舉持錫杖，左手胸前持蓮花。

---

15 香囊、香寶子的定名參考法門寺出土的《器物帳》與實物。陝西省考古研究院：《法門寺考古發掘報告》，文物出版社 2007 年版。

南向面八身，西起：

第一身：面西，右手托香爐（第 427 窟中心柱北向面第一身也持此形狀香爐），左手橢圓香寶子。

第二身：雙手持供盤。

第三身：右手作手印，左手持長柄香爐。

第四身：雙手合十。

第五身：面向東，雙手合十。

第六身：雙手合十，左臂下掛一香囊。右側袈裟有一「黃」字標識。

第七身：右手平舉托蓮花，花中有一寶珠，左手下垂提淨瓶。

第八身：雙手合十。

以上二十七身，另外南、北龕沿的東向面各繪一形象較小的比丘，跪狀，有頭光，雙手合十。與前述二十七身祖師是否有關，待研究。若同為祖師，則此窟有祖師像二十九身。

2. 第四二七窟

第四二七窟的內容要比第二九二窟豐富，主室南壁、西壁、北壁繪千佛，北壁正中畫禪定佛一鋪（一禪定佛六弟子二菩薩）、西壁正中畫說法圖（一說法佛六弟子二菩薩）、南壁正中畫盧舍那佛立像一鋪（一佛八菩薩）、中心柱柱沿畫須達拿本生。中心柱柱基南、西、北向面均畫十身祖師像，大小同第二九二窟，一些器物同第二九二窟，但沒有頭光。北向面東起：

第一身：面向東，雙手捧香爐（無柄，同第二九二窟中心柱南向面第一身）。

第二身：右手似持一物（錫杖？），左手提淨瓶於胸前（手心向上，淨瓶頂端掛在中指和無名指之間）。

第三身：雙手托供器。

第四身：脖子上掛著念珠，右手持花，左手自然下垂提淨瓶。

第五身：右手胸前托寶珠，左手不明（花？）。

第六身：右手舉至胸前作說法狀，左手持淨瓶。

第七身：雙手胸前持一寶珠。

第八身：雙手平舉一帶香寶子的長柄香爐（隋代第380窟北壁西側菩薩、南壁東側弟子各持一件類似香爐，第431窟中心柱南向面西側脅侍菩薩也持帶香寶子的長柄香爐）。

第九身：右手平舉念珠，左手曲肘向外平舉（似護持第十身經卷）。

第十身：雙手持經卷作誦經狀。

西向面北起：

第一身：右手持長柄香爐，左手下垂略曲，不持物。

第二身：雙手合十，似手中有蓮花。

第三身：雙手捧寶珠，左臂掛一長帶香囊。

第四身：雙手持供器。

第五身：右手曲肘外伸提淨瓶頂端，左手持供器（花盤）。

第六身：右手長柄香爐，左手說法狀。

第七身：雙手合十握一蓮花，花蕊中有寶珠。袈裟中有一「緣」字標識。

第八身：右手持蓮花，左手持淨瓶頂端。

第九身：右手曲肘平舉不持物，左手持長柄香爐。

第十身：雙手捧供器，右臂掛一長帶香囊。

南向面西起：

第一身：雙手曲肘持長柄香爐（左手持，右手作護持狀），左肘掛長帶香囊。

第二身：右手持蓮花，左手說法狀（面對第三身）。

第三身：右手曲肘向外持念珠，右手曲肘胸前捧香囊。

第四身：右手持淨瓶，左手持花。

第五身：雙手持長柄香爐（左手握柄端，右手托爐柄中段）。

第六身：右手持花，左手提淨瓶頂端，器物形狀同第四身，而手相反。右臂掛一長帶香囊。

第七身：雙手捧一較小供器，上內有蓮花。

第八身：右手持淨瓶頂端，左手持一物（如意？）。

第九身：雙手胸前捧花，左肘掛一長帶香囊。

第十身：右手指相捻於胸前（似拈一朵花），左手置腹部不持物。

3. 敦煌祖師像的特點

莫高窟二九二，四二七窟祖師的服飾多不相同，可辨明的器物有：淨瓶（10件）、各式香爐（10件，其中手爐即手捧式香爐2件，每窟一件）、香囊8件、香寶子（2件，均在第二九二窟，另外在第427窟有一件帶香寶子的長柄香爐）、念珠（10件）、麈尾（1件，第427窟無）、錫杖（2件），還有花盤、寶珠、蓮花等。《歷代名畫記》卷三記載：『（上都）千佛寺……繞塔板上《傳法二十四弟子》。』二九二、四二七窟中心柱三面相當於「繞塔板」，敦煌這些繞塔祖師形態各異，風姿卓然，值得關注。兩窟在許多方面可以比較：

第二九二窟南鄰北周瓜州刺史李賢窟（第290窟）。第四二七窟南鄰北周瓜州刺史建平公於義窟（第428窟）。

窟形相同，均為前部人字披頂、後部平頂之中心柱窟。中心柱南、西、北各開一龕，塑禪定佛。

大小相同，第二九二窟主室進深十點四米、南北六點九米，第四二七窟進深十點五米、南北七點二米。

塑像相同，中心柱正壁不開龕，正壁前塑一佛二菩薩，與南壁前部、北壁前部各塑的一佛二菩薩組成三佛組合。敦煌研究院藏《臘八燃燈分配窟龕名數》中稱第二九二窟為「三聖龕」，第四二七窟為「三聖刹心」，即以主室三組造像而言。

中心柱南、西、北龕沿下畫祖師立像，高度均約六十五釐米，第二九二窟有頭光，第四二七窟則無頭光。從站立的姿勢上可以容易地看到，二窟的祖師像始自中心柱北向面東側，結束於南向面東側，這也是中心柱「右繞」的方向，沁陽懸谷山石窟、龍門雷鼓臺中洞等也是如此右繞。

以前認為是普通僧人，我們的懷疑首先從頭光上開始，因為第二九二窟這些「比丘」是有頭光的，具有聖僧的特徵。我們知道，普通僧人是沒有頭光的。

疑點之二：有些「比丘」手持寶珠，並且一些蓮花中有寶珠，二窟一共有十多個寶珠。摩尼寶珠非僧人日常器物，而是傳說之物。

疑點之三：中唐之前，敦煌現存的供養人像除第一三〇窟外，都是比較小的這些「比丘」為何形像高大？

疑點之四：一般供養人的形像整齊劃一，而這些「比丘」所著袈裟的款式、顏色均不同，持物繁多，姿勢各不相同，似乎為了體現各自身分不同，用心良苦。

疑點之五：兩窟雖然窟形很大，卻沒有供養人像，這一特點令人想到此兩窟是否與政府行為有關？可資比較的是，隋代第二八一窟是個進深二點六米、南北二點六米的小窟，南壁男供養人題記中有「大都督王文通供養」，推測二九二，四二七窟的工程量是第二八一窟的幾十倍，建造者實力一定很大。（唐）道宣《廣弘明集》卷一七和《續高僧傳》卷二六記載隋代仁壽元年（601）曾在敦煌崇教寺建舍利塔，又據（元）覺岸《釋氏稽古略》卷二，隋文帝於開皇十三年（593）曾詔令「於諸州名山之下，各置僧寺一所，並賜莊田。」也許崇教寺即在開皇十三年敕建之官寺，那麼，八年後，在崇教寺安置敕頒之舍利，順理成章。我們懷疑，此兩窟與舍利供養有關，另文討論。

留下的問題是，根據文獻記載和現存造像，我們知道從隋代到唐前期的祖師像為二十四身或二十五身，而第二九二窟有二十七身（若加中心柱南向面、北向面龕沿東側各一身，則有 29 身）、第四二七窟為三十身，數字不符，深感疑惑。目前只能作如下推測：（1）將《達摩多羅禪經》和《付法藏因緣傳》合併，去除重複，可湊夠二十九或三十之數，這是後來禪宗的做法；（2）隋代有「五眾」之設，五眾主成為僧界領袖，是否五眾主作為供養者一併出現在二十五祖師行列中？上述臆測不足據，留待高賢指點。由於第二九二窟「繞塔板」弟子有頭光，聖僧身分當無可懷疑，當時祖師信仰流行，所以要我們考慮與祖師信仰的關係。最後的確定，還要做許多工作，目前先作一介紹，以供將來研究之用。

上述文獻資料和現存石窟造像資料顯示，從南北朝時期開始，中國僧人就重視祖師傳承，南齊尤盛；而隋代更在大住聖石窟、懸谷山石窟、敦煌石窟留下祖師造像；及至唐前期，有《歷代名畫記》所記載的西京西明寺、上都洛陽千佛寺傳法高僧像以及龍門石窟兩組祖師像；七七五年左右成書的《歷代法寶記》、八〇一年成書的《寶林傳》則顯示禪宗對祖師傳承的重視，通過禪宗的宣傳，祖師信仰更加普及。

（原標題《祖師傳承及其在中國的流行》，曾在 2004 年龍門石窟成立 50 週年學術會議上宣讀，刊於龍門石窟研究院《2004 年龍門石窟國際學術研討會文集》，河南人民出版社 2006 年版）

行腳僧圖

敦煌壁畫和紙絹畫中，有一種尚未被人們認識的佛教史跡畫。畫面大同小異，一般為：一僧背負經囊（法國吉美博物館藏 EO.1138 的經囊上有「大藏」二字），頭戴簷帽，手持麈尾和錫杖，在雲彩中風塵僕仆地疾行，旁有一虎相隨，上方有一化佛，通常稱之為行腳僧圖。與常見的玄奘取經圖（最著名的是東京國立博物館藏鎌倉時代《玄奘三藏像》）比較，均為背負經囊、努力前行的僧人，所以許多人認為這就是玄奘取經圖或常與玄奘取經圖進行比較，但玄奘取經圖沒有化佛、沒有老虎、頭上不戴帽、腳下沒有彩雲，二者之間存在著明顯的區別，所以謹慎的學者一般稱之為「行腳僧」。由於形像特別，國外一些學者很早就注意到這些圖像，但他們的統計是極不完整的，加上他們漢文資料運用上的缺陷，均未考證出此圖的來源，只是作了些藝術分析和相關資料的羅列。[1]法國漢學家戴密微在其《達摩多羅考》一文的最後部分提出了許多疑問，並希望有「更為深入的調查研究，更為完整的資料和特別在藏學領域中有助於這一問題的解決。」[2]筆者擬在前人的基礎上，對此圖作進一步的探究。

一　行腳僧圖調查

據筆者統計，敦煌畫中的行腳僧圖現存至少有二十幅，即：

1. 莫高窟壁畫上有八幅，對稱分布。第四五窟前室門上殘存兩幅，繪於五代，此為筆者新發現。第三〇六、三〇八、三六三窟甬道兩壁各有一幅，約繪於十一世紀上半葉。

2. 法國伯希和劫去七幅。其中三幅在吉美博物館，館藏號為EO.1138、EO.1141、MG.17683，另外四幅保存在敦煌遺書P.3075、P.4029、P.4074、P.4518（39）中。

EO.1138。彩繪絹本，保存完整，高七十九釐米、寬五十三釐米，左手拄杖。右手持念珠，身後放光，有虎相伴，畫面左上角有雲中小佛。小佛前方和行腳僧身後上方原有榜題，現漫漶，經囊上寫有「大

1　松本榮一：《敦煌畫研究》第4章第3節《達摩多羅像》，日本東方文化學院，1937年版；秋山光和：《敦煌壁畫中與虎為伴的行腳僧考》，日本《美術研究》第238期，1965年；熊谷宣夫：《大谷探險隊所獲玄奘三藏畫像圖》，日本《美術史》第14號，1955年；諸戶文男：《敦煌畫中的玄奘圖考》，《絲綢之路月刊》1979年11月，此後還有續考二篇，見《東西交涉》2-1，3-4，1983年，1984年；山口瑞鳳：《與虎為伴的第十八羅漢圖來歷》，《印度古典研究》第6卷，1984年；韋陀：《敦煌繪畫中的取經僧形象》，敦煌研究院編：《2000年敦煌學國際學術討論會文集・石窟藝術卷》，甘肅民族出版社2003年版。

2　戴密微：《達摩多羅考》，載饒宗頤《敦煌白畫》，巴黎，1978年。按：此文漢譯本載《國外藏學研究譯文集》第7輯，西藏人民出版社1990年。筆者不懂法文，引文均據此漢譯本。

藏」二字。

EO.1141。彩繪絹本，高八十釐米、寬五十四釐米，光頭，無帽子，左手持麈尾、右手拄杖，有虎相伴，無小佛。有頭光，身後有一道白光。榜題：「寶勝如來一軀。意為亡弟知球三七齋畫造。慶贊供養。」（圖 1）

▲ 圖 1　EO.1141 行腳僧圖

MG.17683。彩繪紙本，高五十釐米、寬二十九釐米，畫面完整，戴帽，左手持麈尾、右手拄杖，在彩雲中快速行走，有虎相伴，畫面左上方有一雲中禪定佛。前方有榜題痕跡，字跡漫漶。

P.3075。白描紙本，正面為《法華經》二頁，背面畫行腳僧，高四十九釐米、寬二十六釐米，戴帽，面向右側（一般都是向左側），左手持麈尾、右手拄杖，與虎為伴，腳下無雲彩，畫面右上角畫雲中禪定佛。身後有榜題痕跡，字跡漫漶。

P.4029。彩繪紙本，高八十五釐米、寬二十九釐米，下方有完整的木軸，長三十三釐米，用以卷畫。行腳僧戴帽、面向右側，左手拄杖、右手持麈尾，與虎為伴，在彩雲中行走，畫面右上角有雲中禪定佛。前面有榜題痕跡，字跡漫漶。

P.4074。彩繪紙本，高七十一釐米、寬三十釐米，行腳僧戴帽、面向右側，左手拄杖、左手持麈尾，與虎為伴，在彩雲中行走，畫面右上角有雲中禪定佛。行腳僧前面有榜題，榜題完整：「南無寶勝如來佛」。與其他行腳僧不同的是，此行腳僧跟前有一僧人合十而跪。此圖上下有較多空白，類似 P.2049，可能當時也是有畫軸。

P.4518（39）。P.4518 為一組紙畫，約四十件（最著名的是第 24 件粟特神），其中第三十九件為行腳僧圖，彩繪紙本，高五十五釐米、寬三十二釐米，行腳僧戴帽，面向左側，左手持麈尾、右手拄杖，與虎為伴，在彩雲中行走，畫面左上角有一雲中禪定佛，行腳僧前面有榜題：「南無寶勝如來佛」。

3. 英國斯坦因劫去二幅，今藏英國博物館，館藏號為 S.P.168（Ch.0380）、S.P.221（Ch.0037a）。

S.P.168 為紙本彩繪，高四十一釐米、寬三十釐米，較完整，行腳僧戴帽，左手持麈尾、右手拄杖，有虎為伴，在雲中行走，畫面左上角有雲中化佛。化佛、行腳僧前面各有一榜題痕跡，文字漫漶。

S.P.221 為紙本彩繪，高三十釐米、寬二十三釐米，殘存一半，行腳僧戴帽，左手持麈尾（僅存柄），右手畫面已失，與虎為伴，在雲中行走。畫面左上角毀，不知有無化佛。

▲ 圖 2　韓國中央博物館藏行腳僧圖

4. 韓國中央博物館藏一幅。紙本彩繪，高四十九點八釐米、寬二十八點六釐米（松本榮一記錄為高 42.4 釐米、寬 29 釐米），館藏號 4018 號，來自於大谷探險隊。行腳僧攜虎行走在彩雲中，前上方有雲

中佛像，隱約可見「南無寶勝如來佛」榜題。[3]（圖2）

5. 天理圖書館藏一幅。紙本彩繪，高四十三釐米、寬二十八釐米，館藏號722—イ13。黑田當從一大谷探險隊隊員手中獲得，而後為中山正善氏私人收藏，大約在上世紀五十年代入藏天理圖書館。畫一行腳僧荷經乘雲疾走，左手執杖、右手持麈尾，前方上角畫一佛，下方榜題「寶勝如來佛」。[4]

6. 俄羅斯鄂登堡劫去一幅，紙本彩繪，高五十二釐米、寬三十釐米，館藏號Дx.320。畫面、榜題完整，行腳僧戴帽、被經囊，左手持麈尾、右手拄杖，在雲彩中快速行走，身邊有一虎，張嘴伸舌，前方上角畫雲中坐佛，雲下榜題「寶勝如來佛」。行腳僧前額左側露出些許頭髮，耳後有一塊黑色，疑也是頭髮；披巾在胸前敞開，上衣窄袖、下裳很短，韋革束腰，似非袈裟。[5]

二　寶勝如來與寶勝如來信仰

大部分行腳僧圖中有一雲中小佛，有的榜題保存完好，知這是寶勝如來。如：

1. 莫高窟第四五窟前室為五代重修，西壁門上正中為毗沙門天王

3　該圖見松本榮一《敦煌畫研究》圖版卷第147頁第1圖、日本學生社1989年出版韓國中央博物館編《中央アジアの美術》第22圖。1955年2月出版的日本《美術史》第14號有熊谷宣夫的圖版解說。

4　一九五五年二月出版的日本《美術史》第14號有熊谷宣夫的圖版解說，又見天理圖書館一九九二年《天理秘藏名品展》展品圖錄第133圖、朝日新聞社一九九九年《三藏法師道》展品圖錄第203圖等。關於天理圖書館藏敦煌文物的調查，參王三慶《日本天理大學天理圖書館典藏之敦煌寫卷》，臺灣漢學研究中心編印《第二屆敦煌學國際研討會文集》，1992年版。

5　圖見上海古籍出版社1998年出版《俄藏敦煌藝術品》第2冊第219圖。

赴那吒，會兩側各殘存一幅行腳僧圖的部分畫面。南側一幅的榜題完整，為「南無寶勝如來伏虎遊歷救度眾生」，北側一幅殘存「……勝如來……遊歷世界」。

2. 莫高窟第三六三窟甬道南壁行腳僧圖的榜題與敦煌遺書 P.4074、P.4518 中的行腳僧圖榜題均為「南無寶勝如來佛」。韓國中央博物館藏本的榜題為「□□寶勝如來佛」，所缺兩字當為「南無」。

3. 俄藏本和日本天理圖書館藏本的榜題為「寶勝如來佛」。

4. 法國吉美博物館藏 EO.1141 的榜題字數最多：「寶勝如來一軀。意為亡弟知球三七齋畫造。慶贊供養。」這幅畫無佛像，並且從榜題上也可看出，作者誤把行腳僧當作寶勝如來佛了。出現這種錯誤的原因，我們將在後面討論。

佛經中提到寶勝如來的地方不少。如（唐）實叉難陀譯的《地藏菩薩本願經》卷下記載：「又於過去無量恆河沙劫，有佛出世，號寶勝如來。若有男子、女子聞是佛名，畢竟不墜惡道，常在天上，受勝妙樂。」

一些佛名經中也有寶勝如來之名，較詳細的是（唐）菩提流支譯的《佛說佛名經》，該經卷八記載：

東方有世界，名寶集。彼世界有佛，名寶勝阿羅呵三藐三佛陀，現在說法。南無寶勝佛。若善男子、善女人聞彼佛名，至心受持，憶念讚誦，合掌禮拜。若復有善男子、善女人以滿足三千世界珍寶布施，如是日日布施，滿足一百歲。如此布施福德，比前至心禮拜功德，百分不及一，千分不及一，百千分不及一，乃至算數譬喻所不及一。

（北宋）法護譯的《大乘大方廣佛冠經》卷下也有類似記載。

下面對《金光明經》信仰與寶勝如來的關係略作考述。

（北涼）曇無讖譯的《金光明經》卷四「流水長者子品」記載：「寶勝如來本往昔時，行菩薩道，作是誓願：『若有眾生於十方界臨命終時，聞我名者，當令是輩即命終已，尋得上生三十三天。』」（唐）義淨譯《金光明最勝王經》卷九「長者子流水品」中內容相同，但卻把寶勝如來譯作寶髻如來。

《金光明經》在中國十分流行，譯本、注疏、懺儀、感應傳等多達二三十種。隋開皇十一年（591），天台宗祖師智顗（538–597）曾為揚州總管楊廣授菩薩戒，楊廣即後來的隋煬帝。後煬帝肅妃病，智顗為她「建齋七日，行光明懺」。[6]智顗著有《金光明經文句》六卷、《〈金光明經文句〉文句記》八卷、《金光明經玄義》二卷、《〈金光明經玄義〉拾遺記》八卷。六〇九年，煬帝西巡，釋慧乘「從駕張掖，蕃王畢至，奉敕為高昌王麴氏講《金光明》。」[7]莫高窟隋代第四一七窟窟頂人字披東披繪薩埵那太子飼虎，西披繪流水長者子救魚，內容見於《金光明經》中的「捨身品」和「流水長者子品」，應稱為金光明經變，疑與煬帝西巡有關。[8]七五八年，唐肅宗在義淨塔寺院置金光明寺，親為題額。[9]敦煌隨即建立金光明寺，該寺名初見七八八年（敦煌遺書P.2729），至一〇一九年猶存（《天禧塔記》），規模較大，還有寺學。[10]（隋）灌頂《國清百錄．金光明懺法》、（宋）知禮《金光明最勝懺儀》

6　（元）覺岸《釋氏稽古略》卷二。

7　《續高僧傳》卷二四「慧乘傳」。

8　施萍婷：《〈金光明經變〉研究》敦煌研究院編：《1987年敦煌石窟國際討論會文集．石窟考古編》，遼寧美術出版社1990年版。

9　《貞元新定釋教目錄》卷一三。

10　李正宇：《敦煌地區古代祠廟寺觀簡志》，《敦煌學輯刊》1988年第1、2期合刊。

和（宋）遵式《金光明懺法補助儀》均提到要念「一心頂禮寶勝佛」。既然《金光明經》信仰極為流行，人們對寶勝如來就不會感到陌生。曇無讖譯《金光明經》卷四提到：「寶勝如來本往昔時，行菩薩道作是誓願：若有眾生，於十方界臨命終時，聞我名者，當令是輩即命終已，尋得上生三十三天。」這與唸一聲阿彌陀佛、滅眾罪進入西方極樂世界之淨土信仰頗為類似。

寶勝如來後來成為密教五如來之一。（唐）不空譯《施諸餓鬼飲食及水法》記載：「曩謨寶勝如來，除慳貪業，福德圓滿。曩謨妙色身如來，破醜陋形，相好圓滿。曩謨甘露王如來，灌法身心，令受快樂。曩謨廣博身如來，咽喉寬大，受妙味。曩謨離怖畏如來，恐怖悉除，離餓鬼趣。行者若能如此為稱五如來名者，以佛威光加被彼故，能令一切餓鬼等無量罪滅，無量福生……速離苦身，生天淨土。」不空譯《瑜伽集要・救阿難陀羅尼焰口軌儀經》記載：「諸佛子等：我今為汝稱讚如來吉祥名號，能令汝等永離三涂八難之苦，為如來真淨弟子。南無寶勝如來（若有大眾，一時為稱）。諸佛子等：若聞寶勝如來名號，能令汝等塵勞、業火等皆消滅。」以下是念離怖畏如來以獲安樂，念廣博身如來以得甘露飲食，念多寶如來以求財寶，念妙色身如來以獲妙相，等等。

敦煌地區的寶勝如來信仰資料，筆者從壁畫和文獻上找到以下數則：

1. 莫高窟第三八四窟主室南壁西側上方、北壁西側上方、西壁龕外南北側上方中唐各繪趺坐佛一身。其中三身的榜題保存完好，為「南無寶勝如來佛」（西壁龕外南側）、「南無廣博身如來佛」（南壁）、「南無妙色身如來佛」（北壁）。從榜題情況分析，原本表示五如來，因壁面限制，少畫一如來。

2. 莫高窟第一二七窟南壁通壁為五代畫五佛四天王，畫面左上角一身佛的題名為「離怖畏如來」，其餘榜題漫漶，但可知這是一鋪五如來變，正中一身當為寶勝如來佛。

3. 敦煌遺書 S.2972 背為雜寫，其中有「南無寶勝如來佛」一句。

4. 天津藝術博物館藏有一批敦煌遺書，其中津四五三二號是五代翟奉達於九五八年為亡妻寫經四種，第一部經為《無常經》，尾題：「顯德五年歲次戊午三月一日夜，家母阿婆馬氏身故。至七日是開七齋。夫檢校尚書、工部員外郎翟奉達憶念敬寫《無常經》一卷，敬畫寶髻如來佛一鋪。每七至三週年，每齋寫經一卷追福，願阿娘托影神遊，往生好處，勿落三涂之災，永充供養。」寶髻如來即義淨在其所譯《金光明最勝王經》中對寶勝如來的譯名。「追福」「往生好處」「永充供養」等語與佛經記載寶勝如來的作用和法國吉美博物館藏 EO.1141 某人為其弟知球三七齋畫寶勝如來像的性質是完全一樣。

翟奉達在其妻剛死時，不可能在較短時間、有心情創畫這鋪寶勝髻如來像，從敦煌畫中多達二十幅的行腳僧圖中大多有寶勝（髻）如來情況看，翟奉達只是像知球兄長一樣，臨摹當時流行的寶勝如來像而已。知球兄長所畫寶勝如來像，實是畫了行腳僧，而忽略了主角——那一身小小的雲中化佛。看來他是把行腳僧當寶勝如來了，從他的錯誤、當時佛教史跡畫流行等情況看，我們懷疑翟奉達也把行腳僧當成寶勝如來。如果此推測成立，再參考翟奉達為其亡妻一七至七七、百日、一年、三年齋寫經均保存在敦煌遺書中之事實（參閱 P.2055、BD04544），推測紙絹畫中的十二幅行腳僧圖中，有一幅可能出自翟奉達之手。

從知球兄長、翟奉達題記看，他們的寶勝如來信仰出於《金光明經》。

寶勝如來信仰不僅在敦煌流行，而且我們發現在于闐也有流行的跡象，種種資料顯示，寶勝如來信仰可能起源於于闐。六世紀初，寶唱撰的《名僧傳抄》第二十六條記載：

僧表，本姓高，涼州人也，志為勇猛。聞弗樓沙國有佛缽，缽今居罽賓臺寺，恆有五百羅漢供養缽。缽經騰空至涼州，有十二羅漢隨缽，停六年後還罽賓。僧恨不及見，乃西逾蔥嶺，欲致誠禮，並至于闐國。值罽賓路梗，于闐王寄表有張志，模寫佛缽與之。又問「寧復有所願不？」對曰：「贊摩伽羅有寶勝像，外國相傳云最似真相，願得供養。」王即命工巧營造金薄像，金光陝高一丈，以真舍利置於頂上。僧表接還涼州，知涼土將亡，欲反淮海，經蜀欣平縣，沙門道汪求停缽、像供養。今在彼龍華寺。[11]

于闐把毗沙門天王視作創國之神，眾所周知，不再贅言。贊摩伽羅是于闐第一大寺。詳見張廣達、榮新江《于闐佛寺志》一文。[12]而寶勝如來與毗沙門天王的關係，尚無人發現。于闐僧實叉難陀譯的《華嚴經》卷七三「入法界品第三十九之十四」主要講善財參拜夜神。夜神告訴善財：「次有佛出，名為寶勝。我為毗沙門天王，親近供養。」于闐佛教信仰極盛，把創國之神毗沙門天王也描寫成信佛者，並「親近供養」寶勝如來，這是于闐寶勝如來信仰的一個原因。

直到十世紀，于闐還信仰寶勝如來。敦煌遺書 P.4518 除了有寶勝佛像外，還有一件《天壽二年五月日寶勝狀奏》。天壽是於闐國的年號，天壽二年即九六六年。寶勝一詞作為人名或僧名，寄託了他父母

11 《續藏經》第 134 冊第 25 頁，新文豐出版公司。

12 《世界宗教研究》1986 年第 3 期。

或師父希望他「不墮惡道」「受勝妙樂」的美好祝願。從一個側面反映了寶勝如來在人們心目中享有的崇高地位。

還有一條資料説明于闐信仰寶勝如來並傳到中原。《宋高僧傳》卷二一「唐朔方靈武下院無漏傳」記載：

釋無漏，姓金氏，新羅國第三子也……欲游五竺，禮佛八塔。既度沙漠，涉于闐以西，至蔥嶺之墟，入大伽藍……群僧語之曰：「觀師化緣，合在唐土，心存化物，所利滋多，足倦游方空加聞見，不可強化，師所知乎？」漏意其賢聖之言，必無唐發，如是卻回。臨行，謂漏曰：「逢蘭即住。」所還之路，山名賀蘭。乃思前記，遂入其中，得白草谷，結茅棲止。無何，安史兵亂，兩京板蕩，玄宗幸蜀。肅宗訓兵靈武，帝屢夢有金色人，念寶勝佛於御前。翌日，以夢中事問左右，或對曰：「有沙門，行跡不群，居於北山，兼恆誦此佛號。」肅宗乃宣征，不起。命朔方副元帥、中書令郭子儀親往諭之，漏乃爰來……置內寺供養。

肅宗佞佛，曾任釋道平為金吾大將軍，又據（宋）志磐《佛祖統紀》卷四〇記載，他曾召百名和尚在行宮朝夕唸經，禳災祈福。肅宗與不空關係極密切，（唐）趙遷《不空行狀》記載：「鑾駕在靈武、鳳翔，大師（按：指不空）常密使人，問道奉表起居，又頻論克復之策。肅宗皇帝亦頻密諜使者到大師處，求祕密法，並定收京之日。」天寶十五年（756），肅宗從平涼逃到靈武時，經過無漏所在地。《舊唐書》卷一〇載：「上在平涼，數日之間未知所適……鴻漸又發朔方步騎數千人於白草頓奉迎。」可見肅宗與無漏相見是極平常的事，託夢之説只不過是給他們的見面增加了一層宗教神祕色彩而已。無漏見肅宗之前，肅宗左右就知道他「恆誦此佛號」，這說明當時無漏就有一些名氣。《舊唐書・張鎬傳》記載肅宗曾令「供奉僧在內道場晨夜唸佛，動數百人，聲聞禁外」。肅宗曾置金光明寺，說明他對《金光明經》是熟悉的。無漏曾在內寺供養，或許這數百人晨夜所念的佛即是無漏恆念的寶勝如來佛。

直到五代還流行念寶勝如來佛名以禳災，《舊五代史》卷一三三記五代楚王馬希范（932–947 年在位）卒，弟馬希廣（947–950 年在位）繼位，希廣佞佛，九五〇年馬希萼來攻：『希廣素奉佛，聞之，計無所出，乃被緇衣，引群僧念『寶勝如來』，謂之禳災。頃之，府廨火起，人或紛擾，猶唸誦之聲未輟，其憨如此。」

從無漏事跡看，他的佛教實踐屬密教範圍，且與不空有關。他到于闐，「入大伽藍，其中比丘皆不測之僧也。問漏攸往之意，未有奇節而詣天竺，僧曰：『舊記無名，未可輒去。此有毒龍池，可往教化，如其有驗，方利涉也。』漏依請，登池岸，唯見一胡床，乃據而坐。」然後降伏毒龍，「寺僧感默然許之，又曰『必須願往天竺者，此有觀音聖像，禱無虛應，可祈告之，得吉祥兆可去，勿疑。』漏乃立於像前，入於禪定，如是度四十九日，身嬰虛腫，略無傾倚。」不空是開元三大士之一，他的譯著中，有一些地方提到供養寶勝如來儀軌，除前引《瑜伽集要・救阿難陀羅尼焰口軌儀經》和《施諸餓鬼飲食及水法並手印》外，與無漏事跡有關係的是不空譯的《如意寶珠轉輪祕密現身成佛金輪咒王經》：

佛告曼殊利童子言：「若有善男子、善女人欲飛空缽、行佛聖道、利益眾生者，先撰高山及深谷，若如覆缽，若如仰缽。寂寞無人，最勝境界，作造庵室，唯好獨住此清淨道場所。斷語無言，斷五穀粒，餐食松葉，吞水吸氣，禪定靜思，誦《八大龍王陀羅尼》及龍王名號。若為異緣，莫過三百日，取粳米一斛，一百日乾之。能持齋戒，不犯威儀，一心稱念寶勝佛名……是則先佛修行要術、神仙秘法……因是得脫生死苦海。」

而無漏在于闐和白草谷的修行（降伏毒龍、坐禪於深山、恆念寶勝如來佛名等等）正與此相同，當是據此經軌而進行密教實踐的。

白草谷的佛教在無漏之前的情況，我們不清楚。但無漏之後，白草谷是密教一大道場，當與無漏在此駐錫修行有關。如：

《宋高僧傳》卷二六「唐朔方靈武龍興寺增忍傳」記載：「釋增忍（813–871），俗姓史氏……會昌初，薄游塞垣，訪古賀蘭山，中得淨地者白草谷，內發菩提心，頓掛儒冠，直歸釋氏……忍刺血寫諸經……總二百八十三卷。畫盧舍那，闊三十五尺，門一丈六尺。起樣畫大悲功德三軸，自著《大悲論》六卷。」敦煌遺書 S.276、S.528、P.3570 就有他的事跡和所寫的《三教毀傷論》。

《宋高僧傳》卷二六「後唐靈州廣福寺無跡傳」記載：「釋無跡（843–925），姓史氏，朔方人也……大中九年（855），年正十三，決意舍家，投白草院法空大師為弟子。操執密縝，拂攘囂塵……光啟（885–888）中傳《佛頂熾盛光降諸星宿吉祥道場法》，歸本府。府帥韓公聞其堪消分野之災，乃於鞠場結壇修飾，而多感應。」

《宋高僧傳》卷二六「晉朔方靈武永福寺道舟傳」記載：「釋道舟（864–941），姓管氏……出家於龍興寺孔雀王院……（後）人賀蘭山白草谷，立要持念，感枯泉重湧……刺血畫大悲千手千眼立像……斷左肱焚之，供養大悲像……又曾截左耳為民祈雨，復斷食七日請雪皆如其願。」

我們可將以上所考歸納如下四點：

1. 寶勝如來信仰有一個發展過程，初為顯教一佛，見於《金光明經》《華嚴經》《佛名經》等經。後來為密教所重，見於《如意寶珠轉輪祕密現身成佛金輪咒王經》《瑜伽集要・救阿難陀羅尼焰口軌儀經》等經。

2. 無漏的寶勝如來信仰很可能來自西域。

3. 從不空譯著、無漏實踐、肅宗推崇等情況看，可能在肅宗時期，朝野上下一度流行寶勝如來信仰。

4. 當時密教在開元三大士的推動下，蔚然成風。作為顯教發展而來的一種密教信仰，寶勝如來信仰的流行是時代的產物。

三　李通玄事跡與《李通玄隨虎圖》

無漏常念寶勝佛，又是僧人，似與敦煌畫中的行腳僧有某種連繫，但無漏事跡中均無與虎為伴的記載。那麼這位行腳僧是誰呢？從背荷經卷、與虎同行等特徵看，筆者認為與中國佛教史上李通玄的傳說最為密切。

李通玄事跡較早、較詳細的記載當屬咸通（860–874）時人馬支撰集的《釋大方廣佛新華嚴經論主李長者事跡》：

李長者，諱通元，莫詳所自，或有詢其本者，但言滄州人。開元二十七年（739）三月望日，曳策荷笈至於太原盂（盂）縣西四十里同穎鄉……每旦唯食棗十顆、柏葉餅子如匕大者一枚。自爾不交外人，掩室獨處，含毫臨紙，曾無虛時，如是者三年。一旦……至馬氏古佛堂，自構土室，寓於其側，端居宴然，於茲十年。後復囊挈經書，遵道而去……忽逢一虎，當途馴服，如有所待，長者語之曰：「吾將著論釋《華嚴經》，可與吾擇一棲止處。」言畢虎起，長者徐而撫之，將所挈之囊掛於虎背，任其所止。於是虎望神福山原，直下三十餘里，當一土龕前，便自蹲駐。長者旋收囊裝，置於龕內，虎乃屢顧，妥尾而去……龕之四旁，舊無泉潤，長者始來之夕，風雷暴作，拔去一古松，高三百餘尺。及旦，松根之下，化為一潭……時人號為長者泉，至今澄明，未曾增減，愆陽之歲，祈之必應。長者制論之夕，心窮元奥，口出白光，照耀龕中，以代燈燭。居山之後，忽有二女子，容華絕世……常為長者汲水、焚香、供給紙筆，卯辰之際，輒具淨饌，甘珍畢備，置長者前。齋罷撤器，莫知所止。歷於五祀……長者身長七尺二寸，廣眉朗目，丹唇紫肌，長髯美茂，修臂圓直，發彩紺色，毛端右旋，質狀無倫，風姿特異。殊妙之相，靡不具足。首冠樺皮之冠，身披麻衣，長裙博袖，散腰而行，亦無韋帶。居常跣足，不務將迎，放曠人天，無所拘制……長者行止元微，固難遐究，虛空不可等度，況擬求邊際耶？比歲僧元覘特抵方山，求長者遺跡……又於壽陽南界解愁村遇李士源者，乃傳論僧之猶子，示《長者真容圖》，瞻禮而回。[13]

《宋高僧傳》《佛祖統紀》《佛祖歷代通載》等書有關李通玄的內容大都據此編撰。

關於李通玄的身世和具體活動年代，諸書記載不一。《佛祖統紀》卷二九記載：『長者李通玄，唐開元七年（719）用新譯《華嚴經》造《釋論》（即《新華嚴經論》）四十卷。」同書卷四〇記載相同。《佛祖歷代通載》卷一三「開元二十八年」條記載：「長者李通玄，唐宗子

13 《全唐文》卷八一六。

也，開元二十八年順世。長者以七年至太原盂縣。有高仙奴者，識其為大賢，館之齋中。」（南唐）釋恒安《續貞元釋教錄》還提到：『《新華嚴經論》一部四十卷，九百紙……右此一論，是李通玄長者開元十七年於太原東北盂縣同穎鄉大賢村造，盛行於世。」對此，贊寧採取慎重的態度，在其《宋高僧傳》卷二二「法圓傳附李通玄傳」中只籠統提到：「唐開元中，太原東北有李通玄者，言是唐之帝胄，不知何王院之子孫……（開元十八年卒），報齡九十六。」李通玄的弟子、東方山逝多林寺比丘照明在大曆五年（770）撰的《華嚴經決疑論・序》中提到：「北京（按：指太原）李長者，皇枝也，諱通。性稟天聰，智慧明簡，學非常師，事不可測，留情易道，妙盡精微，放曠林泉，遠於城市……起自開元七年，游東方山，隱淪述論。終在開元十八年三月二十八日卒。」並自稱：「照明親承訓授，屢得旨蒙。」照明為李通玄弟子，他的說法較可信。李通玄是「帝胄」一說，似有可能，至於他的身世隱晦不明的原因，我們從照明云他「年過四十，絕覽外書。在則天朝，即傾心《華嚴經》」等語中似乎可以推測他在四十歲前後即武則天大權在握時期才「絕覽外書」，可能與當時佛道之爭和朝廷內部激烈的權力之爭有關。

前文提到，唐代就有《長者真容圖》的存在。到五代、宋時，中原仍流傳李通玄像和他的事跡畫。《續貞元釋教錄》記載：「升元二年（938），僧勉昌進請編（《新華嚴經論》）入藏。大唐光文肅武孝高皇帝令書十本，寫《李長者真儀》十軸，散下諸州，編於藏末。」按：『大唐光文肅武孝高皇帝」即南唐開國皇帝李昪（888–943），他於九三七年建齊國，改年號為升元，次年，他「自言唐憲宗（第十）子、建王恪」的後代，所以「改國號曰唐」。[14]建國不久即寫《華嚴經論》十部，

14 《新五代史》卷六二「南唐世家」。

《李長者真儀》十軸，頒行境內。當時佛經、經疏很多，為什麼獨鍾情於這部已經「盛行於世」的經論呢？李升的這一舉動除了説明他崇信佛教外，或許與李通玄是「唐之帝胄」有關，勉昌借此為李升登基鼓吹。廬山是南唐佛教的一個中心，宋代陳舜俞《廬山記》卷一記載：「太平興國寺……晉武帝太元九年（384）置，舊名東林。唐會昌三年（843）廢，大中三年（849）復，皇朝興國二年（977）賜今名……又有明皇銅像、《李通玄長者寫真》，皆前世故物。」這幅前世留下來的《李通玄長者寫真》當是李升頒下的十幅《李長者真儀》之一。

宋代畫家李公麟（字伯時，號龍眠居士，1049-1106）曾畫過《李通玄隨虎圖》。葛勝仲《丹陽集》卷二二有「跋李伯時畫《李元通（按：李元通係李通玄之誤）隨虎圖》三首」，詩云：「《華嚴》寶軸掛於菟，笑問翻經有也無？引下福山三十里，不應老馬獨知途。」「清樾寒潭土作宮，楊枝柏葉五年中，《論》成永作將來眼，第一（按：一作「一笑」，是）功歸大小空。」「素幅工傳長者真，龍眠端恐是前身。只留散帶經行影，不貌供齋兩主（按：係「玉」字之誤）人。」。[15]詩中的「於菟」是指虎。「兩玉人」「柏葉（餅）」「（寫論時間）五年」「土作宮」「散帶經行」等語皆與前面提到的李通玄事跡相一致。《宣和畫譜》卷七「李公麟」條還提到李公麟畫有《華嚴會》。[16]

李公麟為什麼畫李通玄事跡呢？

李公麟是宋代最傑出的文人之一，「文章則有建安風格，書體則如晉、宋間人，畫則追顧、陸。至於辨鐘鼎古器，博聞強識，當世無與倫比。」[17]他的畫，「鞍馬逾韓幹，佛像追吳道玄，山水似李思訓，人

---

15 《景印文淵閣四庫全書》第1127冊，臺灣「商務印書館」，第645頁。

16 《宣和畫譜》，人民美術出版社1964年版，第131頁。

17 《宣和畫譜》卷七，人民美術出版社1964年版，第132頁。

物似韓滉，瀟灑如王維，當為宋畫中第一。」[18]雖然他曾進士及第，但在仕途上並不得意，元符三年（1100）因病辭官隱居。我們從他的畫和畫名中可以領略到一種表現低落傷感的畫外意，如《縛雞行》《陶潛歸去來兮圖》《王維看雲圖》《陽關圖》《昭君出塞圖》《五王醉歸圖》《醉僧圖》《觀魚僧》等。李通玄中年遠離城市，居土龕「日食十棗、柏葉餅一枚」，一位帝室成員竟過著如此清貧的生活，容易引起懷才不遇的李公麟心靈上的共鳴。葛勝仲詩中的「素幅工傳長者真，龍眠端恐是前身」之句，即是對他們艱難坎坷人生的一聲感慨。

（清）陸增祥《金石續編》卷一七收錄張商英《昭化寺李長者龕記》，陸增祥解題：「高五尺五寸，廣三尺二寸，十五行，行二十四字，正書，額題『長者龕記』四字，篆書。在山西壽陽縣方山。」但（清）胡聘之《山右石刻叢編》卷一七則記為：「碑高三尺二寸，廣一尺七寸八分，十二行，行二十四字，正書，今在壽陽縣方山下寺。」不知孰是，《山右石刻叢編》卷一七所載全文是：

長者龕記

予元祐戊辰奉使河東，行太原壽陽縣，詣方山瞻李長者像。至則荒茅蔽嶺數十里，前後無人煙，有古破殿屋三間，長者堂三間，村僧一名，乞食於縣，未曾在山。予於破竹經架中得長者《修行決疑論》四卷、《十元六相論》一卷、《十二緣生論》一卷，梵夾如新。從此遂頓悟華嚴宗旨。邑人以予知其長者也，相與勸勉，擇集賢嶺下改建今昭化院。予去彼三十年，有住持僧宗悟來言：「方山非昔日方山也，松

18 夏文彥：《圖繪寶鑑》卷三，《叢書集成初編》第1654冊，商務印書館1935年版，第33頁。

柏林木高大茂盛，不植而生，皆應古記。又於長者造《論》處發見龕基，以磚石甃砌。前建軒閣，古跡歷然，僧徒粥飯不求於外，遊人士庶不絕於道。相公開其始，悟之先師政成其終，願得相公隻字以為法門之光。」予曰：「予持戒人也，必不妄語，可自紀其實，以傳後人。」政和戊戌十月望日觀文殿大學士張商英題付宗悟。

朝請大夫直秘閣權發遣河東路計度轉運使公事賜紫金魚袋陳知質篆額。

迪功郎前房州司戶曹事圓瑱、居士高淳並如志、居士范圓焞施石。

又，明、清刻本缺名撰《繪圖三教源流搜神大全》[19]一書中，也收有李通玄事跡，即「通玄禪師」條，該書內容出於上述所引資料，畫像拙劣，但可以就此了解李通玄事跡畫流傳時間之久。

我們從現有的資料中並沒有發現李通玄出家為僧的記載，所以李通玄像應是居士裝束。敦煌畫中的行腳僧「首冠樺皮之冠」，韋革束腰，服飾繁富，並非袈裟，這與李通玄事跡較為接近。問題是，莫高窟第三六三窟甬道南、北壁和吉美博物館藏 EO.1138、EO.1141 等行腳僧圖中，行腳僧均光頭，明確是僧人形像。一個例外是，俄藏行腳僧圖中，前額左側露出些許頭髮。

四　行腳僧圖與西藏佛教繪畫中的達摩多羅像

在西藏佛教繪畫中，有許多以虎為伴的負笈居士，名為達摩多羅。[20]達摩多羅居士一般與布袋和尚（契此）一起附於十六羅漢中，有

19　《繪圖三教源流搜神大全》，上海古籍出版社 1990 年版，第 284–286 頁。

20　藏傳佛教藝術中的達摩多羅圖像，關注者眾，筆者所知調查最詳細的是謝繼勝教授，見氏著《伏虎羅漢、行腳僧、寶勝如來與達摩多羅——十一至十三世紀中國多民族美術關係史個案分析》，《故宮博物院院刊》2009 年第 1 期。

人認為這就是十八羅漢的來源之一，[21]這是毫無根據的猜想，根據五世達賴（1617–1682）《供養十六羅漢儀軌》記載，「達磨（一作摩）多羅（法增）居士是甘肅賀蘭山人，因奉事十六尊者而得到感應，每日都見有無量光佛出現在雲中。他的畫像常是背負經莢，身旁伏有臥虎。」[22]這裡並沒有把法增居士當羅漢看待。又，印度闡德拉・達斯一八八一年的遊記《拉薩和中亞旅行記》一書中也說「（在拉薩一座寺院裡，十六羅漢）由信事男達摩多羅接見的場面而排列，達摩多羅是古代中國中原最著名和最虔誠的佛教徒之一。」[23]同樣也不把達摩多羅當作羅漢，而是認為是一位中原的佛教徒。

前引《地藏菩薩本願經》中提到寶勝如來是過去佛，而無量光佛有時也被認為是過去佛。（唐）般刺密帝譯的《楞嚴經》卷五記載：「往昔恆河沙劫，有佛出世，名無量光。」有可能是五世達賴所說的無量光佛是寶勝如來之誤。但是，雖然無漏曾居住在賀蘭山，也常念寶勝如來佛名，但無漏事跡中未見他與虎為伴、信奉十六羅漢的記載，達摩多羅（法增）之名又出於何處呢？戴密微萬餘言的《達摩多羅考》沒有考證出這位「古代中國中原最著名和最虔誠的佛教徒」是何許人。筆者認為，他就是唐代著名的華嚴三祖法藏（643–712）。

新羅崔致遠撰的《唐大薦福寺故寺主翻經大德法藏和尚》記載：

> 釋法藏者，梵言達摩多羅。字賢首，梵言跋陀羅室利……俗姓康氏，本康居國人……年甫十七，志銳擇師，遍謁都邑緇英，懊其拙於

21 雲音：《十六羅漢、十八羅漢和五百羅漢》，臺灣《現代佛教學術叢刊》第100冊《佛教文史雜考》，大乘文化出版社1980年版，第126頁。

22 同上，引文沿用雲音說法，未見《供養十六羅漢儀軌》原文。

23 據前揭戴密微《達摩多羅考》一文所引。

用大，遂辭親求法於太白山，餌術數年，敷閱方等……後於雲華寺講（《華嚴經》），有光明現，從口出，須臾成蓋……前後講新、舊兩經三十餘遍……（他參與譯《八十華嚴》時）譯堂前陸地開百葉蓮花……神龍元年（705）冬，敕令寫藏真儀，御製贊四章。

其他所有介紹法藏事跡的史籍，如《宋高僧傳》《佛祖統紀》等均未提到法藏名字的梵文音譯，所以戴密微等人不知達摩多羅即法藏。

可以將居士形像、負笈裝束理解為法藏二十八歲出家前遊歷事跡，但文獻上並沒有記載他與虎為伴、念寶勝如來佛的記載。

法藏與李通玄都是與《華嚴經》有關的人物，他們的事跡和傳說也頗類似：

法藏	李通玄
八十華嚴經譯者之一	八十華嚴經著論者
餌術數年	食棗及柏葉餅
口出光明	口出光明
譯堂前陸地上開百葉蓮花	風拔龕前樹成池

又，（唐）胡幽貞《大方廣佛華嚴經感應傳》記載：「大唐永徽年中（650–655），有居士樊玄智，華嚴藏公之同學……專以《華嚴》為業，居方洲山中，初餌松葉。六十餘年誦持不替，五十年前感其所地湧甘泉……有時夜誦，口放光明，照及四十餘里，光色如金。」可見李通玄口出光明的神異只是襲用法藏、樊玄智等人的神異而已。李通玄著論時，風拔樹成池，有「二女為之汲泉、炷香、奉紙墨」的神異也是佛馱跋陀羅譯《華嚴經》時諸神異的翻版：「義熙十四年（418）三月十四日，於建業謝司空寺造護淨法堂，翻譯《華嚴》。當譯經時，堂前忽然化出一池，每旦日有二青衣從池而出，於經堂中灑掃、研墨給

侍，際暮還宿池中。」護淨法堂的二侍女是龍王化身，「此經久在龍宮，龍王慶此翻譯，故乃躬自給侍耳」。而李通玄注釋《華嚴經》時，龍王再次化身給侍。編造這些神異故事是為了抬高他所著經論的地位。因為李通玄早年「留情易道」，他的著作中滲透著道教成分，《佛祖統紀》卷二九記載：「其立論以十處十會盛談法界，與藏師疏旨不同。又以教主、請主等十別對勝《法華》，而不知《法華》是開權顯實之談，不識《華嚴》是兼別說圓之典，故多為吾宗所斥。」《宋高僧傳》卷二二「法圓傳附李通玄傳」記載：「幽州僧惠明鳩諸偽經並《華嚴論》同焚者，蓋法門不相入耳。」可見當時爭議之大。荒誕的神異故事背後，蘊藏著深刻的佛教派別矛盾。

從畫中和資料記載上看，敦煌畫中的行腳僧與西藏佛教繪畫中的達摩多羅均戴冠、荷經、有化佛、與虎為伴、作行走狀等，兩者同源，這是毫無疑問的。最大的區別是，藏傳的為居士形像，敦煌的為僧人形像，藏傳形像更接近李通玄事跡。筆者認為，李通玄事跡畫在輾轉流傳過程中，夾雜進無漏、法藏的一些事跡，對於這種差異性，是可以理解的。在佛教發展過程中，經常出現一些感應故事，表示報應徵驗，助以弘揚佛教。敦煌壁畫中就有許多佛教感應故事和佛教史跡畫。由於神異故事大多出於編造，其訛誤和真實性自不待言。如：西藏佛教繪畫中與法增（法藏）一起繪於十六羅漢圖中的布袋和尚，原本是一個不守戒規、靠行乞為生的放浪形骸的僧人，貞明二年（916）死後，好事者認為他是彌勒的化身，《宋高僧傳》卷二一「唐明州奉化縣契此傳」記載：「江浙之間多圖畫其像焉。」（元）覺岸《釋氏稽古略》卷三也記載：「圖其像而奉祀之。」這種風習自五代、宋至現代綿延不絕。又據《宋高僧傳》卷一八「唐泗州普光王寺僧伽傳」記載，景雲元年（710）僧伽和尚人寂，萬回說他是「觀音菩薩化身也。經可不云乎？應以比丘身得度者，故現之沙門相也」。到了五代，「天下凡造精廬，必立伽真相，牘曰『大聖僧伽和尚』。有所乞願，多遂人心」。莫高窟宋代第七二窟西壁龕外南側上方就有題作「聖者泗州和尚」之僧伽像。到了元代，竟稱之為「泗州佛」「泗州文佛」。[24]其實僧伽只是位「占對休咎」的算命和尚而已。類似的訛傳，有助於我們對行腳僧圖在流傳過程中有所變化的理解。

敦煌行腳僧圖均無具體年代記錄，可能在五代時出現，出現原因可能與南唐僧勉昌有關，前揭《續貞元釋教錄》記載：「升元二年（938），僧勉昌進請編（《新華嚴經論》）入藏。大唐光文肅武孝高皇帝令書十本，寫《李長者真儀》十軸，散下諸州，編於藏末。」敦煌當時屬於後晉天福三年，南唐皇帝敕令畫的《李長者真儀》不可能直接傳到敦煌，有可能後來輾轉流傳過程中，把居士形像描繪成僧人形像。但俄藏行腳僧圖中，行腳僧有頭髮、服飾也非袈裟，比較接近李通玄像，但仍然有化佛和「寶勝如來佛」題記。

五　結論

1. 敦煌畫中的行腳僧圖至少現存二十幅，其中莫高窟第四五窟兩幅為筆者新發現。

2. 中國古代流行寶勝如來信仰，這一信仰影響了行腳僧圖的內容，本文對寶勝如來信仰進行較詳細的考察。

3. 相關資料表明，西藏繪畫中的達摩多羅是中原著名的居士，筆

---

24 羅世平《敦煌泗州僧伽和尚信仰》一文引清施鴻保《閩雜記》，以及《民俗》雜誌第 87-89 期刊的翁國梁《水井神説》，羅文載《美術史論》1993 年第 1 期。

者認為這位居士即《華嚴經論》的作者李通玄。李通玄的居士身分、與虎為伴的經歷、李通玄像曾廣泛流行等均可詮釋西藏繪畫中的達摩多羅像，唯傳人西藏時混淆為華嚴信仰的另一名人華嚴三祖法藏（達摩多羅）之名，在漢地流行過程中混淆為僧人形象。

4. 李通玄像屬於佛教史跡畫，在流傳過程中吸納了寶勝如來信仰、法藏等因素，畫像內容有較多變化，但保存了與虎為伴、背經囊遠行的主要特徵。

通過考察，筆者首次將敦煌畫中的行腳僧像和西藏繪畫中的達摩多羅像定為李通玄像，在前人基礎上將行腳僧像的解讀深入了一步。

（原標題《敦煌畫中的行腳僧圖新探》，刊於香港《九州學刊》6卷4期1995年3月）

十六羅漢圖與十六羅漢圖榜題底稿

十六羅漢是佛教中的護法高僧。至於十六之數，有學者認為是東、南、西、北各四位組成，言之有理。[1]早在北涼（397–439年）時，道泰譯的《入大乘論》卷上就提到十六羅漢：「又尊者賓頭盧、尊者羅睺羅，如是等十六人，諸大聲聞，散在諸渚……皆於佛前取籌護法，住壽於世界……守護佛法。」該論只提到兩尊羅漢名字、十六之數和羅漢的九個住處。完整介紹十六羅漢名號、住處、功德、作用的，是唐初玄奘譯的《大阿羅漢難提蜜多羅所說法住記》（簡稱《法住記》），其中提到，佛涅槃後八百年（按：釋迦逝世於西元前486年，後推800年為西元三一四年，十六羅漢信仰大約興起於此時，因為稍後的《入大乘論》就提到十六羅漢了），執師子國有一羅漢，名難提蜜多羅（意譯為慶友），將涅槃時，告訴眾人：「佛薄伽梵般涅槃時，以無上法付囑十六大阿羅漢並眷屬等，令其護持，使不滅沒。」「如是十六大阿羅

1　萊維・孝閥納（沙畹）著：《〈法住記〉及所記阿羅漢考》，馮承鈞譯：《現代佛教學術叢刊》第100冊《佛教文史雜考》，大乘文化出版社1980年版。

漢，一切皆具三明、六通、八解脱等無量功德，離三界染，誦持三藏，博通外典。」如果人們「為四方僧設大施會；或設五年無遮施會；或慶寺、慶像、慶經幡等施設大會；或延請僧至所住處，設大福會；或詣寺中經行處等，安布上妙諸坐臥具、衣藥飲食，奉施僧眾時，此十六大阿羅漢及諸眷屬隨其所應，分散往赴，現種種形，蔽隱聖儀，同常凡眾，密受供具，令諸施主得勝果報。如是十六大阿羅漢，護持正法，饒益有情」。

一　十六羅漢圖的出現與敦煌壁畫中的十六羅漢圖

羅漢圖早在東晉時就出現在畫壇。唐初裴孝源《貞觀公私畫史》（639 年成書）提到戴逵畫的《五天羅漢像》至此時尚存，戴逵是東晉晚期人，大約與道泰同時。又據《宣和畫譜》卷一「張僧繇」條載：『今御府所藏十有六……《十六羅漢像》一……」。按：張僧繇是梁武帝時（502–549 年）人。但唐朝以前有關十六羅漢的文字、圖繪記載甚少，上述羅漢圖很有可能是高僧圖，不屬於十六羅漢系統。

直到玄奘譯出《法住記》後，十六羅漢圖才流行於世。盛唐王維、盧愣伽就畫了大量的十六羅漢圖。《宣和畫譜》卷一〇記載的北宋宮廷所藏王維作品中，就有「《十六羅漢圖》四十八」，應是三組《十六羅漢圖》。同書卷二「盧愣伽」條記載盧愣伽在乾元（758–760）初，曾於大聖慈寺畫行道僧，顏真卿為之題名……今御府所藏一百五十……《羅漢像》四十八、《十六尊者像》十六、《羅漢像》十六、《小羅漢像》三……《十六大羅漢像》四十八。」羅漢圖占所收藏的全部盧愣伽作品的百分之九十，盧愣伽堪稱羅漢畫家。（南宋）鄧椿《畫繼》卷八也提到私家藏有盧愣伽的《十六羅漢圖》。又，（唐）段成式《寺塔記》卷上「大同坊靈華寺」條記載：「佛殿西廊立高僧一十六身，天寶初自南內移來。」這組十六羅漢像有可能是畫史上見於記載的最早的十六羅漢塑像。盛唐起，十六羅漢圖盛行於畫壇，成為畫壇的一大題材。後來又出現了十八羅漢圖、五百羅漢圖，諸書記載甚豐，茲不贅言。[2]順便說一句，在吐魯番木頭溝發現的有「第二尊師迦諾迦」題名的唐代絹本羅漢像可能是現存最早的有題記的羅漢圖。[3]

敦煌西千佛洞第十九窟堪稱羅漢堂，該窟坐北向南，開鑿於五代，主室北壁龕內繪塑結合表示佛說法；龕外兩側及東、西壁繪羅漢像四層，現存一百六十四身，東、西壁下方泥臺上塑十六羅漢像，殘存十三身。壁畫中的眾多羅漢布局規整劃一，表示塑像中的羅漢眷屬。

敦煌壁畫中的十六羅漢圖不多，據筆者所知，共存三鋪：莫高窟沙州回鶻第九七窟、元代第九五窟（殘存 11 身），榆林窟沙州回鶻第三九窟（殘存 5 身）。值得注意的是，第九六窟主尊高三十五米，是莫高窟最高的塑像，第九七窟與第九五窟緊鄰此窟南北側。《法住記》記載十六羅漢在各種集會時「分散往赴」「密受供具，令諸施主得勝果報」，把十六羅漢繪在信徒到莫高窟燒香供奉必至之窟的側窟中，或許是有一定考慮的（此說不能肯定，因為第九七窟十六羅漢的時代相當於宋代，而第九五窟為元代洞窟）。

莫高窟第九五窟、西千佛洞第一九窟和榆林窟第三九窟的羅漢圖

---

2 關於十八羅漢的最早記錄，筆者所知的資料是《全唐文》卷三一九李華《杭州餘姚縣龍泉寺故大律師碑》，記載僧道一（679–754）「天寶十三年春，忽灑飾道場，端理經論，惟銅瓶、錫杖留置左右。具見五天大德、十八羅漢，幡蓋迎引，請與俱西。二月八日，恬然化滅。報齡七十六，僧臘五十七。」

3 日本國華社《西域考古圖譜》第 46 圖，1915 年（此據 1999 年學苑出版社版）。百橋明穗《十六羅漢圖之源流及其譜系》插圖第 2 幅，日本國際交流美術史研究會第 10 次國際學術會議論文集《對立與交流——東洋美術史的西與東》，1992 年 3 月版。收入百橋明穗《東瀛、西域：百橋明穗美術史論文集》，上海書畫出版社 2013 年版。

均無榜題，莫高窟第九七窟的十六羅漢圖有榜題，現存若干。每條榜題前半部分是羅漢簡介，內容出自《法住記》，後半部分為七言讚頌，共八句。

檢閱敦煌遺書，發現 S.1589v（下稱 S 本）、P.3504v（下稱 P 本）、BD07650 背（皇 50 號，北 0838v，下稱皇本）、BD08227 背（服 27 號，北 0839v，下稱服本）、S.2937 是十六羅漢壁畫榜題底稿，其中前面四件與第九七窟榜題相同，但分別只抄錄第七、第五、第二、第一羅漢榜題（見表 1），均未抄全。抄錄的諸榜題也頗凌亂：S 本先抄第六，次抄第一至第五，後緊接抄第八尊羅漢榜題。末尾又雜寫六行，內容為十齋中的一七、二七、三七、百日、一年、三年諸王名字和《詠婆羅門曲子》一首；P 本開頭信手寫「南無東方」一行，「二十二日，和禪永昌大大本司」一行。第五羅漢榜題僅抄一半而止；服本所抄的第八、十一羅漢榜題相接，前、中、後羅漢榜題缺。

《法住記》云第七羅漢迦理迦住僧伽荼洲，第八羅漢伐闍羅弗多羅住鉢剌拿洲。服本和 S 本均作「僧伽荼洲第八尊者伐闍羅弗多羅大阿羅漢與自眷屬千百阿羅漢」等，洲名與第七羅漢相混；而第九七窟第七羅漢榜題的第一行為「□□拿洲第□尊者（本行下缺）」，第八羅漢榜題的第一行為「僧伽荼（本行下缺）。三相對照，知均出於一底本。敦煌遺書中的四件十六羅漢榜題有較多的錯字、倒字、衍字、塗改字。

表 1　敦煌十六羅漢榜題統計表

	1	2	3	4	5	6	7	8	9	10	11	12	13	14	15	16	正面寫經
S 本	○	○	○	○	○	○		○									妙法蓮華經
P 本	○	○	○	○	△												金光明最勝王經

續表

	1	2	3	4	5	6	7	8	9	10	11	12	13	14	15	16	正面寫經
服本								○			○						十方千五百佛名經
皇本														○			十方千五百佛名經
97 窟	○	○	○	△	△	△	△	△	○	△	○	△	△	△	△		

注：○表示完整，△表示殘。

從上述情況看，敦煌遺書中的十六羅漢榜題與第九七窟有密切關係，並且，P 本第二、三、四、五尊羅漢榜題的第一句的地名下劃一間隔線，表示另一章節。[4]第一、二、三、四、五羅漢榜題中，有數處圓圈（見表 2），圓圈是敦煌遺書中常見的標點符號，在這裡，圓圈不是依文句而圈。P 本第一羅漢題中，共有三個圓圈，每十三個字為一個單位（第 3 個圓圈在第 12 個字下，考慮「佛」字前有一敬空號可算為 13 個字），壁畫上每行十二個字，故略有改動。所以，它們應是設計壁畫榜題時所作的標記。

表 2　P 本標點符號與第九七窟榜題對照表

P 本	九七窟有關榜題
1. 西瞿陀尼洲第一尊者賓度羅跋◯羅墮闍大阿羅 2. 漢與自眷屬一千◯阿羅漢敬奉佛敕不人涅槃久◯住世 3. 間作大利益頌曰……	1. 西翟陀尼洲第一尊者賓度羅 2. 跋羅墮闍大阿羅漢與自眷屬 3. 一千阿羅漢敬奉　佛敕不人 4. 涅槃作大利益　頌曰
1. 迦濕彌羅國第二尊者迦諾◯迦大阿羅漢與自眷屬五 2. 百阿羅漢敬奉佛敕不人涅槃久住世間作大利益	1. 迦濕彌羅國第二尊者迦諾迦 2. 大阿羅漢與自眷屬五百阿羅 3. 漢等敬奉　佛敕……

4　關於敦煌遺書中的標點符號的使用，請參閱李正宇《敦煌遺書中的標點符號》，《文史知識》1989 年第 8 期。

續表

P本	九七窟有關榜題
東胖身洲第三尊者……	東勝身洲第三尊者……
1. 北俱盧洲第四尊者蘇頻陀大阿〇羅漢與自眷屬 2. 七百阿羅漢敬奉佛敕不人涅槃久住世間作大利益	1. 北俱盧洲第□尊者蘇頻□□ 2. 阿羅漢與自眷屬七百阿羅漢 3. 敬奉佛敕……
1. 南贍部洲第五尊者諾矩〇羅大阿羅漢與自眷屬 2. 八百阿羅漢敬奉佛敕……	1. 南贍部洲第五尊者諾矩羅大阿 2. 羅漢與自眷屬八百阿羅漢等

服本、皇本正面寫經的紙張、行文都一樣，且是同一部經。服本、皇本所抄的十六羅漢榜題可能是同時抄的一個本子。S本和P本則各是一個本子，因為它們均有第一至第五尊羅漢榜題。S本背面尚有一半空白，P本空白更多，約空三分之二，服本寫滿，皇本僅抄八行，空四分之三左右。這四個寫本均未抄全全部十六羅漢的榜題，當都不是第九七窟榜題的正式底稿，應是壁畫榜題書寫手練習用的。正面寫經至此時已不流通，所以書寫手隨意拿來練筆。關於藏經洞藏物性質，方廣錩先生認為「敦煌遺書最初不過是僧人們的廢棄物」「佛教寺院之所以保存它們，是為了利用這些紙張另抄東西。」[5]此四件寫本也說明了這一點。

二　第九七窟《十六羅漢圖》榜題校錄

莫高窟第九七窟主室平面方形，長和寬均為三點一米。該窟原為唐窟，我們還可以從南壁第十四羅漢圖及其他壁面看到薄層下的唐畫痕跡，但現存表層壁畫均為沙州回鶻作品。十六羅漢繪滿北、東、南

5　方廣錩：《佛教典籍百問》，今日中國出版社1989年版，第114頁。

三壁（見圖 1）。

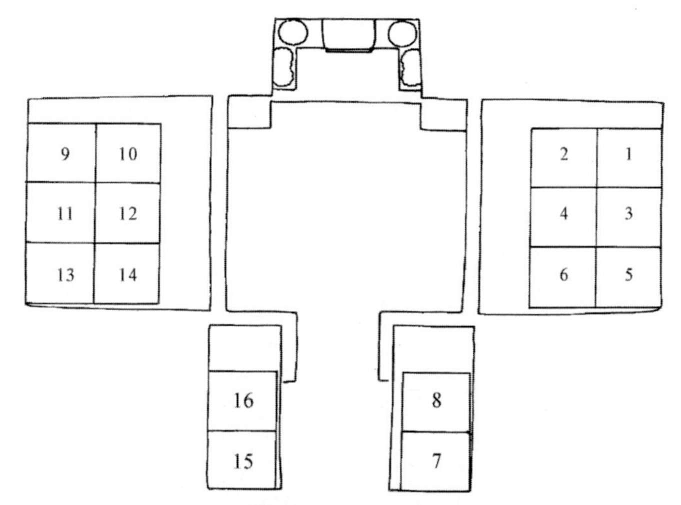

▲ 圖 1　九七窟《十六羅漢圖》分布示意圖

學術界對第九七窟現存壁畫的時代有著不同的看法。劉玉權先生早年在《敦煌莫高窟、安西榆林窟西夏洞窟分期》一文中將莫高窟西夏洞窟分為三期：莫高窟第一組、第二組、榆林窟第一組為西夏第一期；莫高窟第三組、榆林窟第二組為西夏第二期；榆林窟第三組為西夏第三期，莫高窟沒有西夏第三期洞窟。第九七窟歸於第二期，「大約相當於西夏歷史的中期。」[6]後來又在《關於沙州回鶻洞窟的劃分》一文中將沙州回鶻洞窟分為前後兩期，第九七窟劃入沙州回鶻後期，這期洞窟的時代為「十一世紀後半期至十二世紀初（約 1070 至 1127 年間）」。[7]但筆者認為最終判定第九七窟及其沙州回鶻洞窟的年代，尚需利用敦煌遺書資料和該窟中的供養人資料，容後討論。敦煌遺書和壁

6　敦煌文物研究所編：《敦煌研究文集》，甘肅人民出版社 1982 年版，第 316 頁。

7　敦煌研究院編：《1987 年敦煌石窟國際討論會文集・石窟考古編》，遼寧美術出版社 1990 年版，第 24 頁。

畫中的《十六羅漢圖》榜題，不只是在佛教史和文學史上有一定的參考價值，而且對深入探討敦煌遺書的入藏、藏經洞的封閉、沙州回鶻的佛教信仰等問題都將有所幫助。故茲用第九七窟榜題作底本，參以敦煌遺書中的有關寫本和《法住記》等資料，整理出一個盡可能完整的校錄本，供大家參考。

▲ 圖2　第一羅漢

第一羅漢

畫面高八十二釐米、寬八十五釐米。榜題在畫面的右上角，高三十七釐米、寬二十五釐米。自左向右書，直書八行（其他各幅羅漢圖的畫榜題的大小、行數、字數大致相同，也是自左向右書寫，不再注明）。羅漢老者形像，雙手合十，正面結跏趺坐於岩石上，岩石周圍波濤滾滾，身旁的岩石上置一花瓶，放出三道光。羅漢前側面有一個從水中湧出，捧盤進獻二摩尼寶珠（圖 2）。此人或即蘇軾《十八大阿羅漢頌》中的「有神人湧出於地，捧盤獻寶」之神人。[8]榜題：

1. 西瞿陀尼洲第一尊者賓度羅
2. 跋羅墮闍大阿羅漢與自眷屬
3. 一千阿羅漢等①，敬奉　佛敕②，不入
4. 涅槃，作大利益③。　頌曰：
5.唯願④不忘如來敕，愍赴郡生⑤勸請心。
6.暫與哀念出諸禪，遠降慈悲來此會。
7.依佛昔時大願力⑥，濟度今朝供養心。
8.攜提⑦九品至涅槃，早⑧證菩提清淨果。⑨

注：

①S 本、P 本均無「等」字。

②S 本「敬佛奉敕」，誤。壁畫中「佛」字前空格示敬，敦煌遺書諸本「佛」字前不空格。

③S 本、P 本「作大利益」前均有「久住世間」四字，是。

④S 本作「惟願」，P 本作「情願」，P 本誤。

⑤S 本、P 本均作「群生」，是。

⑥S 本作「於願力」，P 本作「悲願力」。

⑦S 本、P 本均作「提攜」，是。

⑧P 本此字前尚有一「早」字，又塗去。

⑨S 本、P 本此下還有四句：「又頌曰（S 本無「又頌曰」三字）：

8　《蘇軾文集》卷二〇，中華書局 1986 年版，第 589 頁。

松岩隱跡經千劫，苔壁棲真廓（S 本作「廊」，誤）四維。現身應供福人天，密縱威神周法界。」

第二羅漢

羅漢側身坐於岩石，左手手勢、持物不明，右手屈肘前伸，大拇指與中指相捻掌，心向上。前方蜷伏一虎。榜題：（圖 3）

1. 迦濕彌羅國第二尊者迦諾迦
2. 大阿羅漢與自眷屬五百阿羅
3. 漢等①，敬奉　佛敕，不入涅槃，久
4. 住世間，作大利益。　頌曰：
5. 慈悲海內無阿黨，解脫門中絕愛憎。
6. 隨機赴感運神通，如響應聲來救度。
7. 一住香花②充供養，千生業障願消滅。
8. 我人山碎息貪嗔③，誓願聖賢為眷屬

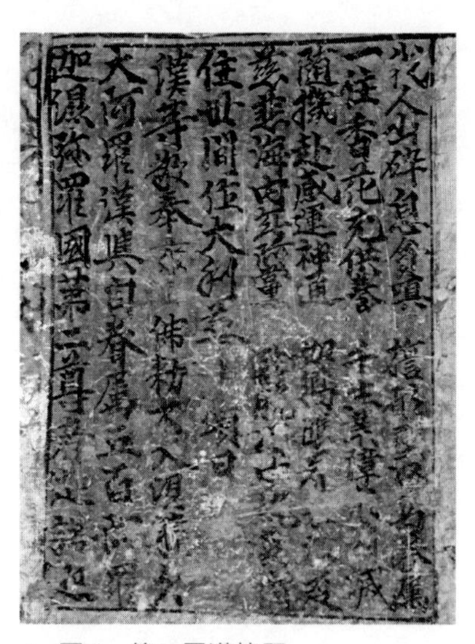

▲ 圖3　第二羅漢榜題

注：

①S 本、P 本無「等」字。

②S 本、P 本均作「一炷香燈」，是。

③S 本、P 本均作「貪瞋」，誤。

第三羅漢

羅漢側身結跏趺坐（跪？）於岩石，鼻高眼凹，袒露背部，脊骨嶙峋。左手撫膝，右手執扇，置身後扇背。本窟十六羅漢以此羅漢梵相胡貌最甚。下方河畔有二鹿，一鹿低頭飲水，一鹿提腳回首探望，頗機警。河岸稍遠處有一缽，正放光（不知何意）。榜題：

1. 東勝身洲第三尊者跋釐墮闍
2. 大阿羅漢與自眷屬一千阿羅漢①
3. 等②，敬奉，不入涅槃，久住
4. 世間，作大利益。頌曰：
5. 慈悲廣大隨機化，受諸③三千世界中。
6. 眾生三業若歸依，尊者六通隨鑑照。
7. 香雲起處災消散，磬韻④收時福漸生。
8. 欲將歸敬勝因緣，得大⑤涅槃清淨會。

注：

①S本、P本、《法住記》均作「六百羅漢」，是。

②S本、P本無「等」字。

③P本作「受請」，是。S本與第九七窟誤。

④S本作「磬韶」，是。P本作「磬韻」。

⑤S本、P本作「得入」，是。

第四羅漢

羅漢五官經後代重描，畫面漫漶。榜題：

1. 北俱盧洲第□尊者蘇頻□□
2. 阿羅漢與自眷屬七百阿□□
3. 等①，敬奉　□□，不入涅槃，久

4. 住世間，作大利益。頌曰：
5. 我聞昔奉如□□，不令□火□□□。
6. 垂形六道度眾生，游□十□□群品。
7. 我今各辦香□供，□□□隨喜心。
8. □徒振錫降筵斯②，使我生生罪消滅。

注：

①S本、P本無「等」字。

②S本、P本均作「斯筵」，是。

附S本、P本錄文：「北俱盧洲第四尊者蘇頻陀大阿羅漢與自眷屬七百阿羅漢，敬奉佛敕，不入涅槃，久住世間，作大利益。頌曰：我聞昔奉如來敕，不令化火以焚身。垂形六道度眾生，游涉（P本寫作「度」，旁又添寫「涉」字）十方濟群品。我今各辦香花供，尊者潛生隨喜心。擁徒振錫降斯筵，使我生生罪消滅。」

第五羅漢

羅漢坐於岩石，左手持麈尾，右手胸前托鉢。前方一女童捧盤獻花。榜題：

1. 南贍①部洲第五尊者諾矩羅大阿
2. 羅漢與自眷屬八百阿羅漢等②，
3. 敬奉　佛敕，不入涅槃，久住□
4. □，作大利益。　頌曰③：
5. □提河畔佛將滅，故流④尊者住□間。
6. 棲禪雖則住山林，行化每常隨處□。
7. 松岩隱跡經千劫，苔壁□真廓四□。

8. 現身應供人天福，密縱威神□法□。⑤

注：

①S本作「瞻」，P本作「瞻」，均誤。《法住記》作「贍」。

②S本、P本無「等」字。

③S本無此兩字。

④S本、P本作「留」，是。

⑤自「松岩隱跡」起四句不同於S本、P本。此四句見第一羅漢注9中。

附S本、P本錄文：「南瞻（P本作「瞻」）部洲第五尊者諾矩羅大阿羅漢與自眷屬八百阿羅漢，敬奉佛敕，不入涅槃，久住世間，作大利益。頌日（S本無此兩字）：跋提河畔佛將滅，故留尊者住人間。（P本無後文）棲禪雖則住山林，行化每常隨處所。儻能虔肅求加護，必降慈悲賜愍傷。哀憐攝授（當為「受」字）此時心，願我生生枯業海。」

第六羅漢

羅漢坐岩石上，五官經後代重描。左手橫於腿上，右手曲肘上舉，作說法姿。前方一男童捧花（注意：前一羅漢是女童捧盤獻花）。榜題：

1. □沒羅□第□尊者跋陀羅大
2. 阿羅漢□自眷屬九□阿羅漢□
3. ……佛敕，不入涅槃，久住
4. 世間，作大利□。頌曰：
5. 如來既向□□滅，□聞化□盡焚身。①

6. 象王既□□子墜，□王歸□住子從。
7. 唯□尊者常居世，為救眾生出苦輪。
8. □今……，□降威光隨赴會②。

注：

①S本作「燒身」，欠妥。

②S本作「垂赴會」。

附：S本錄文：「耽沒羅洲第六尊者跋陀羅大阿羅漢與自眷屬九百阿羅漢，敬奉佛敕，不入涅槃，久住世間，作大利益。頌曰：如來既向雙林滅，聲聞化火盡燒（焚）身。象王既去象子墜，住王歸源住子從。唯流（留）尊者常居世，為救眾生出苦輪。我今潔志欲歸依，願降威光垂（隨）赴會。」

第七羅漢

羅漢籠袖結跏趺坐於岩石上，背景為高山。榜題：

1. □□拿洲①第□尊者……
2. ……屬千阿羅漢
3. ……久
4. ……頌曰：
5. □□住世常行化……親。
6. □□智□□倫□……同法界。
7. 慈憐救護心。
8. ……依，誓入聖賢清淨會。

注：

① 據《法住記》,「□□拿洲」為缽剌拿洲。《大唐西域記》卷一一有「伐剌拿國」。

第八羅漢

畫面極殘,榜題:

1. 僧伽荼……
2. □□阿羅……
3. 羅漢□,敬奉　佛敕,不入……
4. 住世界,作大……
5. 我知尊……
6. □□不……福……
7. ……祈……望□□
8. 身三口四□消除,永侍瓶盂□□□。

附:S 本、服本錄文:「僧伽荼洲(按:僧伽荼洲是第七羅漢道場,此應為缽剌拿洲,由此可知 S 本、服本的底本相同)第八尊者伐闍羅弗多羅大阿羅漢與自眷屬千百阿羅漢,敬奉佛敕,不入涅槃,久住世間,作大(S 本作「大作」,誤)利益。頌曰:我知尊者常居世,處處垂恩度有情。業深不得面慈尊,薄福無由窮禮足。圖形數數祈明鑑,設供被肝望照知。」S 本下面還有:身三口四並消除,永侍瓶盂離煩惱。」

第九羅漢(圖 4)

位於南壁最西側上層。羅漢善跏坐(倚坐)於岩石,雙手柱一杖。前方有一僧合掌望之。頗類蘇軾《十八大阿羅漢頌》中的「倚杖垂足側坐」之第十三羅漢。榜題:

1. 香醉山中第九尊者戍博迦大
2. 阿羅漢自與①眷屬九百阿羅漢
3. 等，敬奉　佛敕，不入涅槃，久住
4. 世間，作大利益。頌曰：
5. 佛為四弘悲願力，臨滅猶哀救世人。
6. 敕諸羅漢住諸方，化苦②眾生超苦海。
7. 我今發露歸依願，眾會咸生虔仰心。
8. 慈悲不替賜提攜，永舍喧煩生死路。

注：

① 旁又打一倒乙號「∾」。

② 「化苦」，似不通，疑為「化度」。

▲ 圖4　第九羅漢

第十羅漢

羅漢善跏而坐，左手順放於膝上，右手情況不明。榜題：

1. 三十三天第十尊者半□迦大阿羅
2. 漢與自眷屬千二百①阿羅漢等，敬
3. 奉　佛敕，不入涅槃，久住世間，
4. 作大利益。頌曰：
5. 佛悲五濁諸□□，臨□猶□□念心。
6. 敕諸尊者化□□，□□□生□惡道。
7. 本為悲心□廣□，□□勸化□□邊。
8. □□□□應□門，唯……

注：

①《法住記》作「千三百」。

第十一羅漢

羅漢結跏趺坐於岩石上，雙手握一淨瓶（合掌？），下方置僧鞋。一長者頭頂束髻，束帶繞頜（第409窟主室東壁南側所有沙州回鶻供養人均有束帶繞頜），持果（花？）盤跪對之。榜題：

1. 畢利揚瞿洲第十一尊者羅怙羅①大②
2. 阿羅漢與自眷屬千百阿羅漢
3. 等③，敬奉　佛敕，不入涅槃，久
4. 住世間，作大利益。頌曰：
5. 如來悲濟多方便，勸誘④諸尊住世間。
6. 誓依慈教每遊方，示顯同凡誰得□⑤。

7. 自嘆多生業障厚，堪悲此界薄因緣。

8. 濟心俱禮大悲容，唯願威神密⑥加護。

注：

① 服本作「羅護羅」，《法住記》作「囉怙羅」（《卐正藏經》本作「羅怙羅」）。

② 服本衍一「大」字。

③ 服本無「等」字。

④ 服本作「勸請」。

⑤ 服本作「遇」。

⑥ 服本作「蜜」，誤。

第十二羅漢

羅漢坐於岩石，左手持經，右手及畫面下方均漫漶。榜題：

1. 半度波山中第十二尊者……

2. 那大阿羅漢與自眷屬千二百阿

3. 羅漢等，敬奉　佛……

4. 住世間，作大利益。頌曰：

5. 佛憐我等同……

6. 慈心廣大

7. □□人□常……

8. □□□禱……

第十三羅漢

羅漢結跏趺坐岩石，雙手捧經卷。前方岩上置一供器。榜題：

1. 廣脅山中第十三尊者□揭陀
2. 大阿羅漢與自眷屬……
3. 羅漢□。□奉　佛敕，不入涅槃，
4. 久住世間，作□□益。頌曰：
5. 卜時擇日陳化會，禱意傾心□問路。
6. 寶香薰處影雲位，玉磬韻時金□□
7. 真心啟告希玄鑑……
8. 願從今日奉慈顏，早入身為清淨會。

第十四羅漢

畫面極殘。榜題：

1. 可住山中……
2. □大阿……千……
3. 羅漢……
4. 住世間，作……
5. □□□善□遺法，□奉慈□應耳□。
6. □□□□眾聖賢，唯願降慈喜攝受。
7. ……寶……珠翻。
8. ……業……岸。

附：皇本錄文：「可住山中第十四尊者伐那婆斯大阿羅漢與自眷屬千四百阿羅漢，敬奉佛敕，不入涅槃，久住世間，作大利益。頌曰：宿親行善生遺法，得奉慈言應耳口。今欲歸依眾聖賢，唯願降慈喜攝授（第97窟作「受」，是）。已覺彩雲位寶座，潛生瑞氣觸雲翻。因慈業障得消除，執手牽衣登彼岸。」

第十五羅漢

羅漢結跏趺坐於岩石上，雙手疊壓，掌心向上，作禪定狀。榜題：

1. 鷲峰山中第十五尊者阿氏多大
2. 阿羅漢□□眷屬千五百阿羅
3. 漢等，敬□□佛敕，不入涅槃，久
4. □□間，作大利□。頌曰：
5. ……，經踵傳燈化大千。
6. ……，秉……
7. ……，縱……
8. ……。

第十六羅漢

畫面毀失殆盡，榜題不存。S 本、P 本第五尊羅漢頌中的「儻能虔肅求加護，必降慈悲賜愍傷。哀憐攝受此時心，願我生生枯業海。」四句，與第九七窟第 1–15 尊羅漢頌不符，可能屬於「又頌曰」也有可能即是第十六羅漢的榜題。

三　敦煌壁畫《十六羅漢》榜題簡析

前文提到，敦煌壁畫《十六羅漢圖》榜題的前半部分為各羅漢簡介，內容完全出於《法住記》。現在再分析一下後半部分的七言八句讚頌。讚頌的內容基本上可分為兩部分：

1. 根據《法住記》內容而改編成的讚頌，如「隨機赴感運神通，如響應聲來救度」「唯留尊者常居世，為救眾生出苦輪」「我聞昔奉如來敕，不令化火以焚身。垂形六道度眾生，游涉十方濟群品」等等。

2. 作者或唸誦者對羅漢的讚頌，如「我今各辦香花供，尊者潛生隨喜心。擁徒振錫降斯筵，使我生生罪消滅」「我今潔志欲歸依，願降威光隨赴會」「我今發誓歸依願，眾會咸生虔仰心」「願從今日奉慈顏，早入身為清淨會」「今欲歸依眾聖賢，唯願降慈喜攝受」等等。從「欲歸依」等讚頌中可以推測出作者不是僧人，而是俗家弟子。文中用詞通俗淺明，頻繁使用「我今」「今日」等詞，可見讚頌部分不出於名家之手，作者文學素質並不高。

與釋迦十大弟子各有特長的情況不同，十六羅漢均只起在各方護持佛法的作用。至於每一個羅漢有什麼特長，《法住記》未提及。這似乎有些缺憾，所以後來中國人想出渡海羅漢、降龍羅漢、伏虎羅漢等，就像把觀音取名為水月觀音、楊柳觀音等各種名字一樣，這是很有趣味的現象。另外，敦煌壁畫《十六羅漢圖》每一榜題的讚頌，並不與某一特定的羅漢對應，可互相通用，如第九七窟的第五羅漢的榜題與S本、P本中的第五羅漢榜題就不完全相同。再請比較蘇軾《羅漢贊十六首》中的第一羅漢贊與《自南海歸過清遠峽寶林敬贊禪月所畫十八大阿羅漢》中的第三羅漢贊：「第一尊者。正坐斂眉，扼腕立拂。問此大士，為言為默。默如雷霆，言為牆壁。非言非默，百祖是式。」「第三迦諾迦跋梨隨暗（按：《四庫全書》本、中華書局本《蘇軾文集》及《蘇軾全集》均作「隨暗」，誤，應為「墮闍」）尊者。揚眉注目，撫膝橫拂。問此大士，為言為默。默如雷霆，言為牆壁。非言非默，百祖是式。」[9]

9 《蘇軾文集》卷二二，中華書局1986年版，第624、627頁。

繪《十六羅漢圖》有兩個目的，一是作為藝術題材，二是出於宗教信仰。敦煌壁畫《十六羅漢圖》從分布位置、榜題內容上看，屬於後者。榜題不像蘇軾等人見了《十六羅漢圖》而作的讚頌，而是繪製時就寫有這些讚頌的：「圖形數數祈明鑑設供披肝望照知。」

第九七窟《十六羅漢圖》畫面與藝術風格既不同於較早的西千佛洞第一九窟十六羅漢畫塑作品，也不同於莫高窟元代第九五窟《十六羅漢圖》，又有別於同時代的榆林窟第三九窟《十六羅漢圖》。它的畫樣是出於敦煌本地（如歸義軍曹氏政權有畫院組織，沙州回鶻、西夏等政權亦應擁有一批畫工），還是出於中原？目前尚未找到肯定的答案，筆者認為後者的可能性要大些，請看下表：

第九七窟《十六羅漢圖》與中原貫休、張玄的《十六羅漢圖》比較

（貫休《十六羅漢圖》用日本藏本，[10]表中七言頌未注明出處者均出於歐陽炯《禪月大師應夢羅漢歌》；[11]張玄《十六羅漢圖》參考蘇軾《十八大阿羅漢頌》的描述。）

九七窟羅漢像	貫休、張玄畫的羅漢像
第一羅漢前側面有一人從水（地？）中出，捧盤進獻二摩尼寶珠。	張玄本：「第八尊者，並膝而坐，加肘其上。侍者汲水過前。有神人湧出於地，捧盤進寶。」

10 此用日本宮崎法子《清涼寺十六羅漢像在宋代佛畫史上的地位》一文中的附圖。《東方學報》第58冊，京都大學人文科學研究所1986年版。

11 黃休復《益州名畫錄》卷下。

12 《中國曆代名畫集》前篇上卷，第5圖，人民美術出版社1959年版。

13 《蘇軾文集》卷一二，中華書局1986年版，第394頁。

續表

九七窟羅漢像	貫休、張玄畫的羅漢像
第二羅漢前面蜷伏一虎。	北京故宮博物院藏一幅五代羅漢圖，羅漢右手撫一虎。[12] 蘇軾一〇八一年見一羅漢塑像，「左龍右虎，儀制甚古，蓋第五尊者也。」[13] 張玄本：「第十三尊者，倚杖垂足側坐，侍者捧函而立，有虎過前，有童子怖匿而竊窺之。」
第三羅漢執扇扇背，脊背袒露，瘦骨嶙峋。	貫休本：「真僧列坐連跏趺，形如瘦鶴精神健，骨似伏犀頭骨粗。」貫休本第九、第十羅漢執扇。
第五羅漢左手執麈尾，女童捧盤獻花。榜題中有「松岩隱跡經千劫，苔壁棲真廓四維。」	張玄本：「第十八尊者，植拂支頤，瞪目而坐，下有二童子，破石榴以獻。」 貫休本：『一倚松根傍岩縫……苔蘚文中最深翠。」
第六羅漢舉右手作說法狀。男童捧盤獻花。	貫休《十六羅漢圖》第十一羅漢舉右手說法。
第七羅漢籠袖禪定。	貫休《十六羅漢圖》第十四羅漢籠袖禪定。 張玄本：「第十五尊者，鬚眉皆白，袖手趺坐。」
第九羅漢雙手拄杖，前方一僧合掌望之。	貫休《十六羅漢圖》第一、二、五羅漢均執杖。張玄本：「第十三尊者，倚杖垂足側坐。」
第十二、十三羅漢執經、經卷。	貫休本第十、十三羅漢執經、經卷，「繩關梵兩三片」；張玄本：「第十尊者，執經正坐。」
第十五羅漢結禪定印。	張玄本：「第十二尊者，正坐人定枯林中」，「身定復疑初坐禪」。

從畫史上看，唐宋時的《十六羅漢圖》主要有兩種風格。其一可以貫休作品為代表：「世之畫羅漢者，多取奇怪，至貫休則脫略世間骨相，奇怪益甚。」[14]五代石恪曾畫羅漢，他的畫風「縱逸不守繩墨……

14 《宣和畫譜》卷三。

好畫古僻人物，詭形殊狀。格雖高古，意務新奇，故不能不近乎譎怪。」[15]其二可以張玄作品為代表：『（張玄）善畫釋氏。尤以羅漢得名……元（即張玄）所畫，得其世態之相，故天下知有金水張元羅漢也。」[16]張玄在四川以畫羅漢為職業，「荊、湖、淮、浙（諸道），令人人蜀縱價收市，將歸本道」[17]。由此可見，他的作品具有商品畫性質。第九七窟的羅漢大都是世間普通高僧、比丘形像，即呈「世態之相」，有的與同時代的第三一〇窟南北壁說法圖中的弟子極為相同。考慮到五代、宋時敦煌與中原關係（特別是與四川關係）密切，[18]敦煌壁畫十六羅漢榜題的作者是文化素質不高的俗家人，畫面與張玄有相似等原因，第九七窟《十六羅漢圖》很可能是依據張玄的畫本而繪製的。

（原標題《敦煌壁畫〈十六羅漢圖〉榜題研究》，刊於《敦煌研究》1993 年第 1 期）

---

15 《宣和畫譜》卷七。

16 《宣和畫譜》卷三。

17 黃休復《益州名畫錄》卷中。

18 參閱陳祚龍《中世敦煌與成都之間的交通路線》，香港敦煌學會《敦煌學》第一輯，1974 年。饒宗頤《敦煌白畫》第 2 冊《敦煌畫風與益州》一節，法國，1978 年，*Peintues Monochrones de Dunhuang*, Elcole Francaise Dextreme-orient。

《水月觀音經》與水月觀音像

水月觀音是佛教三十三觀音之一。三十三觀音是指楊柳觀音、龍頭觀音、持經觀音、圓光觀音、遊戲觀音、白衣觀音、蓮臥觀音、瀧見觀音、施藥觀音、魚籃觀音、德王觀音、水月觀音、一葉觀音、青頸觀音、威德觀音、延命觀音、眾寶觀音、岩戶觀音、能靜觀音、阿耨觀音、阿麼提觀音、葉衣觀音、琉璃觀音、多羅尊觀音、蛤蜊觀音、六時觀音、普慈觀音、馬郎婦觀音、合掌觀音、一如觀音、不二觀音、持蓮觀音、灑水觀音，其中只有白衣、葉衣、青頸、延命、多羅尊、阿麼提等少數幾個觀音見諸漢譯密教經典，餘為中國、日本和朝鮮在唐及以後民間流傳、信奉的觀音，沒有經典依據。[1]如馬郎婦觀音就是唐朝元和十二年（817）觀音在陝右的化身，以後就列為三十三觀音之一，（元）覺岸《釋氏稽古略》卷三記載：「馬郎婦，觀世音也。元和十二年，菩薩大慈悲力欲化陝右，示現為美女子，乃之其所。人

1 丁福保《佛學大辭典》「三十三觀音」條，文物出版社 1984 年版，第 140 頁。三十三觀音名稱來源於日本江戶時代木刻本《佛像圖匯》，於君方《觀音——菩薩中國化的演變》第一章注解 15 有介紹，法鼓文化事業股份有限公司 2009 年版，第 551–552 頁。

見其姿貌風韻，欲求為配。女曰：『我亦欲有歸，但一夕能誦《普門品》者事之。』黎明徹誦者二十輩。女曰：『女子一身豈能配眾？可誦《金剛經》。』至旦通者猶十數人。女復不然，其請更授以《法華經》七卷，約三日通。至期，獨馬氏子能通經，女令具禮成姻，馬氏迎之。女曰：『適體中不佳，俟少安相見。』客未散而女死，乃即壞爛。葬之數日，有老僧仗錫謁馬氏，問女所由，馬氏引之葬所。僧以錫撥之，屍已化，唯黃金鎖子之骨存焉。僧錫挑骨謂眾曰：『此聖者憫汝等障重，故垂方便化汝耳，宜善思因，免墮苦海。』語已飛空而去。自此陝右奉佛者眾。」水月觀音不見佛經記載，丁福保《佛學大辭典》「水月觀音」條解釋是「世間所繪觀水中月之觀音，謂之水月觀音」[2]。

一　敦煌本《水月觀音經》

佛教典籍中均不見《水月觀音經》的記載，但敦煌遺書 P.2055 有五代末翟奉達為亡妻馬氏追福而抄寫「《水月觀音經》一卷」的記錄，此《水月觀音經》寫卷為二七齋寫經，今藏天津藝術博物館，館藏號 4532 號，保存完整。

顯德五年（958）敦煌名人翟奉達妻馬氏亡，翟奉達從一七到七七、百日、一年、三年，各寫經一卷，共十部經，均保存至今，其中一七、二七、三七、四七寫經今存天津藝術博物館（津 4532 號）；五七、六七、七七寫經今存中國國家圖書館，館藏號 BD04544（岡 44 號、北 8259 號）；百日、週年、三年寫經今存法國（P.2055）。其中三年齋所寫《善惡因果經》後的題記是：

2　丁福保：《佛學大辭典》「水月觀音」條，文物出版社 1984 年版，第 345 頁。

弟子朝議郎檢校尚書工部員外郎翟奉達為亡過妻馬氏追福，每齋寫經一卷，標題如是：

第一七齋寫《無常經》一卷

第二七齋寫《水月觀音經》一卷

第三七齋寫《咒魅經》一卷

第四七齋寫《天請問經》一卷

第五七齋寫《閻羅經》一卷

第六七齋寫《護諸童子經》一卷

第七齋寫《多心經》一卷

百日齋寫《盂蘭盆經》一卷

一年齋寫《佛母經》一卷

三年齋寫《善惡因果經》一卷

右件寫經功德，為亡過馬氏追福。奉請龍天八部、救苦觀世音菩薩、地藏菩薩、四大天王、八大金剛，以作證盟（明）一一領受福田，往生樂處，遇善知識，一心供養。[3]（圖 1）

對於這組寫經的寫者，也有翟奉達、翟奉達之子、翟奉達與其子合寫等不同看法。從各經的題記看，亡者、馬氏是一個人。但五七齋寫《閻羅王授記經》題記是「四月五日五七

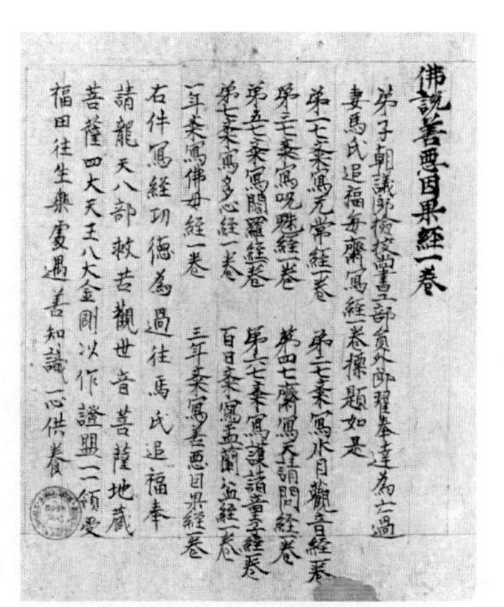
佛說善惡因果經一卷
弟子朝議郎檢校尚書工部員外郎翟奉達為亡過
妻馬氏追福每齋寫經一卷標題如是
第一七齋寫無常經一卷　第二七齋寫水月觀音經一卷
第三七齋寫咒魅經一卷　第四七齋寫天請問經一卷
第五七齋寫閻羅經一卷　第六七齋寫護諸童子經一卷
第七齋寫多心經一卷　百日齋寫盂蘭盆經一卷
一年齋寫佛母經一卷　三年齋寫善惡因果經一卷
右件寫經功德為過往馬氏追福奉
請龍天八部救苦觀世音菩薩地藏
菩薩四大天王八大金剛以作證盟一一領受
福田往生樂處遇善知識一心供養

▲ 圖 1　P.2055 寫經題記

3　關於這些寫本的關係參閱：文初（顏廷亮）:《讀敦煌卷子札記二則》《再談京藏岡字 44 號寫卷的抄寫者》，分別刊於《敦煌語言文學研究通訊》1990 年第 2–3 期合刊、1991 年第 1–2 期合刊；高國藩：《敦煌古俗與民俗流變》，河海大學出版社 1987 年版，第 321–328 頁。

齋寫此經，以（與）阿娘馬氏追福，閻羅之子以作證明，領受寫經功德，生於樂處者也」。因此馬氏與翟奉達的關系似乎是母子關係。筆者認為，從一七齋至週年齋這九個齋所寫經的題記均稱馬氏為「家母」「阿娘」「馬氏」等情況看，馬氏與寫經者是母子關係。但最後的三年齋寫經題記是對全部營齋的總結，不是第三年齋寫經《善惡因果經》一部經的題記。這則題記明確寫道：「翟奉達為亡過妻馬氏追福，每齋寫經一卷。」則知馬氏與翟奉達是夫妻關係，各齋寫經者為翟奉達之子，所以稱「家母」。據莫高窟第二二〇窟甬道北壁翟奉達同光三年（925）題記，此時他父親已經去世，母親還在世，但已經年邁（「見在老母」），似不可能再活三十三年。顯德五年，馬氏死時，翟奉達已經七十六歲。諸經字數不少，年事已高的翟奉達讓其子代勞抄經，三年齋時，翟奉達作一總結性的題記。

P.2055 所提及的《水月觀音經》，津 4532 號稱之為《佛說水月光觀音經》和《大聖觀音水月光菩薩經》，共三〇五字。翻檢佛典，查得其內容出於（唐）伽梵達摩譯的《千手千眼觀世音菩薩廣大圓滿無礙大悲心陀羅尼經》（下稱此譯本為《千手經》），篇幅約占全經的百分之五（兩者內容對照見附文）。

《千手經》中說，觀音曾向佛表示「我有《大悲心陀羅尼咒》，今當欲說」。佛許之，觀音說：「若有比丘、比丘尼、優婆塞、優婆夷，童男、童女欲誦持（《大悲心陀羅尼咒》）者，先當從我發如是願……」云云。發願後才誦咒，津 4532 號中的《水月觀音經》實即經中的發願詞。盡管有一些佛經是從某一部大經中略出的，如《觀世音經》即是《法華經》中的一品——《觀世音菩薩普門品》，但它們的內容基本完整，表達一定的意義，而把《千手經》的發願詞稱為「經」，頗為名不符實（後文將涉及這個問題）。從《水月觀音經》中有「稱念我《大慈大悲聖觀自在菩薩摩訶薩廣大圓滿無礙悲心陀羅尼》」一句看，該《水月觀音經》當有一組陀羅尼，但實際上並無此內容。津 4532 號所有四部經都保存完好，且裝成一軸；《水月觀音經》又與前後其他經緊接，所以我們可以肯定當時就沒有抄上《大悲心陀羅尼咒》。未抄的原因，大約有以下幾個可能：（1）前面七齋的間隔只有七天，由於時間緊，所選的經都很短；（2）陀羅尼系梵文音譯，字句佶據聱牙；（3）營齋所抄寫的經，似不作流通用。所以有可能是抄寫的人取巧或為了省時而省略（參閱後文有關例子）。

抄寫佛經，一般都很認真，鮮作改動。但《水月觀音經》中的部分字句與《千手經》原經有較大的出入。有的是出於抄寫或記憶上的錯誤，如把七言偈中「願我早同法性身」一句寫成「願我已同法性身」。但我們發現大部分改動是有意的，如把原經中的「欲持誦（《大悲心陀羅，尼咒》）者」四個字擴充成「欲誦持念《大聖觀音水月光菩薩經》者」，藉以表示該《水月觀音經》屬於正經。在七言偈中，原經共有十句，而《水月觀音經》中有九句，未抄「南無大悲觀世音，願我早登涅槃山」一句，抄寫者不願「早登涅槃山」之意昭然。五言偈中，每句前三字為「我若向（刀山、火湯、地獄、餓鬼、修羅、畜生）」，《水月觀音經》中特意用其他字代替全部六個「我」字，這些改動明顯是忌諱自己上刀山、下火湯、赴地獄、飼餓鬼、與修羅和畜生為伍。上述這些避諱死、惡趣而改動經文的現象，反映了漢民族文化思想與佛教思想的衝突與調和。

翟奉達為亡妻自一七齋至三年齋所寫的十部經依次為《無常經》《水月觀音經》《咒魅經》《天請問經》《閻羅經》《護諸童子經》《多心經》《盂蘭盆經》《佛母經》和《善惡因果經》。從經名和經文內容上可以看出這些經主要作用是消災滅罪，翟奉達抄寫這些經是經過一番選擇的。百日齋、一年齋和三年齋所寫經要比一七齋及收七齋（第七齋）所寫經的經文長得多，可見諸經次序安排也頗精心。具體到《水月觀音經》上，初唐時《千手千眼觀音經》就有漢譯本，千手千眼觀音像同時出現在中原。唐時翻譯了多種《千手經》及該經的唸誦儀軌，刻有《大悲心陀羅尼咒》的經幢甚多。在敦煌壁畫和紙絹畫上，至今仍保存有七十餘鋪自盛唐止於元朝的千手千眼觀音變，可見千手觀音信仰之盛。伽梵達摩譯《千手經》經前《御製大悲總持經咒序》云《千手經》能使「種種惡趣，種種苦害，咸相遠離，咸得圓融，超登妙道」。在該經及千手千眼觀音造像極為流行的背景之下，翟奉達為使其妻「超登妙道」而抄寫《水月觀音經》。

《水月觀音經》與《千手經》相比，內容僅占百分之五，但有發願詞並提到陀羅尼咒，而這正是稍晚出現的《大悲啟請》的主要內容，即《大悲啟請》是在發願詞（《水月觀音經》）基礎上加了陀羅尼咒。

《千手經》是釋迦牟尼佛在普陀洛迦山觀音宮殿集會時，讓觀音宣說的一部經，實叉難陀譯《華嚴經》卷六描寫普陀洛迦山是：「花果樹林皆遍滿，泉流池沼悉具足。」《大唐西域記》卷一〇也描繪道：『山頂有池，其水澄鏡……池側有石天宮，觀自在菩薩往來游舍。」周昉可能根據佛經對普陀洛迦山觀音道場的描述，在當時山水畫蓬勃發展的背景下，「妙創水月之體」的。《太平廣記》卷二一三「周昉」條引《畫斷》云：「今上都有（周昉畫）觀自在菩薩，時人云水月。」既然是時人對觀音的一種稱謂，水月觀音像當即是一種適應時尚的新樣觀音像。《水月觀音經》的發現，給我們提供了一條重要信息：周昉「妙創水月之體」的直接佛經依據可能就是《千手經》。

從造像上看，水月觀音像是一種藝術化了的正觀音像，主要作為一種繪畫題材而流行於世俗間。從佛教上說，千手千眼觀音有一面三目兩臂之形像（《千手經》有載），周昉之時，密宗發達，千手千眼觀音信仰極盛，周昉有可能畫一新樣正觀音來代表千手千眼觀音。但總地說，來水月觀音與《千手經》脫離傾向嚴重，現在很難讓人把水月觀音與千手千眼觀音連繫到一起，但筆者做了上述鉤沉工作之後相信，水月觀音像是千手千眼觀音的諸種形像之一，後來才逐漸脫離了《千手經》體系，成為世人信奉的三十三觀音之一。

《水月觀音經》與《千手觀音經》文本比對

津 4532 號《水月觀音經》全文	伽梵達摩譯《千手觀音經》節選
《佛説水月光觀音菩薩經》	
爾時若有比丘、比丘尼，優婆塞、優婆夷，童男、童女，一切識情，種種人民，欲誦持念《大聖觀音水月光菩薩經》名[4]者，於諸眾生起慈悲愍，先當從我發如是願：	若有比丘、比丘尼，優婆塞、優婆夷，童男、童女，欲誦持者，於諸眾生起慈悲心，先當從我發如是願：
南無大悲觀世音，願我速證一切法；	南無大悲觀世音，願我速知一切法；
南無大悲觀世音，願我早得智慧眼；	南無大悲觀世音，願我早得智慧眼；
南無大悲觀世音，願我速度一切眾；	南無大悲觀世音，願我速度一切眾；
南無大悲觀世音，願我早得善方便；	南無大悲觀世音，願我早得善方便；
南無大悲觀世音，願我速乘般若船；	南無大悲觀世音，願我速乘般若船；
南無大悲觀世音，願我早超於苦海；	南無大悲觀世音，願我早得越苦海；
南無大悲觀世音，願我速成戒定道；	南無大悲觀世音，願我速得戒定道；
南無大悲觀世音，願我速會無為舍；	南無大悲觀世音，願我早登涅槃山；
南無大悲觀世音，願我已同法性身。	南無大悲觀世音，願我速會無為舍；
	南無大悲觀世音，願我早同法性身。
若值刀山處，刀山自摧鋒；	我若向刀山，刀山自摧折；
或向火湯裡，火湯云消滅；	我若向火湯，火湯自消滅；
若遇地獄者，地獄或枯竭；	我若向地獄，地獄自枯竭；
或若向餓鬼，餓鬼自飽滿；	我若向餓鬼，餓鬼自飽滿；
或向阿修羅，噁心自調伏；	我若向修羅，噁心自調伏；
若向畜生間，得其大智惠（慧）。	我若向畜生，得其大智慧。

4　原作「名經」，之間有一倒乙號。

發如是願已，志心稱念我《大慈大悲聖觀自在菩薩摩訶薩廣大圓滿無礙悲心陀羅尼》，願救法界一切苦，能滿眾生於覺道。 十四日二七齋追福供養。願神生淨土，莫落三途之難。馬氏承受福田。	發是願已，至心稱念我之名字。亦應專念我本師阿彌陀如來……若諸人天誦持《大悲章句》者，臨命終時，十方諸佛皆來授手，欲生何等佛土，隨願皆得往生。

二　水月觀音像的流行

水月觀音像出現於中唐。（唐）張彥遠《歷代名畫記》卷一〇記載：『（周昉）妙創水月之體。」卷三記載：「（西京）勝光寺……塔東南院，周昉畫水月觀自在菩薩掩障。菩薩圓光及竹，並是劉整成色。」按：劉整，同書卷一〇載：「任秘書省正字，善山水，有氣象。」（唐）朱景玄《唐朝名畫錄》也有「今上都（按，即西京，今西安）有（周昉）畫水月觀自在菩薩」的記載。又《太平廣記》卷二一三引張懷瓘《畫斷》記載：「今上都有觀自在菩薩，時人云水月。」周昉生卒年不詳，大致生活在八世紀中後期至九世紀初，張彥遠與周昉相差幾十年，他記載周昉「妙創水月之體」，當是可信的。明代高濂卻在他的《燕閒清賞箋》卷中提到：「余所見吳道子水月觀音大幅……」[5]云云，吳道子比周昉早幾十年，《歷代名畫記》等書均未記載他曾畫水月觀音，高濂之說未必可信。

據《唐朝名畫錄》記載周昉的作品「以唐人所好而圖之」很受歡迎。他在世時名聲就很大。（宋）郭若虛《圖畫見聞志》卷五記載他畫章明寺時「都人士庶觀者以萬數」畫完之後人們「無不嘆其神妙」。他妙創的水月觀音像，就像他的其他作品一樣，為時人所好，很快就流

5　影印本《文淵閣四庫全書》第871冊，臺灣「商務印書館」1986年版，第731頁。

行開來。（宋）黃休復《益州名畫錄》卷上載，晚唐畫家左全在寶歷年間（825–827）、范瓊在大中年間（847–860）分別在成都大聖慈寺和聖壽寺畫有水月觀音像。大詩人白居易（772–846）曾寫有《畫水月菩薩贊》一詩，來表達他對水月觀音的崇拜。其詩云：「淨淥水上，虛白光中，一睹其相，萬緣皆空。弟子居易，誓心歸依，生生劫劫，長為我師。」五代宋初時人孫光憲（900–968）《北夢瑣言》卷五中的「沈蔣人物」記載了這樣一個故事：「蔣凝侍郎亦有人物，每到朝士家，人以為祥瑞，號『水月觀音』。前代潘安仁、衛叔寶何以加此！」按，蔣凝是咸通（860–874）時進士。從這個故事裡可知，在晚唐時，水月觀音像已廣泛流傳，家喻戶曉了。

現存最早有具體年代的水月觀音像見於四川綿陽魏城聖水寺石窟第七窟，主尊為半跏坐菩薩，側坐在岩石上，右腿下垂，雙手抱左腿，窟內左壁（菩薩右手側）下方開一小龕，雕一身蹲坐弟子像，雙手抱拳，左腿支起。小龕上方有二條題記：「敬造水月觀音菩薩一身並及須菩提。弟子王宗建敬造。中和五年（885）二月廿三日設齋表慶了。」「右女弟子王五娘□（為）亡父再莊此功德。廣政三年（940）三月廿七日表贊記。」[6]（圖2）

▲ 圖2　聖水寺水月觀音

6　于春、王婷《綿陽窟龕：四川綿陽古代造像調查研究報告集》，文物出版社 2010 年版，第 85 頁，圖版 55、56。

唐代以後，一直有人畫、塑水月觀音像，如：《宣和畫譜》卷一七所記載的五代宋時畫家黃居寀作品中就有「水月觀音像一」，並記黃居寀善畫花鳥植物：「作花竹翎毛，妙得天真；寫怪石山景，往往過其父遠甚。」這幅水月觀音像想必也具有山石花竹。四川大足的北山佛灣、石門山、妙高山、佛安橋等石窟中尚有數尊宋代雕刻的水月觀音石像。[7]元朝畫家顏輝畫的絹本水墨水月觀音像保留至今，觀音坐於池側巨石上，雙手抱膝，閉目沉思，右側置一淨瓶，身後有很大圓光，前方有瀑布奔騰而下，一靜一動，襯托出觀音寧靜的心境。[8]在石家莊毗盧寺、北京法海寺、浙江普陀山普濟寺等寺院裡，尚存明清巨幅水月觀音像。其中大足北山佛灣第一一三號窟內和法海寺的水月觀音像，水平很高，可以代表宋代石刻藝術和明代壁畫藝術的水平。清朝道光五年（1825），陝甘總督楊遇春之女別出心裁，「去青絲之愛，肖酬水月之容」，用頭髮精心製作了一幅水月觀音繡像，「此繡像神態端嚴，線條流暢，針法嚴謹，技藝精湛，堪稱髮繡中之佳作」。現存四川成都文殊院內。[9]

水月觀音像傳到日本較早。據《常曉和尚請來目錄》和《靈岩寺和尚請來法門道具等目錄》，知在唐朝開成四年（839），日本僧人常曉與圓行從中國回日本，各帶去水月觀音像一幅。常曉還在目錄中注明：「（請來）水月觀音菩薩像一軀。右大悲之用，化形萬方，觀思眾生，拔苦與樂，故示像相，使物生信。今見唐朝世人，總以為除災因，天下以為生福緣也。是像此間未流行，故請來如件。」這說明，在開成四年，中國水月觀音像已十分流行。從記載上，看日本對水月觀音的信

7　劉長久：《大足石刻研究》，四川省社會科學院出版社 1985 年版。

8　徐邦達：《中國繪畫史圖錄》上冊，上海人民美術出版社 1984 年版，第 154 圖。

9　皋蘭：《精美的髮繡「水月觀音」》，《成都文物》1985 年第 1 期。

仰不亞於中國，至今尚存水月觀音像多幅。二〇〇五年，谷口耕生先生發表《水月觀音像》，題目很大，但主要是介紹奈良縣談山神社的一幅水月觀音像。[10]水月觀音傳到日本後產生了新的變化，日本《別尊雜記》卷二二有「水月觀自在供養法」一節，講的是如何供奉水月觀音以消災避難等，水月觀音成了日本密宗的一個觀音，而水月觀音在中國則與密教關係不大。

水月觀音像何時傳入朝鮮不詳，《圖畫見聞志》卷五記載：「昉平生畫壁卷軸甚多，貞元間（785-805，時周昉還在世），新羅人以善價收置（周昉畫）數十卷，持歸本國。」雖不知其中有無水月觀音像，但在《別尊雜記》收錄了一幅高麗時代（918-1392）寫有「水月觀音」四字的畫像，這表明至遲在高麗時代水月觀音像已流行於朝鮮。另外，《李相國集》載：「幻長老以墨畫觀音像求予贊，曰：『觀音大師，觀世音子，白衣淨相，如月映水；卷葉雙根，聞薰所自，宴坐竹林，虛心是寄。』」此詩所表達的內容與意境，同白居易的《畫水月菩薩贊》一詩接近，疑即是水月觀音像。關於韓國水月觀音研究，筆者了解不多，一九七七年，林進先生發表《高麗時代の水月觀音圖について》，對韓國水月觀音像進行了調查研究。[11]二〇〇二年，朴英淑先生《洛山傳奇與高麗時期的水月觀音——佛教圖像中的神變角色》，對韓國水月觀音像作了較詳細的介紹。[12]

---

10 《國華》第1313號，2005年3月。

11 （日本）《美術史》第102號，1977年3月。

12 《臺灣2002年東亞繪畫史研討會論文集》（會議打印本），黃琪惠譯，2002年10月。收入（臺灣）石頭出版社2008年出版的英文版會議文集，Youngsook Pak, *Naksan Legend and Water-Moon Avalokitesvara*（Suwol Kwanum）*of the Koryo Period*（918-1392）：*The Role of Legend in Koryo Iconography, The History of Painting in East Asia*：*Essays on Scholarly Method*, Rock Publishing International, Taipei, 2008, pp.197-222.

現存水月觀音像以敦煌最多。在今莫高窟、榆林窟、東千佛洞以及肅北五個廟等石窟的壁畫上尚存五代、宋和西夏時期的三十幅水月觀音像。另外，在藏經洞發現的紙絹畫中，還有六幅五代和宋時期的水月觀音像。我們把這三十六幅同一系統的繪畫，統稱為敦煌水月觀音像。其數量之多，分布之集中，是其他地區所未見的，其中不乏頗有水平者，在晚期敦煌藝術中占有重要地位。

一些學者對水月觀音像做了許多調查研究，如：

一九二六年，松本榮一《水月觀音圖考》。[13]

一九七一年，哥倫比亞大學 Cornelius Patrick Chang 完成博士論文《水月觀音圖研究》（Cornelius Patrick Chang, *A Study of the Paintings of Water-moon Guan-yin*）。

一九七七年，張昕《水月觀音圖考：敦煌之觀音畫跡》。[14]

一九八九年，山本陽子《水月觀音圖起源考》。[15]

一九九六至二〇〇〇年間，潘亮文發表《水月觀音像考》等多篇水月觀音研究論文。[16]

二〇〇一年，於君方出版《觀音——菩薩中國化的演變》一書，其中第六章中的「水月觀音」部分對水月觀音像的流行有獨特新意。[17]

---

13 《國華》第 429 號（即 1937 年出版的專著《敦煌畫研究》「水月觀音圖」一節）。

14 香港《東方文化》半年刊（*Journal of Oriental Studies*）第 15 卷第 2 期。

15 《水月觀音圖の成立に関する一考察》，（日本）《美術史》第 125 號，1989 年 3 月。

16 《水月觀音圖についての一考察》（上），《佛教藝術》總 224 期，1996 年 1 月。《水月觀音圖についての一考察》（下），《佛教藝術》總 225 期，1996 年 3 月。《試論水月觀音圖》《藝術學》總第 17 期，1997 年。《水月觀音與白衣觀音造像在中國發展的概況》，《故宮文物月刊》18 卷 8 號（總 212 號），2000 年 1 月。

17 Yu Chun-fang, *Kuan-yin : The Chinese Transformation of Avalokitesvara*, Columbia University Press，2001．中譯本《觀音——菩薩中國化的演變》，臺北：法鼓文化事業股份有限公司 2009 年版（北京：商務印書館 2012 年版）。

二〇〇六年，日本學者瀧朝子《西夏時代敦煌的水月觀音圖研究》。[18]

二〇〇九年，王豔雲《西夏石窟壁畫中水月觀音的傳承與流變》。[19]

二〇一一年，韓國學者黃金順《西夏水月觀音像的圖像解說》。[20]

二十一世紀初，中國高校有多篇關於水月觀音像研究的學位論文：

郭敏飛：《水月觀音考論》，杭州師範大學二〇〇九年碩士論文。

汪旻：《瓜州東千佛洞二窟壁畫〈水月觀音〉的藝術特色》，西北師範大學二〇〇九年碩士論文。

李開福：《水月觀音造像研究》，中央美術學院二〇一〇年碩士論文。

何旭佳：《西夏水月觀音圖像研究》，蘭州大學人文學院二〇一二年碩士論文。

康瀾：《淨淥水邊，虛白光中》，華東師範大學二〇一三年碩士論文。

由於壁畫中的水月觀音沒有全部公布，國內外學者主要對藏經洞繪畫品中的水月觀音進行考察，以下是筆者對敦煌水月觀音像的調查。

---

18 載《鹿島美術研究》2006 年度年報（總第 23 號）別冊。

19 謝繼勝等主編：《漢藏佛教美術研究：第三屆西藏考古與藝術國際學術討論會文集》，上海古籍出版社 2009 年版。

20 （韓國）《佛教美術史學》2011 年第 12 輯。

三　敦煌五代宋時期的水月觀音像

敦煌水月觀音像可分五代宋和西夏兩個階段來介紹。

西夏占領敦煌之前的五代、北宋時期，敦煌實際上屬於曹氏家族統治下的地方割據政權。在這一百多年間，政局穩定，經濟發達，佛教相當興盛。人們在莫高窟開鑿了七十多個洞窟，占莫高窟全部洞窟的七分之一，並在許多以前各朝開鑿的洞窟裡重繪大量壁畫，在莫高窟周圍其他石窟也留下了不少佛教遺跡。在這一時期裡，敦煌為我們留下了包括紙絹畫在內的十八幅水月觀音像，下面分紙絹本和壁畫兩部分來介紹：

1. 紙絹本水月觀音像

藏經洞發現的紙絹本水月觀音像，據筆者所查，有六幅。

（1）建隆二年（961）樊再升繪絹本水月觀音像。高一百零四釐米、寬六十一釐米。觀音兩側繪《法華經・觀世音菩薩普門品》(即《觀音經》)，榜題保存完好，正下方題「南無大慈大悲水月觀世音菩薩」，今藏四川省博物院。[21]

（2）乾德六年（968）絹本水月觀音像。高一百零六釐米、寬五十七釐米，題有「南無大悲救苦水月觀音菩薩」等字。王道士發現藏經洞後，曾選了一幅有宋乾德六年題記的水月觀音像和幾個卷子，送給縣令汪宗翰。汪宗翰又將這些東西轉贈給金石學家、當時任甘肅學臺的葉昌熾（1849–1931），此事記錄在葉昌熾的《緣督廬日記》「光緒二十九年（1903）十一月」和「光緒三十年八月」條，其中水月觀音像是光緒三十年所得。另外，光緒三十年九月敦煌人王宗海（廣文）送葉昌熾兩件寫卷、一件畫像，像即地藏菩薩像。大約在一九一五至一九

21　「中國博物館叢書」第 12 卷《四川省博物館》第 119 圖，文物出版社 1992 年版。

一九年間，葉昌熾將手頭敦煌水月觀音像和地藏菩薩像出售給浙江吳興蔣汝藻，一九一九年王國維在蔣氏「傳書堂」看到了這二幅繪畫並各寫跋語。一九二五年以後蔣汝藻開始典賣圖書，此二幅像流傳到書肆，始為日本山中商會購得，見松本榮一《敦煌畫研究》之《附圖》冊第二二二圖。後來水月觀音像和地藏像分別於一九三〇、一九三五年入藏美國弗利爾美術館，水月觀音像的館藏號是 F1930.36（地藏像的館藏號是1935.11，該館 1982 年還購買一件《大般涅槃經》長卷，館藏號 1982.2）。[22]水月觀音結跏趺坐在蓮花上，左手持淨瓶，右手持柳枝，面前的供桌上有三件供器，供桌兩邊各有供養菩薩，題記均為「持花供養菩薩」。下段中央是題記，兩側各有二身供養人（左側 2 女、右側一女在前一男在後）。本幅水月觀音像構圖較簡單，沒有畫出水月山石竹樹，風格與莫高窟第四二七窟、第四三一窟的水月觀音像相似。

（3）英藏紙本水月觀音像（S.P.15）。斯坦因從藏經洞盜走的文物中，有兩幅水月觀音像，一紙本一絹本，均藏在英國博物館。紙本水月觀音像高八十三釐米、寬三十釐米。水月觀音左腿自然下垂到水中一蓮花上，右腿橫擱在岩石上，如半跏坐式，左手托淨瓶，右手持柳枝。身邊有三竹二筍，身後是很大的圓光。前面置一供桌，上有供器三件，供桌的旁邊有模糊不清的題記和一身男供養人。此供養人當正在求水月觀音「除災因」「生福緣」。值得注意的是：圖的左上方有一俗裝男子和兩侍女乘雲而來，身分待考，疑即是能「化形萬方，觀思眾生，拔苦與樂」的水月觀音化身。

（4）英藏絹本水月觀音像（S.P.29）。高七十釐米、寬五十釐米。

22　榮新江：《葉昌熾——敦煌學的先行者》，《IDP NEWS》No.7，Spring 1997. 又見文集《敦煌學新論》，甘肅教育出版社 2002 年版。筆者於 2007 年 11 月在弗利爾博物館看到這 3 件文物。

水月觀音左腿橫擱在岩石上，右腿自然下垂到水中一蓮花上，雙腿姿勢與紙本相反，左手持柳枝，右手托淨瓶，雙手所持物也與紙本相反。身旁兩側各有竹三支。畫面下方中間有模糊不清的題記，左邊為一跪著的男供養人，身後立一侍從；右邊為一跪著的比丘，身後立一小比丘。從畫像的風格與特點上看，這兩幅畫的時代是接近的。

（5）法藏天福八年（943）絹本水月觀音像（MG.17775）。高和寬均為五十五釐米，畫面左方題「水月觀音菩薩」六字。位於一幅千手千眼觀音像的右下方，左下方是一女供養人及其侍女，正下方為長達二百二十餘字的題記。根據題記，我們知道此絹畫是節度押衙馬千進於後晉天福八年請工匠畫的。水月觀音坐在岩石上，左手托缽，右手持柳枝；左腿壓著右腿，背後有三竹二筍。此水月觀音像與英國博物館藏的紙本水月觀音像極為相似。（圖3）

（6）法藏紙本水月觀音像（EO.1136）。高五十四釐米、寬三十七釐米。水月觀音雙手抱著擱在右腿上的左腿，右腿自然下垂到水中蓮花上。身體略往後仰，作抬頭望月之勢，沒有畫出月亮，身旁有二筍一竹及其他樹木花卉，四隻鴨子遊戲於長著蓮花的綠水之中。水月觀音姿勢自然文靜，給人一種既高貴而又不失大方的感覺。

▲ 圖3　法藏絹本水月觀音

2. 壁畫中的水月觀音像

五代、宋時期壁畫上的水月觀音像共十二幅，其中莫高窟有十幅，分布在六、一二四（廣順年間）、二九四（2 幅）、三三一、一七六、二〇三、四二七（開寶三年，970）、四三一（2 幅，太平興國五年，980）窟；榆林窟第二〇窟前室東壁有二幅宋代水月觀音像，南側的一幅殘毀嚴重。由於這十二幅水月觀音像都繪於前室和甬道，風吹日曬，有的已模糊不清，如莫高窟第二〇三窟、第三三一等窟的水月觀音像。下面介紹幾幅有代表性的畫像。

莫高窟第六窟的水月觀音像位於甬道頂的前半部，後半部為地藏和十王廳。水月觀音坐在上大下小的須彌山形岩石上，左腿壓著橫在岩石上的右腿並下垂到水中蓮花上，左手持淨瓶，右手持柳枝，身後有三竹一筍。畫面左邊有二僧人，一個正雙手合十，面對觀音，神態虔誠；另一個體態肥胖，穿著寬大的袈裟，五體投地向觀音行禮。畫面右邊有二俗人，前面一人正回頭同後面的伙伴說什麼，右手指著水月觀音；後面那人左手扶腰帶，右手遮著前額，順著前面那人的手勢向前眺望。畫家把四個人的不同情態維妙維肖地表現出來了，與端坐在岩石上不苟言笑的水月觀音形成鮮明的對比。

莫高窟第一二四窟甬道南側有一水月觀音像，畫面較大，也較清楚。因前室西壁題「大周廣順」四字，推測該水月觀音像當也是後周廣順（951–953）年間的作品。水月觀音坐在岩石上的蓮花中，左腿橫擱，右腿壓著左腿並下垂到水中蓮花上。左手持柳枝，擱在左腿上；右手托淨瓶，擱在右腿上。身旁有三竹及其他樹木花卉。水月觀音秀目微睜，凝視前方，神采奕奕，身體略顯富態，使人不禁想起距此僅幾十年的蔣凝侍郎的翩翩風度。這幅水月觀音像同伯希和盜走的紙本水月觀音像相似，當為同時代的作品。

莫高窟第一七六窟前室西披北側殘存一宋畫水月觀音像，頭部和上身的一部分已毀，其餘部分較清楚。水月觀音坐在水中蓮花上，左腿橫擱，右腿支起於座；左手自然下垂，左手因畫面已毀而不知姿勢。值得一提的是，畫面左上角有一組千佛騰雲駕霧而來，左下角供桌上有供器三件，這與英國博物館藏的紙本水月觀音像較接近。

四　敦煌西夏時期的水月觀音像

西夏時期的敦煌藝術已無法同隋唐時期相比，但少數幾個洞窟在藝術上還是比較突出的，如榆林窟二、三、二五、二九窟等。水月觀音像有十八幅，為西夏石窟的主要題材之一。莫高窟五幅：九五、二三七（2 幅）、一六四（2 幅）窟；榆林窟六幅：二、二一、二九窟各二幅；東千佛洞三幅：二（2 幅）、五窟；五個廟石窟四幅：一、四窟各二幅。莫高窟第一六四、二三七窟的水月觀音像技法平平，沒有什麼特別之處。榆林窟、東千佛洞、五個廟和莫高窟第九五窟的水月觀音像，藝術水平較高，引人注目，現選擇幾幅有代表性的介紹如下。

榆林窟二、二一、二九窟各存西夏時期的水月觀音像二幅，都比較精美。尤其是第二窟的二幅，是西夏壁畫的上乘之作，也是所有敦煌水月觀音像中最精美的，常為人們所稱道。這二幅圖都位於主室西壁門上的南北兩側。北側的一幅：水月觀音雙腳相併，坐在岩石上，左手自然放在左腿膝蓋上，右手平舉於胸前，托鉢；身體略往後傾斜，凝望著畫面右上角彩雲中的一輪彎月；背倚山石，山石後是翠竹；前方是綠水，水上蓮花朵朵。畫面上的岩石、翠竹和雲彩等具有濃重的裝飾性，畫面講究對稱和統一。畫面左下角的山水則具有南宋山水畫中寫實的意味。值得注意的是，畫面右下方畫有唐僧玄奘取經圖：玄奘立於岸旁，向水月觀音合掌禮拜，而滿臉猴氣的孫悟空則一手牽馬一手遮額望著水月觀音，大不敬躍然壁上。此水月觀音像中，還有一處也值得注意：在水月觀音的正前方，有一童子騰雲駕霧而來，面對水月觀音，雙手合十禮拜。疑此童子即是善財童子。

《華嚴經》中有善財童子五十三參，第二十五參所見的居士鞞瑟胝羅向善財介紹普陀洛迦山觀音，唐譯本卷六八（晉譯本卷五一略同）記載：「海上有山多聖賢，眾寶所成極清淨，花果樹林皆遍滿，泉流池沼悉具足。勇猛丈夫觀自在，為利眾生住此山，汝應往問諸功德，彼當示汝大方便。」於是善財童子開始他的第二十六參，他「漸次遊行，至於彼山，處處求覓此大菩薩。見其西面岩谷之中，泉流縈映，樹林蓊鬱，香草柔軟，右旋布地。觀自在菩薩於金剛寶石上結跏趺坐」。這和壁畫基本相符，可能周昉是參照這段經文而「妙創水月之體」的。玄奘《大唐西域記》卷一〇記載：「布呾洛迦山，山徑危險，岩谷敧傾。山頂有池，其水澄鏡，流出大河，周流繞山二十匝，入南海。池側有石天宮，觀自在菩薩往來游舍，其有願見菩薩者，不顧身命，厲水登山，忘其艱險，能達之者蓋亦寡矣。」那些「厲水登山」者，在水月觀音像中也有表示，如上面介紹過的莫高窟第六窟水月觀音像中的僧人和俗人當是。

榆林窟第二一窟的兩幅水月觀音像位於前室東壁的佛像華蓋兩側，畫面雖不大，卻相當傳神。這兩幅畫的構圖差不多，水月觀音都神態自若地坐在竹林前，面前置一淨水瓶，雙腿都擱在座位上。一水月觀音雙手抱著一膝，另一水月觀音一手輕撐座位、一手擱在支起的一腿上（類似第 2 窟西壁南側的水月觀音像），十分自然。畫面上都畫有一輪彎月，水月觀音悠然自若地望著月亮，宛如在晴空月色下小憩。這二幅畫，線條流暢，設色和諧，造型別致，與第二窟的水月觀音像各有千秋。

第二九窟的二幅水月觀音像，畫面很大，但相當模糊。有趣的是，水月觀音四周的花卉樹木之上有幾隻小鳥在互相追逐（第 2 窟西壁南側的水月觀音像中也有兩隻小鳥），靜中有動，為畫面增色不少。

在東千佛洞第二、三窟內，還有三幅風格與榆林窟水月觀音像極相似的水月觀音像，並且三幅畫下都畫有唐僧和孫悟空。

五個廟石窟第一窟的水月觀音像中，水月觀音坐在流水縈繞之中的岩石上，雙手抱著壓於下垂的左腿上的右腿，低頭側視流水（沒有畫出月亮之影）。身後的山石竹同四周的流水一樣，帶有濃重的裝飾意味。

莫高窟第九五窟開鑿於西夏時期，元代重修。中心柱正面（東面）

南側的通道口上方繪有一幅具有榆林窟西夏晚期風格的水月觀音像，畫面比較清楚。水月觀音雙手抱著曲起上抬的左腿，右腿自然下垂到水中蓮花上，左下方有僧人若干（已相當模糊），中下方偏右為一供桌。畫面上方山巒起伏，祥雲繚繞，一輪圓月正冉冉從山上升起。水月觀音低頭望著水面，神態嫻靜，給人以超脫塵世之感。這幅畫以藍、綠、黃三種顏色為主，色彩富麗明快，是莫高窟晚期洞窟中較好的一幅壁畫。

比較敦煌五代、宋時期和西夏時期的水月觀音像，我們發現有以下特點：

1. 五代、宋時期的水月觀音像全部分布在前室和甬道，西夏時期的敦煌水月觀音像大部分分布在主室，並且畫面較大。

2. 五代、宋時期的水月觀音雖然有的抬頭凝望前方，有的低頭凝望下方，但畫面上並沒有畫出月亮；西夏時期的水月觀音像上，有的畫有月亮，如榆林窟第二窟、第二一窟，莫高窟第九五窟等，更接近「觀水中月」之名。

3. 敦煌水月觀音像中，有題記的均在五代、宋時期，這一時期的十八幅水月觀音像中，七幅有明確的年代。西夏時期的十八幅水月觀音像中，無一幅有年代題記，這個現象值得注意。賀世哲先生在他的《敦煌莫高窟供養人題記校勘》一文中指出：「在宋與西夏交接時期的洞窟裡，沒有供養人畫像與題名。西夏中期以後至元代，時有時無。」[23] 劉玉權先生在他的《敦煌莫高窟、安西榆林窟西夏洞窟分期》一文中所估定的八十八個西夏洞窟中，有題記的確實很少。[24]為什麼西夏、元

23 《中國史研究》1980年第3期。

24 敦煌文物研究所編：《敦煌研究文集》，甘肅人民出版社1982年版。

時期供養人畫像與題記不多呢？我們認為這一現象與當時敦煌歷史有關。九世紀中期，張議潮發動起義，結束了吐蕃在敦煌及附近地區的統治。從此以後約二百年時間裡，敦煌實際上屬於張、曹世家統治。中原聲勢浩大的唐末農民戰爭和五代戰亂基本上沒有波及敦煌，敦煌世族勢力在這一時期得到空前發展。這一時期出現大量寫經和大量壁畫以及在它們上面的題記，是與敦煌世族佞佛、誇耀家世分不開的。西夏、元朝是少數民族建立的政權，敦煌世族勢力基本瓦解，加上其他原因，壁畫上供養像和題名不多。

五　敦煌水月觀音流行的原因

在三十六幅敦煌水月觀音像中，最早的有明確年代的是後晉天福八年（943）的絹本水月觀音像。五代晚期和宋朝初期有年代的水月觀音像還有：乾德六年（968）的水月觀音像，廣順年間的第一二四窟和開寶三年的第四二七窟的水月觀音像，沒有題記而風格相近的畫像也不少。為什麼在這一段時間裡出現「水月觀音熱」呢？

我們知道從後晉開運元年（944）到北宋開寶七年（974）的三十年間，曹元忠任歸義軍節度使，這一段時間裡，敦煌佛教極為興盛，敦煌遺書和敦煌壁畫明顯反映出來這一點。新的尊像圖——水月觀音像由於「泉流縈映，樹林蓊鬱」，很吸引人，又，水月觀音能同當時流行的一般觀音一樣「拔苦與樂」，所以水月觀音像風行一時。至於水月觀音像在周昉妙創之後一百多年才在敦煌流行的原因，我們還沒有滿意的解釋。推測吐蕃占領敦煌後，水月觀音像因當時敦煌與內地連繫中斷而沒有傳過來，這是其一；其二，因敦煌距中原畢竟遙遠，文化上有一定的差別，中原有的東西敦煌未必一定有或馬上有。中原流行的水月觀音像在周昉妙創之後沒有馬上出現在敦煌繪畫上，這是可以理解的。

水月觀音像在敦煌、中原和日本等地都比較流行。在三十三觀音中，為什麼水月觀音像備受歡迎呢？我們試從水月觀音像中推論之。從敦煌繪畫上，我們知道水月觀音像的基本特徵是：水月觀音手持淨瓶和柳枝（這是一般觀音的特徵），遊戲坐式（即半跏趺坐，一腿橫於座上，一腿下垂）或雙腿均放的座位上，所有水月觀音均為坐式（而一般的觀音是站立的）。金剛寶座的四周，是盛開著蓮花的「泉流池沼」；身旁和背後，是翠竹樹木花卉，岩石山巒彩雲。整個畫面猶如一幅山水畫、山居圖。水月觀音像的這種構圖與一般佛教尊像畫不同：一般佛教尊像畫只是畫出尊像的本身，很少花大筆墨去畫背景。而水月觀音像不僅是作為人們禮拜的對象，更是人們欣賞的對象。高濂《燕閒清賞箋》卷中記載：「余所見吳道子水月觀音大幅，描法、妝束、設色精彩。寶珠瓔珞，搖動梵容。半體上籠白紗袍衫，隱隱若輕綃遮蔽，復如白粉，細錦緣邊。無論後世，即五代宋室，去唐未遠，余所見諸天菩薩之像，何能一筆可仿！其滿幅一月，月光若黃若白，中坐大士，上下俱水，鵠首以望，恍若萬水滂湃，人月動搖，所謂神生畫外者，此也。」[25]高濂所見的水月觀音像疑為晚唐畫家畫的，具有吳道子風格的一幅水月觀音像，如據《圖畫見聞志》卷二記載，畫過水月觀音像的左全，就是一位「多效吳生之跡，頗得其要」的畫家。周昉所畫水月觀音像的圓光及竹是山水畫家劉整完成的。從高濂的論述中，從敦煌三十六幅水月觀音像中，我們可以看到山水畫對水月觀音

25 影印本《文淵閣四庫全書》第871冊，臺灣「商務印書館」1986年版，第731頁。

像有很大的影響。水月觀音像的廣泛流傳，與中國山水畫的發展、水月觀音的欣賞價值是分不開的。

另外，從敦煌水月觀音像上，我們可以領悟到一種深曠清靜的意境這種意境，恰恰也符合追求超然獨醒，遠離塵囂的隱居者的情趣。安史之亂後，政治上一直動盪不安，統治階級內部矛盾重重，那些在明爭暗鬥、互相傾軋中失意和在腐朽的政治面前看不到自己和國家前途的士大夫，消極悲觀，潔身自好，把興趣從功名轉移到佛教上，熱衷隱居垂釣生活。白居易在政治上失意之後，隱居龍門香山，《畫水月觀音贊》正是他那種與世無爭、消極頹廢思想的反映。所以，水月觀音像的產生和流傳，有其深刻的社會原因。

（本篇由兩篇文章整理而成：《敦煌水月觀音像》，《敦煌研究》1987 年第 1 期；《敦煌寫本〈水月觀音經〉研究》，《敦煌研究》1992 年第 3 期）

地藏圖像

一　地藏信仰的源流與地藏圖像的遺存

地藏，梵文 Ksitigarbhah，義為萬物藏育於大地，喻此菩薩功能巨大。北涼失譯者名《大方廣十輪經》卷一稱：「持戒不動如須彌山，精進難壞猶如金剛，忍辱堅固亦如大地，總持正法心無二相，禪定莊嚴如妙花鬘，智慧深廣猶如大海。」（唐）玄奘譯《大乘大集地藏十輪經》卷一則將這句話翻譯為：「持戒堅固如妙高山，精進難壞如金剛寶，安忍不動猶如大地，靜慮深密猶如秘藏，等至嚴麗如妙花鬘，智慧深廣猶如大海。」其中「安忍不動猶如大地，靜慮深密猶如秘藏」句的最後一字是「地」「藏」。（唐）實叉難陀譯《地藏菩薩本願經》則敘述了地藏菩薩的種種作用以及他的前生曾為長者子、又曾為婆羅門女的故事：

此菩薩威神誓願，不可思議。若未來世有善男子、善女人聞是菩薩名字，或讚歎，或瞻禮，或稱名，或供養，乃至彩畫、刻鏤、塑漆形像，是人當得百返生於三十三天，永不墮惡道。

文殊師利，是地藏菩薩摩訶薩於過去久遠不可說、不可說劫前，身為大長者子。時世有佛，號曰師子奮迅具足萬行如來。時長者子見佛相好，千福莊嚴，因問彼佛：「作何行願，而得此相？」時師子奮迅具足萬行如來告長者子：「欲證此身，當須久遠度脫一切受苦眾生。」

文殊師利，時長者子因發願言：「我今盡未來際不可計劫，為是罪苦六道眾生，廣設方便，盡令解脫，而我自身方成佛道。」以是於彼佛前立斯大願，於今百千萬億那由他不可說劫，尚為菩薩。

又於過去不可思議阿僧祇劫，時世有佛，號曰覺華定自在王如來，彼佛壽命四百千萬億阿僧祇劫。像法之中，有一婆羅門女，宿福深厚，眾所欽敬，行住坐臥，諸天衛護。其母信邪，常輕三寶。是時聖女，廣說方便，勸誘其母，令生正見。而此女母，未全生信，不久命終，魂神墮在無間地獄。時婆羅門女知母在世不信因果，計當隨業，必生惡趣。遂賣家宅，廣求香花，及諸供具，於先佛塔寺，大興供養。見覺華定自在王如來，其形像在一寺中，塑畫威容，端嚴畢備。時婆羅門女瞻禮尊容，倍生敬仰。私自念言：「佛名大覺，具一切智，若在世時。我母死後，儻來問佛，必知處所。」時婆羅門女垂泣良久，瞻戀如來。忽聞空中聲曰：「泣者聖女，勿至悲哀，我今示汝母之去處。」婆羅門女合掌向空，而白空曰：「是何神德，寬我憂慮？我自失母已來，晝夜憶戀，無處可問，知母生界。」時空中有聲再報女曰：「我是汝所瞻禮者，過去覺華定自在王如來。見汝憶母，倍於常情眾生之分，故來告示。」婆羅門女聞此聲已，舉身自撲，支節皆損。左右扶侍，良久方蘇，而白空曰：「願佛慈愍，速說我母生界。我今身心，將死不久。」時覺華定自在王如來告聖女曰：「汝供養畢，但早返舍。端坐思惟吾之名號，即當知母所生去處。」

時婆羅門女尋禮佛已，即歸其舍。以憶母故，端坐念覺華定自在王如來，經一日一夜，忽見自身到一海邊。其水湧沸，多諸惡獸，盡復鐵身，飛走海上，東西馳逐。見諸男子女人，百千萬數，出沒海中，被諸惡獸爭取食噉。又見夜叉，其形各異，或多手多眼，多足多頭，口牙外出，利刃如劍，驅諸辜人，使近惡獸，復自搏攫，頭足相就。其形萬類，不敢久視。時婆羅門女，以唸佛力故，自然無懼。

有一鬼王，名曰無毒，稽首來迎，白聖女曰：「善哉，菩薩何緣來此？」時婆羅門女問鬼王曰：「此是何處？」無毒答曰：「此是大鐵圍山西面第一重海。」聖女問曰：「我聞鐵圍之內，地獄在中，是事實不？」無毒答曰：「實有地獄。」聖女問曰：「我今云何，得到獄所？」無毒答曰：「若非威神，即須業力，非此二事，終不能到。」

聖女又問：「此水何緣而乃湧沸、多諸罪人及以惡獸？」無毒答曰：「此是閻浮提造惡眾生新死之者，經四十九日後，無人繼嗣為作功德，救拔苦難，生時又無善因，當據本業所感地獄，自然先渡此海。海東十萬由旬，又有一海，其苦倍此。彼海之東，又有一海，其苦復倍。三業惡因之所招感，共號業海，其處是也。」聖女又問鬼王無毒曰：「地獄何在？」無毒答曰：「三海之內，是大地獄，其數百千，各各差別。所謂大者，具有十八。次有五百，苦毒無量。次有千百，亦無量苦。」

聖女又問大鬼王曰：「我母死來未久，不知魂神當至何趣？」鬼王問聖女曰：「菩薩之母，在生習何行業？」聖女答曰：「我母邪見，譏毀三寶。設或暫信，旋又不敬。死雖日淺，未知生處。」無毒問曰：「菩薩之母，姓氏何等？」聖女答曰：「我父我母俱婆羅門種。父號屍羅善現，母號悅帝力。」無毒合掌，啟菩薩曰：「願聖者卻返本處，無至憂憶悲戀。悅帝力罪女生天以來，經今三日。云承孝順之子，為母設供、修福，布施覺華定自在王如來塔寺。非唯菩薩之母得脫地獄，應是無間罪人，此日悉得受樂，俱同生訖。」鬼王言畢，合掌而退。婆羅門女尋如夢歸。悟此事已，便於覺華定自在王如來塔像之前，立弘誓願：「願我盡未來劫，應有罪苦眾生，廣設方便，使令解脫。」

佛告文殊師利：「時鬼王無毒者，當今財首菩薩是。婆羅門女者，即地藏菩薩是。」

地藏是釋迦滅後至彌勒成佛之間的「救世主」，即無佛時代的「准佛」。北涼失譯者名《大方廣十輪經》卷一記載：「地藏菩薩摩訶薩於無量阿僧祇劫，為五濁惡世，成熟眾生。」後來的相關譯經也是這樣說的，如玄奘譯《大乘大集地藏十輪經》卷一記載：「有菩薩摩訶薩，名曰地藏，已於無量無數大劫五濁惡世無佛世界，成熟有情。」《地藏菩薩本願經》卷上記載，釋迦曾咐囑地藏：「汝當憶念吾在忉利天宮殷勤付囑，令娑婆世界至彌勒出世已來眾生，悉使解脫，永離諸苦，遇佛授記。」

（北齊）那連提耶舍譯《大方等大集經》卷五七、卷五八「須彌藏分」有較大篇幅介紹地藏菩薩功德，提到：

如是地藏菩薩摩訶薩於此一切法無語言空三昧，到自在彼岸。是菩薩若欲入此三昧時，以福德智慧力，為成熟眾生故，先作是願：「乃至我未出三昧已來，於此時中欲令此國土境界及四天下此佛世界一切眾生諸有所須資生之具，隨其相貌、隨其多少、隨其所樂，所謂飲食衣服臥具瓔珞莊嚴之具，園林屋宅形色狀貌支節身分，可愛色聲香味觸等，欲見如是等事。」是時菩薩便入此三昧，菩薩入此三昧已，隨其時節於此佛世界四天下一切眾生，如上所說，所須之具便得充足。

……

爾時地藏菩薩告功德天言：「清淨智，我今能令此佛剎土所有四大普遍無餘，悉能令變為天飲食，使諸眾生於百千劫食不能盡，何以故？但此眾生薄福德故所不能食，於此勝報非其應器。清淨智，我又能令此娑婆佛剎變為天宮及天臥具，莊嚴衣服香花果樹，種種音聲眾妙伎樂，眾寶莊嚴，悉能為作。此諸眾生遠離福德，又非其器不堪受用，唯除如來應正遍知、十住菩薩及住首楞嚴三昧得自在者，乃能受用。清淨智，又我能令一切眾生置第四禪，令無有餘，豈可不能降伏毒龍富單那等？」

……

爾時世尊亦贊地藏菩薩言：「善哉善哉，善男子。汝今能為一切眾生如大妙藥。何以故？汝身即是微妙大藥，汝於此四天下一切眾生中眾生之藥，能滅一切眾生苦惱，能施一切眾生樂具，成就大悲。汝能顯示如是甚深《磨刀大陀羅尼》力故，令此眾生地味精氣種子芽莖枝葉花果諸味五穀藥草而不衰損，無毒增長，具足成就眾生食者。令彼眾生穢濁斗諍悉皆消滅，堪修善行。於此四天下非時風熱寒溫旱潦皆悉消除，日月星宿晝夜月半月盡時節年歲變怪為滅，此故說此《磨刀大陀羅尼》，以此陀羅尼力故，令我三寶種及以法眼得久住世，使此愚闇薄福我慢所壞者不修善根惡剎利及諸宰相，於我如是百千萬億阿僧祇劫精勤苦行所集之法，不滅不壞，比丘、比丘尼、優婆塞、優婆夷無有惱亂，以無惱故，諸天不忿，天不忿故，一切眾生悉皆獲得如上樂具。」

……

爾時地藏菩薩摩訶薩合掌禮佛而作是言：「世尊，我有一切三昧遊戲神通，今亦欲說《幢杖大陀羅尼門》。若於此《幢杖大陀羅尼門》一經耳者，所有耳病悉得除愈，亦除一切貪瞋痴等煩惱諸病，設不全滅，能令輕薄。以此咒咒於海皮，安禪滿百千遍用塗王鼓，有聞聲者，所有貪瞋痴等一切煩惱悉皆微薄，於佛法中得清淨信、恭敬愛樂希有之心，亦得勇猛隨順法行，深信後世資生豐足，眾人愛樂，莫不喜見。」

由於地藏的救度性格適合民眾的心理需求，在古代信仰頗盛，以至到後來中國佛教將地藏列為「四大菩薩」之一。但《十輪經》《地藏菩薩本願經》等佛經所說的四大菩薩是文殊、普賢、觀音、彌勒，並沒有地藏。（北涼）失譯者名《大方廣十輪經》卷一宣稱：「彌勒、文殊、觀世音、普賢等而為上首，如是等恆河沙諸大菩薩，若人於百劫中，禮敬供養，欲求所願，不如於一食頃禮拜供養地藏菩薩，功德甚多，所願速得，皆悉滿足。」《地藏菩薩本願經》卷下提到：「是地藏菩薩於閻浮提有大因緣，如文殊、普賢、觀音、彌勒，亦化百千身形，度於六道。」（唐）道宣《廣弘明集》卷二七《奉養僧田門》提到五大菩薩是彌勒、文殊、觀音、普賢、虛空藏。而在中國佛教中，地藏與觀音、文殊、普賢並稱「四大菩薩」，甚至將九華山、普陀山、五臺山、峨眉山比定為諸菩薩的道場，即地藏取代了彌勒的位置。九華山為地藏菩薩道場的傳說可能與新羅僧地藏（694–783）在九華山修行有關，見《宋高僧傳》卷二〇「地藏傳」。這一傳說起源較晚，本文不予論述。

1. 觀音與地藏

古代各種菩薩信仰中，觀音菩薩信仰最流行，而地藏在世間救苦救難之性格與觀音類似，故龍門、敦煌、四川等地的佛教造像中常將地藏、觀音並列刻繪出。[1]一些敦煌寫經也是將《觀音經》和《地藏菩薩經》合寫，如BD00919包括兩部經，BD00919.1為《觀音經》、BD00919.2為《地藏菩薩經》。

有的佛教經典甚至說地藏菩薩的作用超越觀音。《地藏菩薩本願經》卷下借堅牢地神之口說：「世尊，我觀未來及現在眾生，於所住處於南方清潔之地，以土石竹木作其龕室，是中能塑畫乃至金銀銅鐵作地藏形像，燒香供養，瞻禮讚歎，是人居處即得十種利益。何等為十？一者土地豐壤，二者家宅永安，三者先亡生天，四者現存益壽，五者所求遂意，六者無水火災，七者虛耗辟除，八者杜絕惡夢，九者出入神護，十者多遇聖因。」卷下釋迦佛告訴虛空藏菩薩：「若未來世有善男子善女人，見地藏形像及聞此經，乃至讀誦，香花飲食衣服珍寶布施供養，讚歎瞻禮，得二十八種利益：一者天龍護念，二者善果日增，三者集聖上因，四者菩提不退，五者衣食豐足，六者疾疫不臨，七者離水火災，八者無盜賊厄，九者人見欽敬，十者神鬼助持，十一者女轉男身，十二者為王臣女，十三者端正相好，十四者多生天上，十五者或為帝王，十六者宿智命通，十七者有求皆從，十八者眷屬歡樂，十九者諸橫銷滅，二十者業道永除，二十一者去處盡通，二十二者夜夢安樂，二十三者先亡離苦，二十四者宿福受生，二十五者諸聖讚歎，二十六者聰明利根，二十七者饒慈愍心，二十八者畢竟成佛。」

許多菩薩有變化身，如（北涼）曇無讖譯《大方等大集經》卷三

1 胡文和：《四川道教佛教石窟藝術》「地藏、觀音」，四川人民出版社1994年版，第228–230頁。常青：《龍門石窟地藏菩薩及其有關問題》，《中原文物》1993年第4期。

一記載東方有無量國，佛名五功德佛，曾與日密菩薩討論位於他們西方娑婆世界事，日密菩薩告訴佛說：「世尊，彼維摩詰即我身也。世尊，我於彼土現白衣像，為諸眾生宣說法要。或時示現婆羅門像，或刹利像，或毗舍像，或首陀像，自在天像，或帝釋像，或梵天像，或龍王像，阿修羅王像，迦樓羅王像，緊那羅王像，辟支佛像，聲聞像，長者像，女人像，童男像，童女像，畜生像，餓鬼像，地獄像，為調眾生故。」即日密菩薩有二十變化身。

最流行的是觀音菩薩三十三變化身，《法華經・觀世音菩薩普門品》中提到觀音有三十三個變化身：佛、辟支佛、聲聞、梵王、帝釋身、自在天、大自在天身、天大將軍、毗沙門天、小王、長者、居士、宰官、婆羅門、比丘、比丘尼、優婆塞、優婆夷、長者婦女、居士婦女、宰官婦女、婆羅門婦女、童男、童女、天、龍、夜叉身、乾闥婆、阿修羅、迦樓羅、緊那羅身、摩睺羅伽、執金剛。

唐以後，中國本土還產生新的觀音變化身，如五代吳越國王錢俶（929–988）佞佛，曾造八萬四千舍利塔、印八萬四千份《陀羅尼經》、印二萬份《觀音二十四應現》等，《大正藏》圖像部第六冊收錄的《觀音二十四應現》上圖下文，尾署「天下大元帥吳越國王錢俶印造」，在十二面觀音兩側所畫的《觀音二十四應現》都是善神、貴重物品、吉利的動植物：「十二面觀音二十四應現。一觀自在現，二寶光現，三寶樓閣現，四吉祥草現，五金鼓現，六佛手現，七金龍現，八師子現，九金鐘現，十金像現，十一金橋現，十二寶鈴現，十三觀水月現，十四寶塔現，十五金鳳現，十六金井欄現，十七佛足現，十八金龜現，十九吉祥雲現，二十寶珠現，二十一金雀兒現，二十二石佛現，二十三金蓮花現，二十四金輪現。」

觀音的變化身以三十三觀音最有名，至於三十三之數，大約受到

《法華經》中的觀音三十三變化身的影響，而觀音名稱則為後人編造，多數沒有典據。三十三觀音的名稱是：楊柳觀音、龍頭觀音、持經觀音、圓光觀音、遊戲觀音、白衣觀音、蓮臥觀音、瀧見觀音、施藥觀音、魚籃觀音、德王觀音、水月觀音、一葉觀音、青頸觀音、威德觀音、延命觀音、眾寶觀音、岩戶觀音、能靜觀音、阿耨觀音、阿麼提觀音、葉衣觀音、琉璃觀音、多羅尊觀音、蛤蜊觀音、六時觀音、普慈觀音、馬郎婦觀音、合掌觀音、一如觀音、不二觀音、持蓮觀音、灑水觀音。（清代）卓峰《觀音應化三十三圖》（現藏日本東京國立博物館）為一件著名的三十三觀音畫作。

觀音菩薩在古代中國信仰極盛，中國的觀音信仰主要來源是《法華經》《華嚴經》以及西方淨土經典、密教經典，影響最大的是《法華經》。

《法華經・觀世音菩薩普門品》主題是宣傳觀音救苦救難、變化諸身方便說法，其中提到觀音解救十二難，此十二難都是現實的苦難：

> 假使興害意，推落大火坑，念彼觀音力，火坑變成池。（第一難）
> 或漂流巨海，龍魚諸鬼難，念彼觀音力，波浪不能沒。（第二難）
> 或在須彌峰，為人所推墮，念彼觀音力，如日虛空住。（第三難）
> 或被惡人逐，墮落金剛山，念彼觀音力，不能損一毛。（第四難）
> 或值怨賊繞，各執刀加害，念彼觀音力，咸即起慈心。（第四難）
> 或遭王難苦，臨刑欲壽終，念彼觀音力，刀尋段段壞。（第五難）
> 或囚禁枷鎖，手足被杻械，念彼觀音力，釋然得解脫。（第六難）
> 咒詛諸毒藥，所欲害身者，念彼觀音力，還著於本人。（第七難）
> 或遇惡羅剎，毒龍諸鬼等，念彼觀音力，時悉不敢害。（第八難）
> 若惡獸圍繞，利牙爪可怖，念彼觀音力，疾走無邊方。（第九難）

蚖蛇及蝮蠍，氣毒煙火燃，念彼觀音力，尋聲自回去。（第十難）

雲雷鼓掣電，降雹澍大雨，念彼觀音力，應時得消散。（第十一難）

眾生被困厄，無量苦逼身，觀音妙智力，能救世間苦。（第十二難）

具足神通力，廣修智方便，十方諸國土，無剎不現身。

種種諸惡趣，地獄鬼畜生，生老病死苦，以漸悉令滅。

十二難都是現實苦難，雖然上引經文最後部分也提到地獄救度性格，但一筆帶過，不像十二難那樣具體。

在現實的信仰中，觀音地獄救度性格是不突出的，觀音地獄救度性格主要存在密教觀音中，如（北宋）天息災譯《大乘莊嚴寶王經》卷一記載十一面觀音的地獄救度：「爾時世尊告除蓋障菩薩言：『善男子，汝等諦聽，吾當為汝分別解說。此大光明是聖觀自在菩薩摩訶薩入大阿鼻地獄之中，為欲救度一切受大苦惱諸有情故。救彼苦已，復人大城，救度一切餓鬼之苦，其大阿鼻地獄，周圍鐵城，地復是鐵，其城四周，無有間斷。猛火煙焰，恒時熾燃。如是惡趣地獄之中，有大鑊湯，其水湧沸，而有百千俱胝那庾多有情，悉皆擲人鑊湯之中，譬如水鍋煎煮諸豆，盛沸之時或上或下，而無間斷，煮之糜爛，阿鼻地獄其中有情受如是苦……聖觀自在菩薩摩訶薩人大阿鼻地獄之時，其身不能有所障礙，時阿鼻地獄一切苦具，無能逼切菩薩之身……餓鬼大城，其中有無數百千餓鬼口出火焰，燒燃面目，形體枯瘦，頭髮蓬亂，身毛皆竪，腹大如山，其咽如針。是時觀自在菩薩摩訶薩往詣餓鬼大城，其城熾燃業火悉滅，變成清涼。時有守門鬼，將執熱鐵棒，丑形巨質，兩眼深赤，發起慈心：『我今不能守護如是惡業之地。』是時觀自在菩薩摩訶薩起大悲心，於十指端各各出河，又於足指亦各出河，一一毛孔皆出大河，是諸餓鬼飲其中水，飲是水時咽喉寬大，身相圓滿。復得種種上味飲食，悉皆飽滿。」

觀音信仰中的地獄救度逐漸轉由地藏來承擔，而地藏信仰中與觀音信仰一致的救苦救難、變化身等神格則讓位於觀音。觀音主要承擔現世的救度，而地藏信仰則側重於地獄救度，出現在六道、十王等圖像中，以至晚出的《瑜伽集要焰口施食儀》提出地藏是「眾生度盡方證菩提，地獄未空誓不成佛」。[2]而「處處彌陀佛，家家觀世音」則成禪門話題（北宋惟白《建中靖國續燈錄》卷一三、南宋普濟《五燈會元》卷一六等）。即觀音救度現世苦難（陽界）、地藏救度地獄輪迴（陰界）。這樣的分工並不見於佛經，而是佛教在中國發展的產物。

北涼失譯者名《十輪經》中，地藏有四十五個變化身，在數量上超過了觀音：「或作梵天身成就眾生、或作自在天、大自在天、摩醯首羅天、或作欲界他化自在天、化樂天、兜率陀天、炎摩天、帝釋身、四天王身（以上 13 身屬於天道）；或作菩薩身、或作辟支佛身、或作聲聞身、或作轉輪聖王身、或作婆羅門、刹利、毗舍、首陀等身、或作男身、女身、或作童男、童女身（以上 12 身屬於人道）；或作乾闥婆、緊那羅、摩睺羅伽、天、龍、夜叉身（以上 6 身屬於阿修羅道）；或作羅刹身、或作鳩槃荼身、或作毗舍闍身、或作富單那身（以上 4 身屬於餓鬼道）；或作師子身、或作虎狼身、或作象身、馬身、或作水牛身、或作種種鳥身（以上 7 身畜生道）；或作閻羅王身、或作地獄卒身、或作地獄身（以上 3 身屬於地獄道）。為諸眾生種種說法，隨諸眾生顯示三乘，皆悉令住不退轉地。」地藏的變化身頗為廣泛，既有諸天、諸王、菩薩等尊神，也有羅刹、獄卒、動物等卑賤者，而觀音三

2　這句話來源於（唐）實叉難陀譯《地藏菩薩本願功德經》，該經卷上說地藏前生曾為長者子，「時長者子因發願言：我今盡未來際不可計劫，為是罪苦六道眾生廣設方便，盡令解脫，而我自身方成佛道。」

十三變化身卻都是善人、善神。

《十輪經》也宣揚地藏的救苦救難、四十五現身，甚至篇幅也與《法華經・觀世音菩薩普門品》大致相等，可謂「地藏菩薩普門品」。這就揭示了為何在佛教造像中地藏常與觀音並列的原因：因為地藏的作用與觀音幾乎完全一樣：救苦救難、變化諸身，而地藏這一性格正來自《十輪經》，甚至篇幅也大致相等。

2. 地藏信仰的源流

地藏菩薩信仰開始於北涼，除譯出《十輪經》外，（北涼）失譯者名《金剛三昧經》中的「總持品」通過佛與地藏的各種問答，體現了地藏菩薩的種種智慧。《出三藏記集》卷三「新集安公涼土異經錄第三」中所列第三部經是《金剛三昧經》一卷，但當今學者一般認為今本此經已非原經，而是形成在初唐。[3]

地藏信仰在北涼之後的較長時間不見記載，隋代興起的三階教重視《十輪經》，因為《十輪經》有較大篇幅闡述末法思想和地藏信仰，初譯本《十輪經》卷一記載：「地藏菩薩摩訶薩於無量阿僧祇劫，為五濁惡世，成熟眾生。」三階教創始人信行（540–594）《三階佛法》中引用多達一百多次，信行還撰有《十輪依意立名》《十輪略抄》等。三階教重視念地藏菩薩，窺基（632–682）《西方要訣》中提到：『第十一會，釋三階行者五種小疑……第五疑曰：方今之際，去聖時遙，下品凡愚，正合禮懺地藏菩薩。」約八世紀末九世紀初成書的道鏡、善道《唸佛鏡》中提到：「問曰：『三階念地藏菩薩，功德多少，如念阿彌陀佛？』答曰：『念阿彌陀佛功德多於念地藏菩薩百千萬倍。』」又，法琳（572–640）《辯正論》卷七也提到了念地藏：「儒生問曰：『造像書

3　參徐文明《「金剛三昧經」作者辨》，《中國文化研究》1997 年第 4 期。

經本期現福，持齋行道貴益眼前。何為念地藏而無徵，喚觀音而不救？』」永徽元年（650）道宣著《釋迦方志》，卷下也提到念地藏事：「自晉宋梁陳魏燕秦趙，國分十六，時經四百，觀音、地藏、彌勒、彌陀，稱名唸誦，獲其將救者，不可勝紀，具諸傳錄，故不備載。」《辯正論》所說的「念地藏而無徵」大約來自隋代菩提燈譯的《占察善惡業報經》卷上中的一段話：「後應學至心禮我地藏菩薩摩訶薩，因即立願：願令十方一切眾生速得除滅惡業重罪，離諸障礙，資生眾具，悉皆充足……又應別復繫心供養我地藏菩薩摩訶薩，次當稱名，若默誦唸，一心告言：南無地藏菩薩摩訶薩。如是稱名，滿足至千，經千念已，而作是言：地藏菩薩摩訶薩，大慈大悲唯願護念我及一切眾生速除諸障，增長淨信，令今所觀，稱實相應。」

3. 地藏相關佛教文獻資料

地藏信仰資料可分三組：顯教經典；密教經典；疑偽經與民間傳說。

（1）顯教經典

（北涼）失譯名《大方廣十輪經》八卷

玄奘《大乘大集地藏十輪經》十卷

實叉難陀《地藏菩薩本願經》二卷

那連提耶舍《大方等大集經》卷五七、卷五八《須彌藏分》

菩提流支《佛名經》十二卷

菩提燈《占察善惡業報經》二卷

（2）密教經典

失譯名《地藏菩薩陀羅尼經》一卷

善無畏（輸婆迦羅）《地藏菩薩儀軌》一卷

菩提流支《不空索神變真言經》三十卷

阿地瞿多《陀羅尼集經》十二卷

善無畏、一行《大毗盧遮那成佛神變加持經》七卷

不空《八大菩薩曼荼羅經》一卷

不空《百千頌大集經地藏菩薩請問法身贊》一卷

失譯名《地藏大道心驅策法》一卷

（3）疑偽經與民間傳説

日本假托不空撰述《延命地藏經》（望月信亨《佛教大辭典》無此詞條，在「偽經」條中羅列《空華談叢》卷二提到日本《延命地藏經》等八部偽經名。《續豐山全書》卷六收有《延命地藏經鈔》上、下卷，又見《日本大藏經》卷三，題「沙門亮汰述」，按其內容，此《延命地藏經鈔》屬於經疏）

常謹《地藏菩薩靈驗記》一卷，《續藏經》第一四九冊。

敦煌遺書中與地藏相關的寫本有多種，除《閻羅王受記經》外，均不見經藏。

失譯名《地藏菩薩經》，經文不長，僅二百六十字，經藏未收，敦煌文獻中有二十餘件：法藏 P.2289、2873、3748、3932；英藏 S.431、2247、S.2815、4489、5458、5531、5618、5672、5677、6257、6983、7598+BD15337，其中英藏 S.4489 有寫經題記，無經文，BD15337 尾題：「閻羅王經一卷。翟定友經一卷。行者張王仵發心敬寫此經一卷。」；俄藏 Дх.277、397+1235+2025、2636；日本久保總美術館一件 BD00919.2、BD03862、BD07281；上博一件（41379 號）、上圖一件（812481 號）、安思遠藏一件等。經文是：

《佛說地藏菩薩經》一卷

爾時地藏菩薩住在南方琉璃世界，以靜天眼觀地獄之中受苦眾

生，鐵碓搗、鐵磨磨、鐵犁耕、鐵鋸解，鑊湯湧沸，猛火昱天，飢者吞熱鐵丸，渴則飲銅汁，受諸苦惱，無有休息。地藏菩薩不忍見知，即從南方來地獄中，與閻羅王共同一處，別床而坐。有四種因緣，一者恐閻羅王斷罪不憑、二者恐文案交錯、三者未合死、四者受罪了出地獄池邊。

若有善男子、善女人造地藏菩薩像、寫《地藏菩薩經》及念地藏菩薩名者，此人定得往生西方極樂世界，從一佛國至一佛國、從一天堂至一天堂。

若有人造地藏菩薩像、寫《地藏菩薩經》及念地藏菩薩名，此人定得往生西方極樂世界，此人舍命之日，地藏菩薩親向來迎，常得與地藏菩薩共同一處。

聞佛所說，皆大歡喜，信受奉行。

《地藏菩薩經》一卷。

藏川述《閻羅王受記經》（十王經），敦煌文獻中有三十餘件，敦煌以外的佛教文獻中也有保存，分三類。

第一類：插圖本《十王經》（《十王經圖贊》），有經文、有圖、有贊。六件：P.2003，P.4523+S.P.80（有圖無文）、P.2870、S.P.78+S.P.213+S.3961、日本久保總美術館一件（完整，12.8米，前部《地藏菩薩經》，後部為圖贊），日本天理圖書館一件（插圖本回鶻文《十王經》）。

按：一般把上述插圖本《十王經》、敦煌畫中地藏與十王組合像稱為十王經變。嚴格意義上説，經變是以圖為主的，所以這些插圖本《十王經》應該稱十王經圖贊更合適，如《大正藏》第四十五冊所收宋代張商英（1043–1121）《佛國禪師文殊指南圖贊》由經文、贊文、圖三部分組成，此將插圖本善財五十三參稱為「圖贊」，最可與敦煌插圖本

《十王經》比較。

第二類：《十王經贊》，有經文、有贊，但無圖，屬於第一類的略本。有：P.2249（雜寫經名）、P.3761、BD04544.1（即著名的翟奉達為亡妻五七齋寫經）等。從 P.4523+S.P.80 有十王圖而無文字看，可能當時文字部分（經文、贊）與圖可以分開。

第三類:《十王經》,僅有經文,無贊、無圖。數量很多:法藏 P.5580;英藏 S.3147、2489、7598、2815、4530、4805、4890、5450、5531,5544,5585、6230、7598; 俄藏 Дx.931、803、6099+143、3862、3906、4560+5267+5277、6611+6612、11034 等;國家圖書館藏 BD006375、08237、08066、08045、01226;上博 41379 號,書道博物館 一件等。

一般經首題全稱《佛說閻羅王受記四眾逆修生七齋功德經》，經尾略稱《閻羅王受記經》，配有插圖的經文則稱《十王經》，現在學者多將二者統稱《十王經》。有些學者認為該經未入經藏，這是不對的，《續藏經》第一五〇冊收錄《佛說地藏菩薩發心因緣十王經》《佛說預修十王生七經》兩種，無插圖，第二種注云「依朝鮮刻本」，與敦煌本相同。《大正藏》圖像部第 7 冊收有插圖本《十王經》，文字、首題同《續藏經》中的第二種。《十王經》還有回鶻文、西夏文等少數民族文字本。

《十王經》雜糅多種佛教、道教思想與教義而成，宣傳生前、死後修十齋，具體描繪了陰間十王，成書約在晚唐，多數寫本署「成都大聖慈寺藏川述」，P.2249 署「成都府大慈沙門藏川述贊」，稱述贊不稱著作，大約是藏川對已有的《十王經》加了圖贊，用於講經。

《十王經》約在唐末從四川傳入各地，敦煌文獻中有插圖本《十王經》四件，另有一件有圖無文，還有一件回鶻文插圖本。敦煌文獻中沒有圖像的《十王經》有二十多份，研究者甚多。最早有年代可考的是九〇八年一位八十五歲老人的若干寫經（S.4530、BD01226等）就有《十王經》，S.6230《十王經》有同光四年（926）紀年。S.3147首尾完整，無插圖，首題「佛說閻羅王受記四眾逆修生七齋往生淨土經」，卷末題「界比丘道真受持」，即三界寺道真使用的經文，而道真生活在十世紀中葉。BD06375《十王經》尾題「比丘道真受持」。上述資料顯示該經在敦煌流行的時間主要在五代宋時期。

《十王經》提倡：「爾時佛告阿難、一切龍神、八部大神、閻羅王天子、太山府君、司命、司祿、五道大神、地獄冥官等、行道天王（王按：似為『地獄冥官、行道天王等』）：當起慈悲，法有寬縱，可容一切罪人。若有慈孝男女、六親眷屬修福薦，追拔亡人，報生養恩，七七齋造營經像報父母，令得生天。」該經具有「追拔亡人、令得生天」之作用，這是《十王經》流行的主要原因。

敦煌文獻中還有一件十王經變榜題底稿。P.3304正面為《本際經》，背面為若干壁畫榜題底稿，第一篇是十王經變榜題，但結尾卻有「大目乾連於此鐵床地獄勸化獄卒救母時」一句，雖然榆林窟第19窟目連變相與十王經變有類似之處，但《目連變文》中並沒有《十王經》文字，而敦煌文獻中插圖本《十王經》中最後一圖中有一比丘形像，從此榜題底稿看，此比丘不是地藏，而是目連。最能說明問題的是榆林窟第三八窟：此窟坐南向北，前室北壁畫十王（主尊被清代塗毀，估計是地藏），東壁門北畫地獄，下方有一比丘站在地獄門外，顯然這也是目連。

《地藏菩薩十齋日》，十八件，經藏未收。法藏P.3011、P.3795、P.3809、法藏藏文Pt.941；英藏S.2143、S.2565+P.3024，S.2567，S.2568，S.4175，S.4443，S.5541，S.5892，S.6897、英藏藏文Ch.9Ⅱ；其他：北大D.074號、上博48號、

BD02918、BD03925v7。[4]

茲錄出 S.2568《地藏菩薩十齋日》：

地藏菩薩十齋日

一日童子下。念定光如來，不墮刀槍地獄，持齋除罪四十劫。

八日太子下。念藥師琉璃光佛，不墮糞屎地獄，持齋除罪三十劫。

十四日察命下。念賢劫千佛，不墮鑊湯地獄，持齋除罪一千劫。

十五日五道大將軍下。念阿彌陀佛，不墮寒冰地獄，持齋除罪二百劫。

十八日閻羅王下。念觀世音菩薩，不墮劍樹地獄，持齋除罪九十劫。

廿三日大將軍下。念盧舍那佛，不墮餓鬼地獄，持齋除罪一千劫。

廿四日太山府君下。念地藏菩薩，不墮斬砍地獄，持齋除罪一千劫。

廿八日帝釋下，念阿彌陀佛，不墮截鋸地獄，持齋除罪九十劫。

廿九日四天王下，念藥師上菩薩（按：據 S.5892 等，應為「念藥王藥上菩薩」），不墮碾摩（磨）地獄，持齋除罪七千劫。

卅日境天王下，念釋迦牟尼佛，不墮灰何（河）地獄，持齋除罪八千劫。

敦煌寫本《贊禮地藏菩薩懺悔發願法》，BD05922。

敦煌寫本《地藏菩薩印》，BD08213。

4 張總：《地藏菩薩十齋日》，方廣錩主編：《藏外佛教文獻》第 7 冊，宗教文化出版社 2000 年版。

敦煌寫本《地藏略儀》，P.4814（5）。

BD04456 正面為吐蕃時期寫本《毗尼心經》，背面是歸義軍時期佛教相關發願文範本，其中有「地藏菩薩」兩條，全文是：「地藏菩薩。現身六道，流（S.4624 作「留」）念四生。示跡於苦趣之中，作沙門像。說法於閻羅王界，隱菩薩刑（形）。憶想殃除，稱名罪滅。」「地藏菩薩。其菩薩乃寶珠入掌，金縷嚴身，得生忉利之天，常拔劍輪之苦。」第一篇內容又見於 S.4624，大約是發願文作者的備用詞彙（《書儀》）。

九、十世紀的敦煌文獻顯示，地藏信仰滲透於敦煌日常生活和葬儀中，主要表現在：

平生設十王供。《十王經》的最大特色是宣傳既要對亡者修十齋、又要在生前為自己預修十齋（先修、逆修），敦煌文獻中有一些相關資料。P.2044《願文範本》第三十九篇為《逆修》，而 S.4624 第三篇同樣題為《逆修》，卻文字完全不同。S.5629+S.5640 為五代時期使用的《亡文範本》，其中第三篇是《先修十王會》，即預修十王齋會，「手捧金爐」，「精修妙供，直開甘露之門；稽首金人，願托當來之果。」「願十王明鑑，來降道場；善惡簿官，同臨此會。鑑斯誠懇，普為護持；賴茲勝因，齊登覺道。」第四篇是《先修意》，也是十王齋會範文，全文較短，但內容具體：「加以廣抽玉帛，大舍珍饈；瓊花供三德之尊，紙墨獻十王之號。是時也，金鞍玉璒隨馬，雕妝寶帳銀屏。高駝皆負青蚨，亂彩咸鋪座側。並上天曹地府，六道冥官，不昧陰靈，各垂領納。繇是欲抽金玉，預作前由，質虆列八德之尊，駝馬獻十王之位。總斯多善，並用莊嚴。」資中西崖第八五窟刻地藏並十王，題記：「因設報恩齋慶贊畢，齋頭弟子劉□□鐫造上件功德並已，普益四恩三方，法界眾生同霑此福。時光化□年忠勝鄉下□□云登等參拾人，就當院修設十王並報恩齋。」當時敦煌與四川關係密切，《十王經》較可能來自四川，我們有理由懷疑敦煌的十王齋會也來自四川。

臨壙念地藏菩薩名。S.4474 為《釋門雜文》，最後兩篇題《西方贊文》《十念文》。《西方贊文》提到「臨終十念，得往彼中」。《十念文》是在入葬時大眾「止哀停悲」，口念「南無大慈大悲西方極樂世界阿彌陀佛，三遍。南無大慈大悲西方極樂世界觀世音菩薩，三遍。南無大慈大悲西方極樂世界大勢至菩薩，三遍。南無大慈大悲地藏菩薩，一遍」。「滋益亡靈，神生淨土」，是為十念。臨壙十念在敦煌一度成為一種葬儀，P.2622《吉凶書儀》云臨壙時「僧道四部眾十念訖，升柩入壙」。在此，地藏與西方淨土信仰又連繫在一起，兩者之間的關係頗好理解：前九念是為了往生西方淨土，後一念是為了避免往生地獄，目的都是為了往生西方極樂淨土。

敦煌資料顯示，敦煌曾流行五會唸佛、十念等西方淨土信仰形式，但敦煌壁畫西方淨土圖像中沒有或者說無法表現「五會念佛」「十念」的儀式，由此看來，敦煌繪畫沒有表現淨土信仰的全部內容。

4. 地藏圖像

地藏圖像出現較晚，大約開始於玄奘譯出《十輪經》之後，此前的地藏圖像未見遺存與記載。關於地藏像的最早記載是成書於六六八年的道世《法苑珠林》。該書卷一四《唐益州法聚寺畫地藏菩薩緣》記載：「唐益州郭下法聚寺畫地藏菩薩，卻坐繩床，垂腳，高八九寸。本像是張僧繇畫，至麟德二年（665）七月，當寺僧圖得一本，放光，乍出乍沒，如似金環，大同本光。如是展轉圖寫出者，類皆放光。當年八月，敕追一本入宮供養。現今京城內外道俗畫者供養，並皆放光，信知佛力不可測量。（家別一本，不別引記）」

永徽五年（654），唐臨撰《冥報記》，內提到若干僧人在地獄的活動，但無地藏名，推測此時地藏信仰還未流行。現存最早有紀年的地藏造像見於龍門藥方洞（麟德元年，664），時距張僧繇已有百年之遙，我們沒有發現之前的地藏造像資料，佛教徒本好神異（如同時的道宣）我們不得不懷疑《法苑珠林》所記張僧繇畫地藏圖像這條資料的可靠性。麟德元年（664），道宣撰《廣弘明集》，卷二七《奉養僧田門》中提到的諸菩薩僧中還不見地藏菩薩名：「奉為至尊、皇后、皇太子、七廟聖靈、天龍八部、乃至十方一切劇苦眾生，敬禮十方一切僧寶：敬禮當來下生佛兜率天彌勒菩薩僧、敬禮遊方大士文殊師利菩薩僧、敬禮救苦大士觀世音菩薩僧、敬禮護法大士普賢菩薩僧、敬禮滅罪大士虛空藏菩薩僧、敬禮十方一切行大道心菩薩僧、敬禮十方一切行緣覺心辟支佛僧、敬禮十方一切行下乘者諸聲聞僧、敬禮賓頭盧闍住法萬載諸聲聞僧、敬禮佛子羅睺羅住法萬載諸聲聞僧、敬禮剡州山海九億萬住法萬載諸聲聞僧、敬禮三千界內現在一切諸凡聖僧，願一切含靈常與賢聖同乘正道，開智生福不墜惡趣，生生遭遇為善知識，伏除煩惱得出諸有。」

七世紀六〇年代開始，龍門石窟地藏造像數量驟增，與地藏有關的文字資料和圖像資料有四十多項。[5]四川石窟也數量可觀，其中廣元、大足石刻中最多，「廣元石窟中的地藏造像有五十一龕，五十二身造像」[6]。大足石刻中的地藏像數量約有七十身。[7]南響堂山石窟有十餘身，第七窟的地藏龕為單尊像，有證聖元年（695）題記。散存的地藏

5　常青：《龍門石窟地藏菩薩及其有關問題》，《中原文物》1993 年第 4 期。久野美樹：《唐代龍門石窟の地藏菩薩像》，《女子美術大學研究紀要》第 33 號，2003 年 3 月。據久野美樹調查，龍門石窟有「地藏」「地藏菩薩」題記的地藏像 44 尊。

6　廣元皇澤寺博物館等：《廣元石窟》第 125 頁，巴蜀書社 2002 年版。姚崇新：《廣元的地藏造像及其組合》，《藝術史研究》第 4 輯，2002 年。姚文沒有統計表。

7　胡良學、蔣德才：《大足石刻的地藏造像初識》，《四川文物》1997 年第 2 期。

資料也不少，如著名的咸亨元年（670）崔善德造像碑一面造彌勒，一面造地藏。[8]《金石續編》卷五《張三娘造像並鐫〈心經〉題記》：「永隆二年（681）五月四日，雍州好畤縣佛弟子張三娘為亡夫及父婆男女眷屬敬造彌勒世尊、觀音地藏二菩薩及鐫《般若多心經》。」武威博物館藏有景雲二年（711）《涼州大雲寺古刹功德碑》，具載當時該寺的畫塑，其中有「院山門內各畫神王二，東西兩門各畫金剛。其後地獄變，中觀音菩薩二、地藏一。」[9]

敦煌的地藏圖像始見初唐，有三身。盛唐驟增，約十三身。中唐也很流行，晚唐出現地藏與十王像的組合等，五代繼續流行，宋、西夏仍見。現存於壁畫和紙絹畫中的地藏圖像約百幅，其中單尊像占三分之二、其餘占三分之一。另外，敦煌莫高窟第三二一窟、第七四窟十輪經變中也有地藏圖像。

二　敦煌地藏圖像研究回顧

二十世紀初以來，許多學者關注過地藏圖像，但研究敦煌地藏圖像的論文不多，取得的成就十分有限，比較詳細的論文論著有：

一九三七年，松本榮一出版《敦煌畫研究》，與地藏有關的論述見第三章第七節「披帽地藏菩薩圖」、第八節「十王經圖卷」。此兩節公布的敦煌資料較少，未涉及唐前期敦煌的地藏圖像，但涉及了較為豐富的中國傳世佛教文獻、日本傳世文獻與圖像，仍有參考價值。

8　此碑現不知下落，但有圖版留下，參三上次男《唐咸亨元年銘の碑像と地藏像》，《古美術》1967年第18期。

9　《全唐文》卷二七八。張寶璽：《唐「涼州大雲寺古刹功德碑」所載壁畫考究》，敦煌研究院編《2004年石窟研究國際學術會議論文集》下冊，上海古籍出版社2006年版。

一九七四年，河原由雄發表《敦煌畫地藏圖資料》（《佛教藝術》第 97 號）。這一期的《佛教藝術》是地藏研究專號，發表一組與地藏圖像相關的論文。由於無法完整收集敦煌壁畫中的資料，河原由雄的論文只提到七個洞窟的地藏圖像，唐前期只提及第一六六窟一身。

一九九三年，羅華慶發表《敦煌地藏圖像和「地藏十王廳」研究》（《敦煌研究》1993 年第 2 期）。該文敘述了較多的敦煌壁畫中的地藏圖像，但沒有按時代介紹，因此圖像的發展演變脈絡就無法闡述。對壁畫中的地藏像統計不全面，未及榆林窟資料。

王微（F. Wang-Toutain）《中國五至十三世紀的地藏菩薩》（法國遠東學院出版，1998 年），這大約是最早的一部地藏研究專著，但對敦煌地藏圖像涉及不多。[10]

潘亮文《中國地藏菩薩像初探》（臺南藝術學院，1999 年）。該書標示「中國地藏菩薩像初探」，實僅稍詳於龍門、大足、響堂山、敦煌數地而已，未及廣元石窟等其他石窟。該書第二部分「地藏菩薩像的作品」專列「敦煌地區」一項，統計了藏經洞出土紙絹畫中的地藏圖像，得三十五例，尺寸等記錄較為完整。又按時代先後將敦煌壁畫中的地藏像作一統計，條理清晰。因不能實地普查全部圖像，又對洞窟年代、圖像年代缺乏判斷，錯漏頗多，唐前期十六身地藏像只統計九身，而將七身其他時期的地藏像混入此期討論。

莊明興《中國中古的地藏信仰》（臺灣大學出版委員會出版，1999 年），對敦煌地藏資料未加關注。

張總《地藏信仰研究》（宗教文化出版社，2003 年）。作者沒有實

---

10 F. Wang-Toutain, *Le Bodhisattva Ksitigarbha en Chine du Ve au* ⅩⅢ *e Siecle*，EFEO，1998.

地考察敦煌全部地藏圖像，也沒有注意河原由雄、潘亮文的論文，依據《敦煌莫高窟內容總錄》和羅華慶論文，對地藏圖像按時代次序羅列窟號，沒有圖像的描繪。所列出的地藏像有的不是地藏，有的是其他時代的。

其他的一些論文對敦煌的地藏圖像也有涉及，但多據未經核實的資料，可置不論。有的研究地藏圖像的論文乾脆沒有記錄任何敦煌地藏圖像。[11]

總地來看，對敦煌地藏圖像的研究還停留在資料的收集、整理上，論文的主要內容是分類的介紹和數量的統計，唯潘亮文對圖像的描繪多一些，幾乎所有的文章沒有對敦煌地藏圖像進行全面調查。

三　地藏的形像與地藏圖像的分類

地藏圖像的表現形式與組合關係有許多差異，學者多予以分類。河原由雄分作七類：單尊像、觀音地藏組合像、密教像、配雲地藏像、披帽像、配十王地藏像、十王經圖卷中的地藏像。潘亮文分為五類：單尊像、配六道地藏像、配十王地藏像、配六道十王地藏像、十王經卷中的地藏像。羅華慶分七類：印契、持物、持寶珠、持寶錫、六道相配之地藏菩薩圖像、被帽地藏菩薩像、地藏十王廳變相，其實，第一至四、六項是按照形像分類，第五、七項以形式分類，欠妥。

各家多種分類主要是依據組合不同而進行分類，其實地藏圖像主要是單尊像和組合像兩大類，由於十輪經變中有地藏圖像，應加上十輪經變中的地藏像一類。因此我們將地藏圖像分作三大類：

十輪經變中的地藏像；

11　如羅世平：《地藏十王圖像的遺存及其信仰》，《唐研究》第 4 卷，1998 年。

單尊像（密教地藏像也多單尊像）；

地藏與六道、地藏與十王、地藏與十王經變、地藏與六道十王像等組合像。

地藏的形像因經典的不同而有差異，在流傳過程中也有變化，大致可分作比丘形（僧形）和菩薩形，分別屬於《十輪經》系和密教系。其中比丘形還可分普通僧人形和披帽僧人形兩種，每種有手作印契和持物兩類。持物類多為執錫杖、托寶珠，少數持蓮花或其他物品。在唐前期的敦煌壁畫中只出現普通僧人形像的地藏圖像，配六道像只出現一鋪（第175窟）。

1.《十輪經》系

《十輪經》系地藏單尊像的主要特徵是比丘形和托寶珠。

比丘形。地藏菩薩以比丘形像現形主要見於《十輪經》，北涼譯本記載：「是地藏菩薩作沙門像，現神通力之所變化。」玄奘譯本同此：「以神通力現聲聞像。」

持寶珠。北涼譯本序分記載，當地藏即將現身佉羅堤耶山釋迦說法會時，道場出現諸多神異，其中就有與會大眾人人雙手持寶珠：「……諸來大眾悉見種種雨，亦聞無量諸法音聲，隨意衣服嚴飾之聲。又復皆悉見其兩手有如意珠，雨如意寶。」玄奘譯本相同。似乎經文意思是與會大眾雙手持寶珠，雖然沒有明確提到地藏持物，但這段經文即表示地藏手持寶珠，此會大眾因地藏的出現而產生雙手持寶珠的感應，這應是地藏手持寶珠的來由。

持寶珠並非地藏獨有的特徵，其他菩薩也有雙手持寶珠者，如（東晉）佛陀跋陀羅譯《觀佛三昧海經》卷三記載：「云何觀如來頸相？……其蓮花上有七化佛，一一化佛有七菩薩以為侍者，一一菩薩二手皆執如意寶珠，其珠金光，青黃赤白及摩尼色，皆悉具足。如是圍繞諸光畫中，是名佛頸出圓光相。」但此說法未見流行，佛教造像中未見其他雙手持寶珠的菩薩。

唐前期敦煌地藏單尊像中，雙手各持寶珠或一手持寶珠者占百分之七十。前揭咸亨元年崔善德造像碑一面造彌勒，一面造地藏，地藏比丘形，善跏坐，雙手各持一寶珠。每一寶珠各化現三組人物，當表示六道。四川廣元市千佛崖第二一三窟附一龕、第二一五窟附八龕、第二一六窟、第二九九窟、第八〇六窟附二八龕，四川蒲江縣飛仙閣第三八、五五窟等窟龕中的地藏像均為比丘形，雙手各持寶珠。

還有一種是十輪經變中的地藏像，比丘形像，一般雙手不持物。第三二一窟十輪經變中有八身（其中只有一身地藏右手托寶珠，另外在說法會下方有一身比丘形赴會地藏）、第七四窟十輪經變中有五身。

2. 密教系

密教經典雖然有地藏為比丘像的記載，但主要還是菩薩像，持物多有不同。

不空譯《八大菩薩曼荼羅經》記載了八大菩薩的形像及其持物：

觀音：左蓮花、右與願，化佛冠；

彌勒：左水瓶、右施無畏，寶塔冠；

虛空藏：左寶珠、右與願；

普賢：左與願、右劍，五佛冠；

金剛手：左手按胯、右金剛杵；

文殊：左青蓮花上金剛杵、右與願；

除蓋障：左如意幢、右與願；

地藏：左缽、右安慰印。

其中地藏形像是：「於如來前想地藏菩薩頭冠、瓔珞，面貌熙怡寂靜，愍念一切有情。左手安臍下拓（托）鉢，右手覆掌向下。」榆林窟中唐第二五窟、榆林窟五代第二〇窟等八大菩薩曼荼羅經變中有此形像的地藏菩薩。

（唐）菩提流支譯《不空索神變真言經》卷九記載：『地藏菩薩左手執蓮花臺上寶印，右手揚掌，半跏趺坐。」未明言是比丘形像還是菩薩形像，但敦煌盛唐第一四八窟北壁龕內原有繪塑結合之不空羂索觀音經變。龕頂北披畫地藏及眷屬一鋪九身，主尊地藏坐姿（類似結跏趺坐，但不標準），比丘形，雙手不持物，榜題：「地藏菩薩」。兩側各有 四脅侍菩薩，榜題保存完好（圖 1）。但從榜題文字看，這幅地藏菩薩並眷屬圖似乎與不空羂索觀音經變無關。

▲ 圖1　第一四八窟地藏

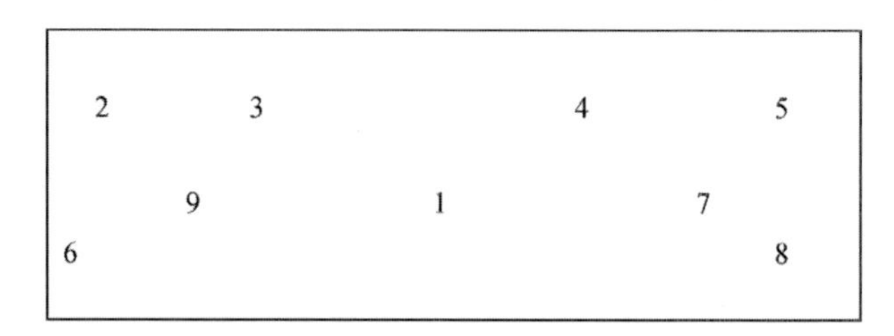

尊像的榜題為：1.地藏菩薩；2.大世志菩薩；3.喜根菩薩；4.僖王菩薩；5.思維菩薩；6.常慘菩薩；7.執寶印菩薩；8.大力菩薩；9.此菩薩無榜題，當系畫工失誤。

（唐）善無畏（輸婆迦羅）譯《地藏菩薩儀軌》記載地藏形像是手執蓮花的比丘：「畫像法：作聲聞形像，著袈裟，端覆左肩，左手持盈花形，右手施無畏，令坐蓮花。」這一持花比丘形像較少見。

日本《覺禪抄》記載的地藏形像是：「內秘菩薩行，外顯比丘相，左手持寶珠，右手執錫杖，安住千葉大蓮花。」[12]言引不空譯《地藏儀軌》，但此儀軌不見記載。而地藏持寶珠、錫杖的形像卻頗為流行，其起源仍有待考證。

經軌所記地藏菩薩形像

經典	形像	左手	右手	坐姿
《十輪經》	比丘	持寶珠	持寶珠	未記載
《地藏菩薩儀軌》	比丘	持花	施無畏	結跏趺坐
《覺禪抄》	比丘	持寶珠	執錫杖	結跏趺坐
《八大菩薩曼荼羅經》	菩薩	托缽	撫膝	結跏趺坐
《不空羂索神變真言經》	未明言，第一四八窟為比丘形	持寶印	施無畏	半跏趺坐

12 《大正藏》圖像部第5冊，第129頁。

四　敦煌早期的披帽地藏圖像資料

南北朝時期就流行觀音信仰，地藏信仰和地藏圖像則產生於初唐。觀音主要拯救人間苦難，地藏既能拯救人間苦難，也能拯救陰間（地獄）苦難。地藏信仰在唐宋時期非常流行，但在印度罕見其蹤，所以地藏信仰是佛教在中國發展的特有產物。佛經記載的地藏形像有比丘形和菩薩形，而披帽地藏形像與十王圖像卻產生於中國，本文擬結合敦煌新發現的資料，對初期的披帽地藏像與十王圖像進行考察。

需要注意的是，佛教造像中有阿彌陀佛來迎圖、彌勒菩薩來迎圖、引路菩薩來迎圖等，都是往生淨土（西方淨土或彌勒淨土），疑偽經《地藏菩薩經》提到地藏來迎：「若有人造地藏菩薩像、寫《地藏菩薩經》及念地藏菩薩名，此人定得往生西方極樂世界，此人舍命之日，地藏菩薩親向來迎，常得與地藏菩薩共同一處。」似乎地藏是西方極樂世界的一位菩薩，但在地藏信仰中，地藏並沒有迎接亡者往生西方淨土之職能，地藏主要負責在地獄救度，在實際佛教造像中，也沒有發現地藏來迎圖。

1. 披帽地藏圖像出現的背景

觀音在佛教中的地位僅次於佛，地獄救度自然不在話下，但在佛經中，觀音地獄救度的內容都很簡略，如（姚秦）鳩摩羅什譯《法華經・觀世音菩薩普門品》記載：「種種諸惡趣，地獄鬼畜生，生老病死苦，以漸悉令滅。」但該經更多的是描述觀音救現世苦難。（東晉）難提譯《請觀世音菩薩消伏毒害陀羅尼咒經》記載觀音在五道（也稱五趣，指地獄、畜生、餓鬼、人道、天，佛教還有一種六道的說法，則是加上阿修羅道）救度眾生：「爾時世尊而說偈言：『大悲大名稱，吉祥安樂人，恆說吉祥句，救濟極苦者。眾生若聞名，離苦得解脫，亦遊戲地獄，大悲代受苦。或處畜生中，化作畜生形，教以大智慧，令發無上心。或處阿修羅，軟言調伏心，令除驕慢習，疾至無為岸。現身作餓鬼，手出香色乳，飢渴逼切者，施令得飽滿。大慈大悲心，遊戲於五道，恆以善集慧，普教一切眾。無上勝方便，令離生死苦，常得安樂處，到大涅槃岸。』」在現實信仰中，觀音主要在現世救度，在地獄救度的資料很少。

地藏在地獄救度性格的形成大致經歷了四個階段：

（1）南北朝時期：觀音的地獄救度

南北朝時期，未見地藏信仰記載，但有觀音地獄救度故事，與後來地藏的地獄救度類似，劉薩訶遊地獄故事最有代表性。《梁書》卷五四記載：

西河離石縣有胡人劉薩何（訶）遇疾暴亡，而心下猶暖，其家未敢便殯，經十日更蘇。說云：「有兩吏見錄，向西北行，不測遠近，至十八地獄，隨報重輕，受諸楚毒。見觀世音，語云：『汝緣未盡，若得活，可作沙門。洛下、齊城、丹陽、會稽並有阿育王塔，可往禮拜。若壽終，則不墮地獄。』語竟，如墮高岩，忽然醒寤。」因此出家，名慧達。

但總地來說，觀音地獄救度的資料不多，這一時期觀音信仰主要還是陽界救度。

（2）初唐：無名僧人的地獄救度

大約在七世紀初，已經有無名僧人在地獄處理冥間事務。永徽五年（654）成書的唐臨《冥報記》有若干僧人在地獄活動的記載，如卷下記載：『永徽二年（651）……六月九日，尚書都官令史王璹暴病死，經二日而蘇，自言初死時，見四人來至其所，云：『追汝。』璹隨行，人一大門，見有廳，上西間，有一官人坐，形容肥黑。廳東間有一僧坐，與官人相當面。向北各有床褥几案，侍童子二百許人，或冠或不，皆美容貌。階下有官吏文案……大官因書案上，謂曰：『汝無罪，放去。』拜辭。『吏引壽至東階下拜僧，僧以印印臂，曰：好去。』吏引壽出東門，南行度三重門，每門皆勘視臂印，然後聽出。」卷下又記載：「華州鄭縣人張法義，年少貧野，不修禮度，貞觀十年（636）人華山伐枝，遇見一僧坐岩中……至十九年（645），法義病死，埋於野外，貧無棺槨，以薪柴木瘞之，七日而甦，自推去，出歸家，家人驚愕，審問知活，乃喜。法義自說初死，有兩人來取，乘空南行，至官府，入大門，又巡巷，左右皆是官曹，門閣相對，不可勝數。法義至一曹……始錄一條，即見岩穴中僧來，判官起迎，問僧何事，僧曰：『張義是貧道弟子，其罪並懺悔滅除，天曹案中已勾畢，今枉追來不合死。』主典曰：『經懺悔者，此案亦勾了。至如張目罵父，雖蒙懺悔，事未勾了。』僧曰：『若不如此，當取案勘之，應有福利。』判官令主典將法義諮王。宮在東，殿宇宏壯，侍衛數千人，僧亦隨至王所。王起迎僧曰：『師當直來耶？』答曰：『未當次直。有弟子張法義被錄來此，其人宿罪，並貧道勾訖，未合死。』主典又以張目事諮王，王曰：『張目在懺悔後，不合免，然師為來，請可特放七日。』」上述資料顯示，地藏信仰在七世紀五〇年代尚不流行，但僧人在地獄「當直」，可視為地藏地獄救度的先聲。

（3）初唐晚期至盛唐：地藏的地獄救度

地藏菩薩信仰的主要佛經依據是（北涼）失譯者名《十輪經》，但在北涼之後的較長時間不見地藏信仰的記載。永徽二年，玄奘重譯《十輪經》，此後不久出現了地藏圖像，兩者之間應該有一定關聯。但這一時期我們還沒有發現地藏在地獄救度的資料。

至七世紀末開始出現地藏在地獄救度的故事，法藏（643–712）《華嚴經傳記》卷四記載：「文明元年（684），京師人姓王，失其名，既無戒行，曾不修善。因患致死，被二人引至地獄門前。見有一僧，云是地藏菩薩，乃教王氏誦一行偈。其文曰：『若人欲求知，三世一切佛，應當如是觀，心造諸如來。』菩薩既授經文，謂之曰：『誦得此偈，能排地獄。』王氏盡誦，遂入見閻羅王。王問此人：『有何功德？』答云：『唯受持一四句偈。』具如上説，王遂放免。當誦此偈時，聲所及處，受苦人皆得解脱。王氏三日始甦，憶持此偈，向諸沙門説之，參驗偈文，方知是《華嚴經》第十二卷夜摩天宮無量諸菩薩云集説法品。王氏自向空觀寺僧定法師説，云然也。」按：這四句偈出於今本《大方廣佛華嚴經》卷一〇「夜摩天宮菩薩説偈品第十六」，此事在澄觀（738–839）《大方廣佛華嚴經隨疏演義鈔》卷四二也有記載。

而後有八世紀中葉的兩則故事。《太平廣記》卷一〇〇「李思元」條記載李思元天寶五年（746）死而復甦，述地獄種種事，其中見閻羅王后「思元出殿門，門西牆有門東向，門外眾僧數百，持幡、花迎思元，云：『菩薩要見。』思元入院，院內地皆於清池，院內堂閣皆七寶，堂內有僧，衣金縷袈裟，坐寶床。思元之禮謁也，左右曰：『此地藏菩薩也。』思元乃跪。諸僧皆為讚歎聲，思元聞之泣下。菩薩告眾曰：『汝見此人下淚乎？此人去亦不久，聞昔之梵音，故流涕耳。』謂曰：『汝見此間事，到人間一一話之，當令世人聞之，改心修善。汝此生無雜行，常正念，可復來此。』因令諸僧送歸。思元初甦，具三十人食，別具二人肉食，皆有贈益。由此也，思元活七日，又設大齋畢，思元又死。至曉甦云：『向又為菩薩所召，怒思元曰：吾令汝具宣報應事，何不言之？將杖之，思元哀請乃放。』思元素不食酒肉，及得再生，遂乃潔淨長齋，而其家盡不過中食。而思元每人集處，必具言冥中事，人皆化之焉」。同書卷一〇〇「僧齊之」條也記載同年（天寶五年）僧齊之卒，閻羅王發覺是誤捉，遂判還魂，「初齊之入，見王座有一僧一馬。及門，僧亦出，齊之禮謁。僧曰：『吾地藏菩薩也。汝緣福少，命且盡，所以獨追。今可堅持僧戒，舍汝俗事，住閑靜寺，造等身像七軀。如不能得錢，彩畫亦得。』齊之既蘇，遂乃從其言焉」。兩事均發生在天寶五年。最值得注意的是，閻羅王身邊有一僧（地藏）、一馬，這與以後發展成地藏身邊有一僧（道明）、一獅子（文殊菩薩化身）有一定關聯。

（4）唐後期：披帽地藏圖像與十王圖像的出現

地藏在地獄裡是披帽形像，這一形像不見於佛經，而是出於道明和尚的傳說。敦煌文獻 S.3092《道明和尚還魂記》是關於地藏信仰的重要文獻（圖 2）。

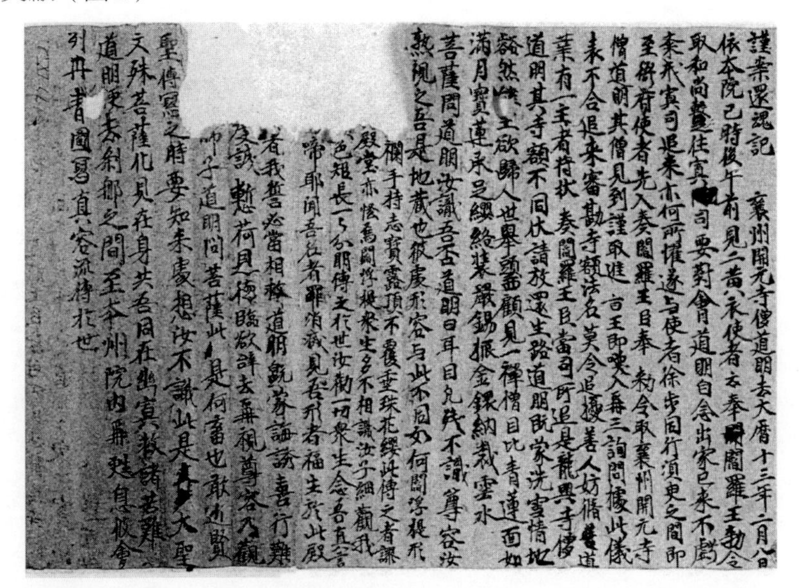
謹案還魂記　襄州開元寺僧道明去大曆十三年二月八日
依本院巳時後午有見二黃衣使者云奉閻羅王勅令
取和尚暫住冥司要對會道明自念出家已來不虧
秉戒冥司追來亦何所懼遂與使者徐步同行須臾之間即
至冥府使者先入奏閻羅王曰奉　勅令取襄州開元寺
僧道明其僧見到謹取進　止王即喚入再三詢問據此儀
表不合追來審勘寺額法名莫令追擾善人妨修道
業有一主者持狀奏閻羅王曰當司所追是龍興寺僧
道明其寺額不同伏請放還生路道明既蒙洗雪情地
豁然辭王欲歸人世舉頭西顧見一禪僧目比青蓮面如
滿月寶蓮承足纓絡裝嚴錫振金鐶納裁雲水
菩薩問道明汝識吾否道明曰耳目凡賤不識尊容汝
熟視之吾是地藏也彼處形容與此不同如何閻浮提形
襴手持志寶露頂不覆垂珠花纓此傳之者謬
殿堂亦恡爲閻浮提衆生多不相識汝子細觀我
色短長一一分明傳之於世汝勸一切衆生念吾真言
帝耶聞吾名者罪消滅見吾形者福生於此啟
者我誓必當相救道明既蒙論誘喜行難
及誠懇荷恩德臨欲辭去再視尊容乃覩
師子道明問菩薩此是何畜也敢近賢
聖傳寫之時要知來處想汝不識此是大聖
文殊菩薩化見在身共吾同在幽冥救諸苦難
道明便去剎那之間至本州院內再甦息於會
列丹青圖寫真容流傳於世

▲ 圖 2　S.3092《道明和尚還魂記》

還魂記

襄州開元寺僧道明，去大曆十三年二月八日依本院，巳時後午前，見黃衣使者，云：「奉閻羅王敕令，取和尚暫往冥司要對會。」道明自念：「出家已來，不虧齋戒，冥司追來，亦何所懼？」遂與使者徐步同行，須臾之間，即至衙府。使者先入，奏閻羅王：「臣奉敕令取襄州開元寺僧道明，其僧見到，謹取進旨。」王即喚入，再三詢問：「據此儀表，不合追來，審勘寺額、法名，莫令追擾善人，妨修道業。」有一主者將狀奏閻羅王：「臣當司，所追是龍興寺僧道明，其寺額不同，伏請放還生路。」道明既蒙洗雪，情地豁然，辭王欲歸人世，舉頭西顧，見一禪僧，目比青蓮，面如滿月，寶蓮承足，瓔珞裝（莊）嚴，錫振金環，衲裁雲水。菩薩問道明：「汝識吾否？」道明曰：「耳目凡賤，不識尊容。」曰：「汝熟視之，吾是地藏也，彼處形容與此不同。如何閻浮提形□□□襤，手持志（至）寶，露頂不覆，垂珠花纓，此傳之者謬，□□□□殿堂亦怪焉。閻浮提眾生多不相識，汝子（仔）細觀我□□□□色短長，一一分明，傳之於世。汝勸一切眾生，念吾真言：□□□□啼耶。聞吾名者罪消滅，見吾形者福生。於此殿□□□□者，我誓必當相救。」道明既蒙誨誘，喜形難□□□虔誠，慚荷恩德，臨欲辭去，再視尊容，乃觀□□□師子，道明問菩薩：「此是何畜也？敢近賢聖？傳寫之時，要知來處。」「想汝不識。此是大聖文，殊菩薩化見（現）在身，共吾同在幽冥救諸苦難。」道明便去，剎那之間，至本州院內，再蘇息。彼會（繪）列丹青，圖寫真容，流傳於世。

約言之，大曆十三年（778）二月八日，襄州（今湖北襄樊市）開元寺僧道明，和尚被地獄使者帶到閻羅王面前，經審查，原本索要的是龍興寺道明，於是決定放還此道明。此時，道明「見一禪僧，目比青蓮，面如滿月，寶蓮承足，瓔珞莊嚴，錫振金環，衲裁雲水」。道明不識，僧自我介紹說他就是地藏，閻浮提將他畫成「手持志（至）寶，露頂不覆，垂珠花纓，此傳之者謬」。要求道明記住他的形像，到陽界後糾正世人的錯誤。地藏旁有一獅子，道明問其緣由，地藏云：「此是大聖文殊菩薩化見（現）在身，共吾同在幽冥救諸苦難。」道明回到陽界，將在地獄見到的地藏像「圖寫真容，流傳於世」。既然「露頂不覆」是錯誤的，說明地藏菩薩是披帽的。

與此同時，襄州還有另一個地藏在地獄救度的故事，（唐）段成式《酉陽雜俎》卷七記載：「梁崇義（？-781）在襄州，未阻兵時，有小將孫咸暴卒，信宿卻甦。夢至一處，如王者所居，儀衛甚嚴，有吏引與一僧對事……忽見沙門曰：地藏尊者語云『弟子若招承，亦自獲佑。』咸乃依言，因得無事。」按：梁崇義，《舊唐書》卷一二一有傳。

《道明和尚還魂記》將故事發生的時間、地點記述在大曆十三年（778）二月八日的襄州，這與孫咸故事幾乎同時、同地。而此後約一百年間，我們沒有發現任何關於披帽地藏的資料，因而筆者懷疑《道明和尚還魂記》本於孫咸還魂故事，但增加了披帽形像的描述、增加了獅子等眷屬。

《道明和尚還魂記》沒有提到十王，並且道明卒後直接見到《十王經》中的第五王閻羅王，而非第一王秦廣王，說明《道明和尚還魂記》產生在《十王經》之前。

印度的地獄之主是閻羅王。《法顯傳》記載阿育王「作鐵輪王，王閻浮提，乘鐵輪案行閻浮提，見鐵圍兩山間地獄治罪人，即問群臣：『此是何等？』答言：『是鬼王閻羅治罪人。』」貞觀十三年（639）《獻陵齊士員造像碑》之閻羅王審判圖像中就刻有四身僧人作行走狀，前面一人微舉右手，左手橫置於腹部，似為前導僧，後面三比丘籠袖相隨，根據相關題刻，似乎是在等待閻羅王審判的違戒比丘。[13]

敦煌文獻 S.4037《李慶還魂記》記載李慶因殺生而卒，「初到冥間見平等王」，平等王因李慶平生信奉《金剛經》而「即遣人送還」，全文是：

李慶者，唐州人也。好田獵，殺害無數。忽會客來，殺豬雞羊數頭。客散後卒亡，經三日再生，具說云：初到冥間見平等王，王曰：「汝殺生甚多，有何功德？」慶答：「解持《金剛經》。」王即合掌舉經題目，怨家便得生天。王即遣人送歸，至門時復生。年八十歲而終。

《宋高僧傳》卷二五「唐上都大溫國寺靈幽傳」記載了類似故事：「釋靈幽，不知何許人也。僻靜淳直，誦習惟勤。偶疾暴終，杳歸冥府，引之見王，問修何業，答曰：『貧道素持《金剛般若》，已有年矣。』王合掌，屢稱善哉，俾令諷誦。幽吮唇播舌，章段分明，念畢，王曰：『未盡善矣，何耶？勘少一節文，何貫花之線斷乎？師壽命雖盡，且放還人間十年，要勸一切人受持斯典，如其真本即在濠州鐘離寺石碑上。』如是已，經七日而甦。幽遂奏奉，敕令寫此經真本，添其句讀。在『無法可說是名說法』之後是也。」此處未及王名，P.2094《金剛經靈驗記》中的第九則即為同一故事，內容基本相同，但提到靈幽所見是平等王：

13　相關文字見於造像碑中的《冥律》：「王教遣左右童子，錄破戒虧律道俗，送付長史，令子（仔）細勘。當得罪者，將過奉閻羅王處分。比丘大有雜人，知而故犯，違律破戒，及禽獸等，造罪極多，煞害無數，飲酒食肉，貪淫嗜欲，劇於凡人，妄說罪福，誑惑百姓，如此輩流，地獄內何因不見此等之人。閻羅王教遣長史，子（仔）細括訪，五五相保，使得罪人，如有隱藏，亦與同罪，仰長史括獲，並枷送入十八地獄，受罪訖，然後更付阿鼻大地獄。王教語長史：『但有尊崇三教，忠孝竭誠，及精進練行，□□□□，□庶苦勤，祇承課役，如此之徒，不在括限。』」參張總《初唐閻羅圖像及刻經》，《唐研究》第 6 卷，2000 年。

昔長安溫國寺僧靈幽忽死，經七日見平等王，王問和尚曰：「在生有何經業？」靈幽答曰：「持《金剛經》。」王遂合掌請念。須臾念竟，王又問和尚曰：「雖誦得此經，欠少一偈者何？」靈幽答王曰：「小師只依本念，不知欠何偈。」王曰：「和尚壽命已，盡更放十年活，此經在濠州城西石碑上，自有真本令天下傳。」其僧卻活，具說事由矣。[14]

（宋）道川《金剛經注》提到：「靈幽法師加此『慧命須菩提』六十二字，是長慶二年（822），今見在濠州鐘離寺石碑上記。」[15]敦煌本提到「經七日見平等王」事，而《李慶還魂記》也是「初到冥間見平等王」。靈幽生活在長慶二年前後，此時平等王還不是《十王經》中記載的百日齋所司之王，說明這時平等王在十王系統中還沒有定型。又，慧琳（737–820）《一切經音義》卷五云閻羅王就是平等王：「閻摩，梵語，鬼趣名也，義翻為平等王，此司典生死罪福之業。」在《十王經》中，平等王是百日齋時見到的王，閻羅王是五七齋時見到的王，閻摩王即平等王，但後來卻按音稱閻摩王。按意稱平等王。從靈幽故事判斷，十王信仰在九世紀上半葉尚未確立。

2. 披帽地藏圖像考源

現存最早有紀年的地藏造像見於龍門石窟的藥方洞（麟德元年，664），而後在佛教造像中較多存在，分布廣泛，敦煌地區現存的地藏像就有一百五十身。初期的地藏圖像多數是比丘形像，少數是菩薩形像，到後來出現披帽地藏圖像，保存最早的披帽地藏像屬於九世紀八九十年代。

14 參閱鄭阿財《敦煌寫卷「持誦金剛經靈驗功德記」研究》，（臺灣）中正大學編印《全國敦煌學研討會論文集》，1990 年。收入個人文集《敦煌佛教靈驗記研究》，新文豐出版公司 2010 年版。

15 關於靈幽地獄誦經的考證參閱牧田諦亮《中國佛教史研究》（第二），大東出版社 1984 年版，第 90–92 頁。

美國哥倫比亞大學 Miriam and Ira D. Wallach Art Gallery 藏賽克勒收集品 S4426 號為一件唐前期造像碑，高一〇三釐米、寬五十六釐米，正面主龕內刻結跏趺坐說法佛五尊像（一佛二弟子二菩薩），上小龕內刻倚坐佛三尊像（一佛二弟子）。背面內容比較多，自下而上是：下半部分 二層，下層右側禪定佛龕（一禪定佛二弟子），餘三分之二位置刻《高王觀世音經》；中層二列龕，刻涅槃像、棺前舉哀。上半部中龕內刻半跏坐菩薩形地藏，左右各四小龕、上方一龕，上方一龕略大，此九龕刻六道圖像。[16]

（清）胡聘之《山右石刻叢編》卷九收有安徽鳳臺縣天復三年（903）《廣福寺經幢》，發願文中提到有十王像，這也是目前我們在傳世文獻中見到的最早有確切年代的十王資料。此經幢一個特點是，刻《金剛經》，而非常見的《尊勝經》。發願文是：「弟子李宗大為累遭離亂，骨肉團圓，發願造寶林寺一所，敬畫造迦像一鋪，又畫西方淨土一鋪，敬畫維摩居士功德一鋪，又畫土王像一鋪，以此功德……時大唐天復三年歲次癸亥七月己亥朔二十五日癸亥。」[17]按：此引錄文有錯漏，題記中的「迦像」即為「釋迦像」之略稱，「土王像一鋪」應為「十王像一鋪」。

石窟造像中最早出現在四川石窟，有年代的是資中西岩（御河溝）第八十五窟，有光化紀年（898–901）。[18]綿陽北山院石窟多數建於晚唐，有乾符四年（877）、六年等題記，第九窟為十王經變龕，也當為晚唐作品。[19]安岳來鳳鄉聖泉寺十王經變龕主尊為披帽地藏坐像，左手

---

16 圖 見：Miriam and Ira D. Wallach Art Gallery, *Treasures Rediscovered : Chinese Stone Sculpture from the Sackler Collections at Columbia University*，Published by the Miriam and Ira D. Wallach Art Gallery，Columbia University in the City of NewYork, 2008, Pl.5.

17 《山右石刻叢編》，山西人民出版社 1988 年版，第 44 頁。

18 丁明夷：《四川石窟雜識》，《文物》1988 年第 8 期。

19 劉佳麗：《綿陽北山院摩崖造像述略》，《四川文物》2000 年第 6 期。張總：《四川綿陽北山院地藏十王龕像》，《敦煌學輯刊》2008 年第 4 期。

托寶珠，右手毀，從供養人形像和風格看，該窟應建於五代。[20]

筆者對敦煌地藏圖像進行了詳細考察，[21]得知約有一百五十身地藏像，列表如下：

敦煌地藏圖像時代及形像統計

	總數	比丘形	披帽形	菩薩形	殘破
初盛唐	28	28			
中唐	22	22			
晚唐	20	20			
五代	20	7	9		4
宋西夏	10	3	4		3
紙絹畫	43	20	22	1	

注：1.初盛唐包括十三身十輪經變中的地藏像。2.不包括敦煌地區九鋪八大菩薩曼荼羅中的菩薩形地藏菩薩。3.新發現的莫高窟第八窟地藏圖像暫列在五代。

敦煌壁畫中，除莫高窟第八窟以外，唐代的地藏菩薩均為比丘形，五代開始出現披帽地藏，並且數量超過比丘形。敦煌紙絹畫中，比丘形地藏主要出現在幡畫中，披帽形地藏主要出現在地藏與十王圖像中。

3. 莫高窟第八窟地藏十王圖像[22]

該鋪圖像是筆者新近調查所得，洞窟的年代大約在九世紀九〇年代，則此鋪地藏十王像是敦煌地區大致年代可考的最早的一鋪地藏十

20 張總、廖順勇：《四川安岳聖泉寺地藏十王龕像》，《敦煌學輯刊》2007 年第 2 期。

21 王惠民：《唐前期敦煌地藏圖像考察》，《敦煌研究》2005 年第 3 期。王惠民：《中唐以後敦煌地藏圖像考察》，《敦煌研究》2007 年第 1 期。

22 王惠民：《敦煌所見早期披帽地藏圖像新資料》，2009 年芝加哥大學「十世紀美術考古」會議提交論文，2012 年出版。*Tenth-Century China and Beyond: Art and Visual Culture in a Multi-centered Age*（《十世紀的中國及其周邊：多中心時代的藝術和視覺文化》，The center for the Art of East Asian, Department of Art History, University of Chicago and Art Media Resources, Inc. 2012, pp. 266–284.

王圖像。

莫高窟八、九、十窟為一組洞窟：第九窟為主窟，東西進深八點五米、南北寬五點六米，甬道長二點三米；前室南壁開一小龕，南北進深一點五米、東西寬一點八米，為第十窟；前室北壁開一帶甬道的大窟，為第八窟，主室平面方形，長寬各三點九米，甬道長一點八米，這在敦煌石窟中實際上算得上是一個中等大小的洞窟（圖 3）。敦煌石窟中有一窟附二龕的組窟（緊鄰的 11、12、13 窟也是），但出現像第八窟這樣大的洞窟，很罕見，原因有待研究。

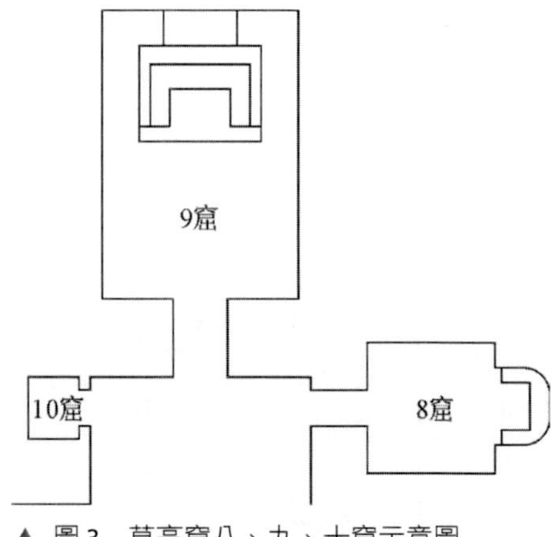

▲ 圖 3　莫高窟八、九、十窟示意圖

第九窟的窟主不明，但洞窟的年代約在索勳任歸義軍節度使時期（892–894）。甬道南壁畫二身供養人，西起第一身題名：「敕歸義軍節度管內觀察處置押蕃落等使銀青光祿大夫□□□□檢校右散騎常侍兼御史大夫索勛供養。」第二身題名：「朝散大夫沙州軍使銀青光祿大夫檢校左散騎常侍兼御史大夫上柱國隴西郡李弘諫一心供養。」甬道北壁畫二身供養人，西起第一身題名：「……光祿大夫檢校司徒同中書門下平章事食……實……萬戶侯賜紫金魚袋南陽郡開國公張承奉一心供養。」第二身題名：『……瓜州刺史……光祿大夫檢校右散騎常侍兼御史大夫上柱國隴西郡李弘定一心供養。」因為不提「窟主」，所以這些人都不是窟主，而是某窟主將當時統治者畫在這裡，這是當時的慣例。真正的窟主供養像在主室東壁門上、門兩側和前室西壁門兩側，現存供養人題名已難判定窟主身分。甬道四身供養人的關係是：甬道南壁西起第一身是歸義軍節度使索勳，甬道北壁西起第一身是相當於歸義軍節度副使的張承奉，他們身後的供養人分別是張議潮十四女婿李明振的第三子李弘諫、第二子李弘定。大順元年（890）二月廿二日張議潮女婿索勳發動政變，殺死歸義軍節度使張淮深夫婦及其六子，擁立張議潮子張淮鼎任歸義軍節度使，景福元年（892）唐王朝授索勳為歸義軍節度使，乾寧元年（894）李明振妻殺索勳，張淮鼎子張承奉任歸義軍節度使，則第九窟的年代當是索勳任歸義軍節度使之時。[23]作為主窟第九窟的附屬洞窟，第八窟建窟時代也應該在同時或窟主的家屬在稍後修建。

第八窟東壁畫藥師經變，存一角。西壁畫觀經變，基本完好。正壁（北壁）敞口龕龕頂畫釋迦多寶，模糊。窟頂南披畫法華經變（存說法圖和救諸苦難，但沒有觀音形像，《敦煌莫高窟內容總錄》記：「觀音經變救諸苦難」），餘披毀。南壁門東畫二身男供養人立像，頭部毀，門西畫二身供養僧人立像，門上西側畫摩利支天與眷屬，東側毀。南壁正中門上方壁畫，《敦煌莫高窟內容總錄》記「釋迦說法、四眾諸王赴會」，實際上，「釋迦說法」是地藏菩薩說法、「諸王赴會」是十王審判場面（圖4）。

此地藏十王圖像的東側的五身十王已毀，存主尊、西側十王等，約占全部畫面的三分之二。主尊地藏披帽，右腳下垂，作遊戲坐，左手托寶珠、右手持錫杖，座下右側有一蹲獅（左側應有道明和尚，但畫面已毀）。頭光兩側各有一人乘彩雲而來，榜題漫漶，左側（東側）一身存半西側一身完整，雙手執持文書，可知是善、惡童子。右下角

23 賀世哲：《從供養人題記看莫高窟部分洞窟的營建年代》，敦煌文物研究所編：《敦煌莫高窟供養人題記》，文物出版社 1986 年版，第 214 頁。

有二身男子，站在金毛獅子後面，頭著軟腳幞頭，前一人手勢不明，後一人懷抱卷狀物（即文書），類似供養人，但參考其他地藏十王圖像，此二抱持文書者實是判官。主尊兩側各有五身十王，現存右側（西側）五王，列坐在一長方形地毯上，雙手執笏，身後各有榜題，現已漫漶。右側五王中有四王均戴通天冠，最上一身帶盔甲，十王圖像中只有三年齋的五道轉輪王是戴盔甲的，如 P.2003、.2870、S.P.78+S.P.213+S.3961 插圖本《十王經》中的五道轉輪王，美國弗利爾美術館藏敦煌出地藏菩薩圖中穿盔甲者題名「五道將軍」，此即五道轉輪王。按：有的五道轉輪王也與其他諸王一樣是普通帝王形像。

第八窟地藏十王圖像有地藏、金毛獅子、善惡童子、判官、十王等（由於東側毀，應當還有道明和尚），包括了該類圖像的主要內容，說明敦煌地藏十王圖的圖式從傳入之初就較為固定。

▲ 圖 4　八窟地藏十王圖

4. P3129《諸雜齋文》中的《慶十王堂文》

敦煌文獻 P3129《諸雜齋文卷下》中還有一份與地藏十王有關的資

料，時間在九世紀九〇年代，值得關注。

P.3129《諸雜齋文卷下》有齋文三十八篇，為「京右街副僧錄內殿三教首座光道大師賜紫仁貴撰」，缺上卷（或還有卷中），由於齋文中有許多高官如僕射柳璨、節度副使孫儲、節度使李茂貞、禮部尚書孫偓、侍中韋昭度等見於史書，王三慶先生通過大量細緻工作，推定本卷適用的地區是「京畿道與其周邊鄰接的關內道府縣，甚至是以鳳翔府為中心及其所屬地區的邠寧、鄜坊、丹延諸州地帶」。而創作的時間則「上起約在昭宗乾寧三年及光化年這個階段（896–900），下遲不得晚於天復四年（904）八月昭宗被弒」。[24]如第七篇是《故尚父忌日文》，此尚父指王行瑜，《舊唐書》卷二〇《昭宗紀》記載，景福二年（893）「十一月，制以……邠州節度使王行瑜賜號『尚父』，賜鐵券」。又記乾寧二年（895）八月，「制削奪王行瑜在身官爵」。十一月，「王行瑜與其妻子部曲五百餘人潰圍出奔，至慶州，行瑜為部下所殺，並其家二百口，並詣行營乞降」。則此篇作於王行瑜死後不久的某個忌日，即八九五年年底或八九六年年初。又，其中第二十篇為《馬步杜將軍慶十王堂文》，提到「創營一室，特塑十王，功績周圓」。「中安地藏，慈悲之相可觀；傍列冥官，威德之容□□。」（圖5）杜將軍待考，貫休（832–912）有《別杜將軍》詩，不知是否即此杜將軍。《慶十王堂文》中的「邠土」即邠州，屬於關內道，即今陝西省的彬縣，距離長安不遠。文中「今則干戈在野，鑾輅省方」，「兵革早消於疆土，鑾輿速還於宮□。」可能指昭宗在乾寧二年七月為避沙陀入侵而「幸莎城鎮，京師士庶從幸者數萬人」之事，則本篇創作時間為乾寧二年（895）。

24 王三慶：《光道大師撰〈諸雜齋文〉下卷研究》。郝春文主編：《敦煌文獻論集》，遼寧人民出版社 2001 年版，第 563、573 頁。

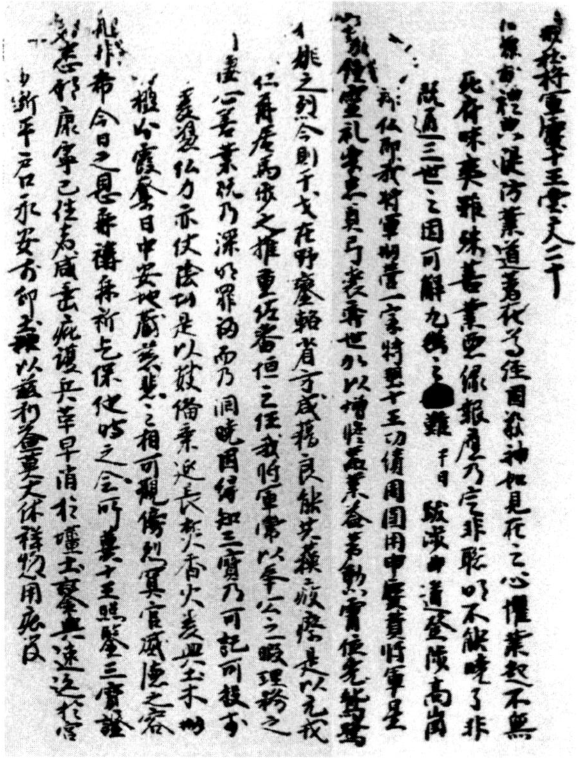

▲ 圖 5　P.3129《慶十王堂文》

筆者推測，仁貴地位顯赫，是賜紫的「京右街副僧錄內殿三教首座」，因而有可能活動在中原的敦煌僧人或歸義軍使者因景仰而抄錄傳回敦煌，傳到時間應該在創作後不久。中原這座十王堂內正中塑地藏（「中安地藏」）、兩側塑十王（「傍列冥官」），第八窟地藏十王圖像也是這樣的布局，兩者是否存在關聯，也值得思考。

P.3129（20）《慶十王堂文》屬於晚唐末期文獻，説明此時已經出現十王造像，這是地藏研究的重要文獻。

1. ……步杜將軍慶十王堂文二十

2. ……禮典，提防業道，著在尊經，圖敬神如見在之心，懼業起不無

3. ……死府昧爽，雖殊善業惡緣，報應乃定，非聰明不能曉了，非

4. ……既通三世之因，可解九幽之難。（於日）跋涉曲道，登陟高崗，

5. ……佛，即我將軍創營一室，特塑十王，功績周圓，用申慶贊。將軍星

6. ……靈，禮樂忠貞，弓裘奕世。加以增修器業，益第勳靈，位光鴛鷺，

7. ……姚之烈，今則干戈在野，鑾輅省方，咸籍良能，共蘇瘀瘵。是以元戎

8. ……再居馬步之推，重佐番垣之任。我將軍常以奉公之暇，理務之……

9. 棲心善業，既乃深明罪福，而乃洞曉因緣，知三寶乃可托可投。於

10.……爰憑佛力，亦仗陰功。是以數備齋筵，長焚香火，爰興土木，創

11 ……極楹，分霞奪日。中安地藏，慈悲之相可觀；傍列冥官，威德之容

12.□禮，非希今日之恩，再禱再祈，乞保他時之會。所冀十王照鑑，三寶證

13.□，悉願康寧。已往者，咸垂庇護。兵革早消於疆土，鑾輿速還於宮

14.□，□□漸平，戶口永安於邠土。以茲利益，莫大休祥，總用

莊嚴。

《全唐文》卷八二五收晚唐黃滔《大唐福州報恩定光多寶塔碑記》，此多寶塔建於天復三年甲子（按：甲子歲是天復四年，904 年）其中提到：「其東南之臂，復建地藏殿一間兩廈。」此地藏殿很可能就是地藏為主尊的地藏十王殿。

從四川石窟、天復三年廣福寺經幢、莫高窟第八窟的地藏十王圖像、敦煌文獻 P.3129《諸雜齋文卷下》中的《慶十王堂文》等資料看，披帽地藏像可能形成於晚唐，而後迅速流傳各地，莫高窟第八窟披帽地藏與十王圖像是敦煌地區大致年代可考的最早的一鋪。到了五代時期，地藏十王像已經成為當時畫壇流行的題材，郭若虛《圖畫見聞志》卷二記載五代畫家王喬士：「工畫佛道人物，尤愛畫地藏菩薩十王像，凡有百餘本，傳於世。」似乎具有商品畫的意味。佛教繪畫商品化也是五代佛教藝術的一個特點，如《宣和畫譜》卷三記五代張玄：『善畫釋氏，尤以羅漢得名……元（即張玄）所畫，得其世態之相，故天下知有金水張元羅漢也。」黃休復《益州名畫錄》卷中記張玄在四川以畫羅漢為職業，「荊湖淮浙，令人入蜀縱價收市，將歸本道」。

《道明和尚還魂記》中，道明和尚曾被無辜地押赴地獄，令人對社會公正性產生懷疑，而十王審判和地藏監察維護著這種公正性。佛教的善惡報應，至此得到虛擬的法律意義上的維護，這也是民眾追求公平、公正、公開的體現，佛教徒信仰地藏菩薩的深層原因，當源於此。另一方面，民眾向來熱衷此類感應與神異故事，如劉薩訶故事、僧伽故事、唐太宗入冥、目連救母等等。相比之下，道明還魂故事因摻有民眾熟悉的地藏、文殊、閻羅王等內容，因而一經產生便廣泛流傳開來，五代宋時期已經普遍流行，如志磐《佛祖統紀》卷四五記載：

『（熙寧）五年（1072）。敕錢唐天竺觀音院歲度一僧，以奉香火。七月，歐陽永叔（歐陽修，1007–1072）自致仕居潁上，日與沙門游，因自號六一居士，名其文曰《居士集》。息心危坐，屏卻酒餚。臨終數日，令往近寺，借《華嚴經》，讀至八卷，倏然而逝。永叔初登政府，苦於多病，嘗夢至一所，見十人冠冕列坐，一人曰：『參政安得至此？』永叔問曰：『公等非釋氏所謂冥府十王乎？』曰：『然。』因問：『世人飯僧造經，果有益否？』曰：『安得無益！』既寤，病良已，自是益知敬佛。」來華日僧成尋（1011–1081）也於熙寧五年（1072）在泗州普照王寺見到一組十王塑像，事見氏著《參天臺五臺山記》卷三延久四年（1072）九月廿一日參觀泗州普照王寺記錄：「東有鐘樓，四重閣，上階有鐘，下階內有等身（釋）伽像，佛前有地藏菩薩像，十王圍繞。左右壁邊坐三尺十六羅漢。佛後有九子母，九子圍繞。」按：此上階、下階是指二樓、一樓。

菩薩一般著天衣、蓄髮寶冠，觀音菩薩為了方便在娑婆世界救度，有三十三變化身，其中就有「比丘身」，但觀音菩薩很少以比丘形像出現，一般都是以菩薩形像出現的。相反，地藏菩薩為穿袈裟的比丘形像，而不是普通的菩薩形像，至唐末，更有披帽比丘形像的地藏像。地藏比丘像見於佛經記載，至於地藏為何披帽，我們尚不明了或許與地獄陰暗寒冷有關。

地藏信仰興起後，觀音主陽間救度，地藏主地獄救度，分工相當明確，而這一分工是佛教在中國發展過程中的產物，在中國佛教造像中，地藏往往與觀音並列，也是中國佛教圖像發展的有趣現象。[25]創造

25 許多學者關注到這一現象，最新的研究成果除筆者對敦煌地藏圖像普查外，還有：肥田路美：《關於四川地區的地藏、觀音並列像》，載大足石刻博物館編《2005 年重慶大足石刻國際學術研討會論文集》，文物出版社 2007 年版。姚崇新、于君方：《觀音與地藏——唐代佛教造像中的一種特殊組合》，《藝術史研究》第 10 輯，2008 年。

披帽地藏菩薩和十王實質上是為了方便宣傳佛教因果報應思想，由於富於故事情節，形象生動，因此得到普通信徒的喜愛，地藏十王圖像的廣泛流行是佛教中國化的一個很好例證，而對早期的披帽地藏圖像的追溯有助於我們了解佛教中國化的具體進程。

五　唐前期敦煌的地藏像

敦煌地藏圖像出現在唐前期，此前對敦煌唐前期地藏像的報告錯誤不少，需要重新調查、核對。

新發現五身地藏單尊像：

初唐第三三三窟東壁門南、門北各畫一身地藏立像，原稱弟子，但均有一手托寶珠，可以確定為地藏像。[26]

盛唐第四一窟東壁門南畫地藏立像（模糊），原稱菩薩，門北對應位置畫化佛冠觀音一身。

盛唐第七四窟東壁門北畫比丘、菩薩立像各一身，北側比丘當為地藏。西壁龕外南側畫地藏菩薩立像，雙手托寶珠。（圖6）

▲ 圖 6　七四窟龕外南側地藏

盛唐第一七五窟南壁東側畫地藏立

26　香港商務印書館 2002 年出版的羅華慶著《敦煌石窟全集》第 2 卷「尊像畫卷」第 175 頁提到此窟有地藏像，未云數量，文字不能卒讀，疑有脱漏。同頁云初唐有二十三身地藏像，未列出具體窟號。

像，原稱藥師佛，一手托缽一手持如意，身兩側各逸出三道雲彩，上有六道圖像和榜題，對應北壁東側畫觀音立像。

另外，前人將一些佛像、弟子像當作地藏像，又將晚期地藏像統計為唐前期地藏像，計有：

第一〇三窟盛唐窟，但甬道壁畫為晚唐作品，甬道南壁晚唐地藏像題「南無地藏菩薩」。

第一一五窟東壁門南、門北盛唐各畫菩薩一身，菩薩上方中唐各補畫藥師佛一身，持藥缽不是地藏菩薩像。

第一二〇窟龕外南側是普通佛像，不是地藏菩薩像。

第一六六窟龕外北側是普通佛像，不是地藏菩薩像。

第一七六窟有六身地藏像，只有北壁正中藥師三尊像中的一身為盛唐，其餘五身地藏為中唐。

第一七二窟東壁門上方各有一比丘三菩薩、一佛三菩薩組像。一比丘三菩薩像中，比丘前導，比丘是否是地藏，待考。

第二一二窟不開龕，西壁畫一佛二弟子二菩薩，南壁西側畫一菩薩立像，對應的北壁西側畫執長柄香爐弟子立像，以上七尊當為一鋪（南壁、北壁剩餘壁面未畫），北壁西側的弟子像位置應為菩薩像才合理，這大約是有人認為此比丘即地藏的原因，但執香爐地藏像極為罕見，本文認為執香爐不是地藏的圖像特徵，周圍圖像也不能證明此比丘為地藏菩薩，故暫以普通弟子像看待。

第四四四窟為盛唐窟，但前室西壁門上地藏像為宋繪。

通過實地普查，我們得出比較準確的數字是，真正屬於唐前期的地藏單尊像約有十七身（見下表）。

唐前期敦煌地藏菩薩統計表

窟號	位置、形像	備注
23	西壁龕外北側上方，比丘立像，右手執錫杖，左手漫漶。	此像較小，此外龕外兩側無畫，位置也較特別，疑此像非同時畫，但風格仍屬盛唐。對應龕外南側無畫。
32	東壁門北。正中為十一面六臂觀音立像。北側地藏立像，右手胸前托寶珠，寶珠放光，光線彎曲飄向上方，光內無物，左手自然下垂，不持物。南側觀音立像（化佛冠）。地藏、觀音的形像較小。	對應門南觀音、藥師各一身。
41	東壁門南（模糊），可以分辨比丘形像、袈裟。	對應東壁門北畫觀音立像。
74（1）	西壁龕外南側，比丘立像，雙手各持一寶珠，寶珠放光。	對應北側立佛一身，原定名盧舍那佛，無據。似為一種瑞像。
74（2）	東壁門北畫化佛冠立菩薩、比丘形地藏菩薩，地藏左手持蓮花，沒有寶珠。	
116	東壁門北，比丘立像，右手曲肘持寶珠，左手自然下垂持寶珠，寶珠均放光，光線彎曲飄向上方，光內無物。	對應門南觀音立像一身（化佛冠）。
122	東壁門北，比丘立像，雙手持一錫杖。	對應門南觀音立像（化佛冠）。
166（1）	東壁門北，比丘立像，雙手各持寶珠。	

續表

窟號	位置、形像	備注
166（2）	東壁門南畫觀音立像、地藏立像，中間榜題可見「救苦觀世音菩薩」「地藏菩薩」字樣。地藏左手作印契，右手大拇指與食指相捻並放光向上，化作雲中七佛。	
175	南壁東側畫地藏立像，比丘形，左手托缽、右手持如意，身後兩側各逸出三道雲彩，上畫六道，主尊題記「南無地藏菩薩」、東側上題記「此是阿修羅王道」、西側上題記「此是天道時」等。	原定為藥師佛，誤。對應北壁東側為觀音立像。
176	北壁中正為藥師、地藏、觀音三立像（藥師居中，西側觀音，東側地藏）。《總錄》記作盛唐。此地藏右手作印契，左手托寶珠，榜題：「南無地藏菩薩……」等字。	參 205 窟同樣組合。此窟題材相當雜亂，有地藏 4 身。其中 3 身為中唐作品。
194	東壁門南晚唐畫觀音（南，右手印契，左手淨瓶）、盛唐畫比丘各一身，均立像。比丘雙手作印契，不持物，有頭光。	此比丘像的地藏特徵並不明顯，但形像較大，又位於門南主要位置，判定為地藏將大致不誤。
205	南壁壁畫多鋪，其中一鋪三尊像是：正中藥師立像，執錫杖、藥缽；東側地藏立像，比丘形，右手作印契，左手持物不明（似持一較小的寶珠）；西側觀音立像。	參 176 窟同樣組合。

續表

窟號	位置、形像	備注
333（1）	東壁門南，比丘立像，右手胸前持寶珠，寶珠放光至上，左手胸前作說法印。	初唐，五代重描面部、手、部分袈裟。
333（2）	東壁門北，比丘立像，左手胸前托寶珠，寶珠放光至上，光中有二佛，右手胸前作說法印。	初唐，五代重描面部、手、部分袈裟。
372	東壁門南，比丘立像，有華蓋，雙手平舉胸兩側，手心各有一放光寶珠，光至華蓋上方變成寶云，雲中有十佛，華蓋下有二長帛。	初唐，對應之門北為藥師立佛。
445	東壁門上，遊戲坐，雙手各持火焰寶珠。	是唐前期唯一的地藏坐像。

按：1.除第333.372窟為初唐窟外，餘為盛唐窟。2.第148窟地藏像見前文。3.法藏敦煌繪畫品MG.17658為有開元十七年題記的絹畫比丘立像，榜題「……菩薩」，比丘的左手托寶珠，放出六道光芒，可能是一身比丘形地藏菩薩像，而後改為老比丘像，面部尚可見改造痕跡。[27]

敦煌莫高窟新發現二鋪十輪經變（第321、74窟），其中第三二一窟十輪經變較為完整，畫面可分釋迦佉羅堤耶山說法會、地藏救苦救難、地藏四十五化身、剎利旃陀羅現智相品、十輪等五組，其中地藏救苦救難圖由眾生苦難、地藏乘雲來救助兩組畫面構成。比丘形地藏一共出現八次，另外在主說法會下方有一身比丘形地藏。第七四窟北壁十輪經變中地藏形像出現五次。[28]

上述唐前期地藏像具有以下幾個特徵：

27 松本榮一：《敦煌本開元題記絹畫考》，《國華》第511號，1933年。

28 關於這鋪十輪經變的其他內容，請參閱王惠民《敦煌321窟74窟十輪經變考釋》，《藝術史研究》第6輯，2004年。

1. 唐前期地藏像主要屬於《十輪經》系

唐前期敦煌石窟地藏圖像多數位於東壁，均為比丘形，站姿、托寶珠、沒有眷屬，多與觀音並列。雙手托持寶珠的有五例：三七二、七四、一一六、一六六（1）、材五窟。一手托持寶珠、另一手作印契的有五例：三三三（1）、三三三（2）、三二、一七六、二〇五窟，另外，第三二一窟十輪經變中有一身地藏一手托寶珠，其餘不持物或持錫杖、漫漶不清楚等七例（包括說法會中的一身）。由此可見，唐前期敦煌的地藏單尊像的特徵主要是比丘形、雙手或單手托持寶珠。因為雙手托持寶珠之像僅見於《十輪經》，其他佛經也沒有記載地藏持寶珠（順便說一下，有學者稱地藏手持的寶珠為「水晶球」，這是毫無根據的），於是我們可以得出這樣一個結論：敦煌唐前期的地藏單尊像基本屬於《十輪經》系統。

二鋪十輪經變中的地藏像共出現十三次，比丘形，一般不持物（只有一身持寶珠），乘彩雲而來救助瀕臨危難者（其中第321窟有一例為地藏赴釋迦說法會，跪於佛座下，有華蓋，手持一物，似為花）。

既然敦煌在唐前期的地藏圖像主要來自《十輪經》，我們在考察其他地區地藏圖像時應注意「十輪經系地藏圖像」，前述咸亨元年（670）崔善德造像碑和廣元石窟中大量雙手托寶珠的地藏像應歸於「十輪經系地藏圖像」。

唐前期十七身地藏單尊像中，有十六身是站立像，但此後的敦煌和其他地區的地藏像多為坐像，只是站像或坐像似無經文上的依據，只能將其作為唐前期地藏單尊像的一個圖像特徵來看待。

2. 唐前期地藏單尊像主要與觀音像組合

唐前期十七身地藏單尊像中，與觀音的組合有九身：三二、四一、七四（2）、一一六、一二二、一六六（2）、一七五、一七六、二〇五窟，無對應的四身：二三、一六六（1）、一九四、四四五窟，與佛的組合二身：七四（1）三七二窟，雙地藏一組：三三三窟。於此可見，地藏與觀音的組合占了較大的比例。（見下表）前文提到武威博物館藏景雲二年（711）《涼州大雲寺古刹功德碑》中地藏也是與觀音對應出現的。而此後的地藏圖像則不強調與觀音相一致的性格，而是注重地獄救度，多與六道、十王的組合，與觀音圖像分道揚鑣，走向獨立的以地獄救度為主的發展道路。

唐前期敦煌地藏單尊像的組合

窟號	地藏位置	對應位置、圖像
23	西壁龕外北側上方	對應龕外南側無畫。
32	東壁門北	十一面觀音三尊像，北側地藏立像，南側觀音立像（化佛冠）
41	東壁門南	對應東壁門北是化佛冠觀音。
74（1）	西壁龕外南側	對應北側立佛一身。
74（2）	東壁門北	與觀音組合。
116	東壁門北	對應門南觀音立像。
122	東壁門北	對應門南觀音立像（化佛冠）。
166（1）	東壁門北	無對應圖像。
166（2）	東壁門南	旁畫觀音立像。
175	南壁東側	對應北壁東側觀音立像。
176	北壁	藥師三尊像，東側地藏立像，西側觀音立像。
194	東壁門南	觀音、地藏各一身，均立像，但觀音為中唐作品。
205	南壁	藥師三尊像，東側地藏立像，西側觀音立像。
333（1）	東壁門南	對應東壁門北也是地藏。
333（2）	東壁門北	東壁門南也是地藏。
372	東壁門南	對應之門北為藥師立佛。
445	東壁門上	無對應圖像。

六　唐後期敦煌壁畫中的地藏圖像

唐後期的地藏菩薩多數是比丘形，還出現了作為密教八大菩薩之一的菩薩形地藏像。據劉永增先生統計，敦煌石窟壁畫中有八鋪八大菩薩曼荼羅（14、170、234窟，榆20、25、35、38窟，東千佛洞第7窟。「榆」指榆林窟），其中作為八大菩薩之一的地藏均為菩薩形，除榆第35窟殘失外，地藏手托寶珠（234、170窟，榆25、38窟），或手托菱形寶印（第十四窟、榆第20窟），或托缽（東千佛洞第7窟）。[29]另外英藏敦煌絹畫S.P.50也是八大菩薩圖，若干尊像上有藏文題名，地藏持寶珠。[30]

中唐有比丘形地藏菩薩像二十四身、晚唐有二十身。

1. 中唐時期

中唐時期敦煌文獻中的地藏信仰資料不多。P.2449正面為《元始應變歷化經》一卷（尾題），背面為《萼囉鹿舍施追薦亡妻文》《尼患文》，發願文多次提到瓜州節度使名，可知文獻屬於蕃占時期，其中《尼患文》中提到：「龍神助護，讚羨空中；地藏□□（參P.3172《尼患文》「龍神助護，讚美空中；地藏資□，□功冥路」，S.343《亡妣文》「縱使灰身粉骨，未益亡靈；唯福是憑，齊薦冥路」句，或可補『資薦』，宣功冥路」）。敦煌喪俗中，有臨壙十念。S.4474為《釋門雜文》，最後兩篇題《西方贊文》《十念文》。《十念文》是在入葬時大眾「止哀停悲」，口念「南無大慈大悲西方極樂世界阿彌陀佛，三遍。南無大慈大悲西方極樂世界觀世音菩薩，三遍。南無大慈大悲西方極樂世界大勢至菩薩，三遍。南無大慈大悲地藏菩薩，一遍」。是為十念，用以「滋益亡靈，神生淨土」，內容是：

29　劉永增：《敦煌石窟八大菩薩曼荼羅圖像解說》（上、下），《敦煌研究》2009年第4、5期。

30　郭祐孟：《敦煌石窟盧舍那佛並八大菩薩曼荼羅初探》，《敦煌學輯刊》2007年第1期。

是以受形三界，若電影之難留；人之百齡，以（似）隙光而非久。是知生死之道，熟（孰）能免之？縱使紅顏千載，終歸□上之塵；財積丘山，會化黃泉之土。是日，□車風風，送玉質於荒郊；素蓋翩翩，餞凶儀而亙道。至孝等對孤墳而擗踴，淚下數行；扣棺槨以號啕，心推（摧）一寸。泉門永閉，再睹無期；地戶長關，更開何日。無以奉酬罔極，仗諸佛之威光。孝等止哀停悲，大眾為稱十念：

南無大慈大悲西方極樂世界阿彌陀佛　三遍

南無大慈大悲西方極樂世界觀世音菩薩　三遍

南無大慈大悲西方極樂世界大勢至菩薩　三遍

南無大慈大悲地藏菩薩　一遍

向來稱揚十念功德，滋益亡靈神生淨土：惟願花臺花蓋，空裡來迎；寶座金床，承空接引。摩尼殿上，聽說苦、空；八解泥（池）中，蕩除無明之垢。觀音、勢至，引到□（西）方，彌勒（陀）尊前，分明聽說。現存眷屬，福樂百年；過往亡靈，神生淨土。孝子等再拜奉辭，河（和）南聖眾。

此期壁畫中的地藏像有二十四身，均為比丘形，立像（另外，榆第 25 窟八大菩薩曼荼羅中有菩薩形地藏 1 身），沒有出現披帽形地藏像。第一五四窟南壁西側上畫一毗沙門天王一觀音，下畫一毗沙門天王一披帽人物，原將披帽人物定為地藏，誤，應為吉祥天女，此窟無地藏菩薩像。第一五五窟龕外南側畫立佛一身，持物不明（原定藥師佛）；北側立佛一身（右手持寶珠）。南壁、北壁經變西側各畫一比丘形地藏立像（原定菩薩）雙手各持一寶珠。該窟窟主與時代可考，西壁龕下有九世紀初乾元寺高僧金炫題記：「……前沙州釋門都教授乾元寺沙門金炫就此窟內一心供養」，關於金炫事跡，可參 P.4660《炫闍梨贊》、P.2912《康秀華疏》、S.2729《辰年（788）牌子歷》等。[31]

此期二十四身地藏像中，與觀音組合為主流配置，共十四例：第二六窟南壁東側、南壁西側，第三二窟南壁西側、第三三窟東壁門南、第四五窟龕外北側、第一一五窟南壁、第一一五窟北壁東側、第一二六窟東壁門南、第一九七窟南壁、第一九九窟東壁門南、第二〇一窟南壁西側、第二二五窟南壁龕外東側、第三七九窟東壁門南。其中，第二二五窟為盛唐未完工窟，三壁開龕，南壁龕內盛唐畫，龕外西側中唐畫化佛冠菩薩立像，榜題：「南無觀世音菩薩」。龕外東側畫比丘立像，榜題：「南無地藏菩薩」。左手托寶珠，右手施無畏印。兩側六道，榜題：「天道」「修羅道」「畜生道」「人道」等。第一九七窟也是盛唐未完工窟，東壁門南北側觀音立像一身（化佛冠）、地藏立像一身。地藏比丘形，雙手各托一寶珠。榜題：「南無地藏菩薩。社人翟嚴壽為亡社人李進齋敬造。」

與菩薩組合像二例。第四五窟東壁門北、第一五三窟龕內北壁，由於觀音有時也是寶冠，所以此兩例中的菩薩也有可能是觀音。

地藏單尊像有二例。第二〇一窟北壁中央中唐觀經變，東側觀音二身，西側上白描佛、菩薩各一身，下比丘立像一身，有頭光，手姿漫漶，從位置和有頭光看，當是地藏。榆林窟第十五窟前室東壁門南畫一地藏單尊像，左手橫置胸前，右手平舉，托寶珠，寶珠放光，現六道。

雙地藏一例。第一五五窟南壁西側、北壁西側各繪一地藏，可能是雙地藏配置。

31 鄭炳林：《都教授張金炫和尚生平事跡考》，《敦煌學輯刊》1997 年第 1 期。

最特殊的是第一七六窟的地藏圖像。該窟屬於盛唐未完成窟，壁畫多數屬於中唐，內容雜亂，沒有經過精密設計。該窟北壁正中盛唐藥師佛說法圖中，地藏與觀音作為主尊脅侍，中唐時期續畫三組地藏圖像，值得關注：1. 南壁東側畫三尊立像，地藏居中，比丘形，左手托寶珠，右手下垂，不持物，榜題：「南無地藏菩薩。女弟子……」；東側菩薩左手托花瓶，右手持楊枝，榜題：「南無日藏菩薩」；西側菩薩雙手胸前作手印，榜題：「南無月藏菩薩」。2. 東壁門南畫三尊立像。地藏居中，比丘形，左手托寶珠，右手作手印。南側為觀音，化佛冠，左手下垂，提淨瓶，右手持楊枝。北側菩薩寶冠，左手托花瓶，右手持楊枝。3. 東壁門北畫三尊立像，地藏居中，比丘形，左手胸前托寶珠，右手胸前作手印；南側立佛，雙手胸前作手印；北側藥師佛，左手托缽，右手作手印。第一七六窟這三鋪地藏圖像的組合敦煌僅見，均為地藏居中的表現顯示地藏已經超越普通菩薩身分。

我們可以看出，中唐時期敦煌的地藏圖像延續了唐前期的圖像風格，以立像、比丘形、托寶珠、與觀音組合為主要圖像特徵，除數量顯著增多外，內容也開始豐富起來，出現二鋪與六道配合的圖像、一身密教菩薩形地藏像（榆第 25 窟八大菩薩曼荼羅中）、第一七六窟三組不同的地藏組合像等等。

敦煌中唐地藏圖像統計

	分布	主要內容
1	26 窟南壁東側	與觀音組合。盛唐未完窟。南壁東起中唐畫一組四菩薩立像，第三身為地藏立像，比丘形，左手托寶珠於胸前。第四身為觀音（化佛冠、左手執淨瓶）。
2	26 窟南壁西側	與觀音組合。南壁西側畫觀音、地藏立像，地藏比丘形，左手胸前托寶珠，右手置胸前（持物漫漶）。

續表

	分布	主要內容
3	32 窟南壁西側	與觀音組合。盛唐未完窟。南壁中唐補繪，中説法會一鋪五身，東側持淨瓶菩薩立像一身，西側地藏立像一身，比丘形，左手托寶珠，右手似作説法印（模糊）。
4	33 窟東壁門南	與門北觀音組合。盛唐窟，東壁未畫，門南中唐補繪地藏、菩薩立像各一身，五代補繪供養比丘一身；門北中唐補繪持淨瓶觀音菩薩一身，五代補繪供養比丘二身（有法松、道行題名）。地藏比丘形，雙手作手印，不持物，有頭光，並列菩薩右手持有花卉的透明玻璃器皿，應為供養菩薩（參第 45 窟）。
5	45 窟龕外北側	與觀音組合。盛唐窟，中唐補繪部分。龕外南側中唐畫觀音立像（化佛冠、左手持淨瓶），龕外北側中唐畫地藏立像，比丘形，左手置胸前，大拇指與食指相捻，右手托寶珠。下方有一形像較小的女供養人，榜題：「女弟子武氏為在都督窟修造營饌食□。」
6	45 窟東壁門北	與菩薩組合。東壁門北南起畫菩薩、地藏立像各一身，菩薩寶冠，右手托供養花瓶，似非觀音，或為供養菩薩（參第 33 窟）。地藏比丘形，左手胸前托寶珠，右手胸前揚掌作印契。
7	115 窟南壁	與觀音組合，位於南壁中央，地藏立像，比丘形，左手不明（似胸前作手印），右手托寶珠，榜題：「南無地藏菩薩」。觀音立像，化佛冠，左手持淨瓶，右手持柳枝，榜題：「南無觀世音菩薩」。
8	115 窟北壁東側	與觀音組合，北壁正中為千手千眼觀音立像，東側有兩組畫：下為藥師佛三尊像（一佛二菩薩，均立像，藥師右手持錫杖）。上為三立像，中為觀音，右手持柳枝，左手似持淨瓶；西側為地藏，比丘形，左手持寶珠，右手不明；東側為立佛，殘甚。

續表

	分布	主要內容
9	126 窟東壁門南	與觀音組合。畫一比丘形地藏立像、一化佛冠菩薩立像，菩薩雙手持物不明，地藏左手托寶珠，右手持物不明。
10	135 龕內南壁主尊東側（此窟為 133 窟前室南壁一龕，坐南向北）	與菩薩組合。地藏比丘形立像，左手托寶珠。
11	153 窟龕內北壁	與菩薩組合。龕內南壁屏風畫二扇，各畫二立菩薩。西壁四扇，中間二扇（佛像兩側）無像，另二扇各畫一立菩薩。北壁屏風畫二扇，西側一扇畫二立菩薩，東側一扇內東為地藏立像、西側畫一菩薩立像。地藏比丘形，雙手合十。雖手姿奇特，因與菩薩組合，仍可視作地藏。
12	155 窟南壁西側	單尊像，比丘形立像，雙手各托寶珠。
13	155 窟北壁西側	單尊像，比丘形立像，雙手各托寶珠。
14	176 窟南壁東側	三尊像，與日藏、月藏菩薩組合，三尊均為立像。地藏居中，比丘形，左手托寶珠，右手下垂，不持物，榜題：「南無地藏菩薩。女弟子……」。東側菩薩左手托花瓶，右手持楊枝，榜題：「南無日藏菩薩」。西側菩薩雙手胸前作手印，榜題：「南無月藏菩薩」。
15	176 窟東壁門南	三尊像，均為立像。地藏居中，比丘形，左手托寶珠，右手作手印。南側為觀音，化佛冠，左手下垂，提淨瓶，右手持楊枝。北側菩薩寶冠，左手托花瓶，右手持楊枝。
16	176 窟東壁門北	三尊像，均為立像，地藏居中，比丘形，左手胸前托寶珠，右手胸前作手印。南側立佛，雙手胸前作手印。北側藥師佛，左手托缽，右手作手印。

續表

	分布	主要內容
17	197 窟南壁	與觀音組合。南壁東起畫觀音立像一身（化佛冠，雙手漫漶）、地藏立像一身，地藏比丘形，左手胸前似作手印，右手漫漶。五代補畫菩薩立像二身。
18	199 窟東壁門南	與觀音組合。盛唐窟，未完工。東壁門南北側觀音立像一身（化佛冠）、地藏立像一身。地藏比丘形，雙手各托一寶珠。榜題：「南無地藏菩薩。社人翟嚴壽為亡社人李進齋敬造。」
19	201 窟南壁西側	與觀音組合。南壁中為盛唐畫觀經變。東側中唐畫觀音立像一身（化佛冠、左手淨瓶、右手柳枝）、西側中唐畫地藏立像一身。地藏比丘形，雙手置胸前（似捧寶珠），背後兩肩處各上升一彩雲，雲中一俗人。
20	201 窟北壁西側	單尊像。北壁中央中唐畫觀經變。東側畫觀音二身，西側上白描佛、菩薩各一身，下比丘立像一身，有頭光，手姿漫漶。
21	225 窟南壁龕外東側	與觀音組合。盛唐窟，未完工。龕內盛唐畫，龕外西側中唐畫化佛冠菩薩立像，榜題：「南無觀世音菩薩」。龕外東側畫比丘立像，榜題：「南無地藏菩薩」。左手托寶珠，右手施無畏印。兩側六道，榜題：「天道」「修羅道」等。
22	379 窟東壁門南	與觀音組合。隋窟，後代續修。東壁門南（南起）中唐畫觀音（化佛冠，左手持淨瓶、右手作手印）、地藏立像各一身。地藏比丘形，雙手各持一寶珠。
23	榆 15 窟前室東壁門南	單尊像。比丘形，立像，左手橫置胸前，右手平舉，托寶珠，寶珠放光，現六道。
24	榆 25 窟東壁	八大菩薩曼荼羅之一尊。位於北上角，菩薩形，戴寶冠，坐，左手胸前仰掌，右手胸前托寶珠，旁題「地藏菩薩」。
25	榆 25 窟東壁南側	比丘形地藏菩薩立像，今不存。對應一身是藥師佛立像，今存。

2. 晚唐時期

此期壁畫中的地藏像有十九身，分布特點明顯，最大的特點是十四、一三八、一九六窟的四壁下方畫出一列的尊像畫，多數為菩薩，還有佛、弟子，這種排列式尊像在出現在初唐二〇九，三二三，四〇一窟等，均為菩薩立像，其意義尚有待分析。一四、一三八、一九六窟等列像中弟子像有頭光、持寶珠，所以視作地藏。

四壁屏風畫中的地藏，十三身。第十四窟四壁畫五十一身尊像，一屏風一像，其中有比丘像六身：東壁門北下畫四身菩薩立像，南起第 二身為比丘像，左手托寶珠，右手作手印。北壁下畫十六身菩薩立像，東起第三身為比丘像，左手作手印，右手托寶珠；東起第六身為比丘像，左手托寶珠，右手作手印。東壁門南下畫四身菩薩立像，北起第二身為比丘像，雙手胸前捧寶珠。南壁下畫十六身菩薩立像，東起第三身為比丘像，左手作手印，右手持蓮花，花上一寶珠；東起第六身為比丘像，雙手胸前捧寶珠。第一三八窟有四身，第一九六窟有三身。

龕內屏風畫中的地藏，三身。第一一一窟龕內南北壁畫屏風各二扇，西壁佛座兩側各一扇，每扇一立菩薩，其中南壁西側一扇畫比丘形地藏，右手持寶珠。第一七七窟龕內畫屏風三扇，畫觀音、彌勒、地藏立像各一身。第一九五窟坐北朝南，佛座兩側各畫一扇屏風，東側地藏、西側觀音。這樣存在於列像中的地藏像有十六身，占百分之八十之多，成為晚唐地藏像表現形式的最大特色。

另外三身地藏像的情況是：1.第一九六窟東壁門上畫菩薩說法圖一鋪，主尊菩薩形，化佛冠，北側脅侍菩薩、南側地藏，下有二供養菩薩二明王。地藏比丘形，半跏坐，右手托寶珠，北側上升一雲、南側上升三雲，雲中無物，應表示六道。2.第七五窟為盛唐窟，晚唐封閉西龕後畫三尊像，均為立像，主尊為佛，雙手下垂不持物。南側地藏比丘形，左手托寶珠，右手作手印。北側為菩薩，寶冠，左手胸前手印，右手胸前持花。3.第一〇三窟為盛唐窟，晚唐縮修甬道，甬道北壁存西側天王立像一身，南壁存西側地藏立像一身，比丘形，立像，持物漫漶榜題：「南無地藏菩薩」。

晚唐時期的地藏像保留著立像、比丘形、托寶珠等主要圖像特徵，最大變化是與排列式菩薩像並列，不再與觀音組合，出現如此大的變動似乎顯示地藏地位有所下降。

又，第二一七窟位於第九八窟正上方，《敦煌莫高窟內容總錄》將第二一七窟甬道的重修時間定在晚唐，但更有可能五代修建九八、一〇〇窟時將上層第二一七窟等進行同步維修，本文將第二一七窟甬道地藏十王圖像歸於五代敘述。

敦煌晚唐地藏圖像統計

	分布	主要內容
1	14 窟東壁門北下	畫四身菩薩立像，南起第二身為比丘像，左手托寶珠，右手作手印。
2	14 窟北壁下	畫十六身菩薩立像，東起第三身為比丘像，左手作手印，右手托寶珠。
3	14 窟北壁下	東起第六身為比丘像，左手托寶珠，右手作手印。
4	14 窟東壁門南下	畫四身菩薩立像，北起第二身為比丘像，雙手胸前捧寶珠。
5	14 窟南壁下	畫十六身菩薩立像，東起第三身為比丘像，左手作手印，右手持蓮花，花上一寶珠。
6	14 窟南壁下	東起第六身為比丘像，雙手胸前捧寶珠。
7	75 窟西壁	盛唐窟，晚唐封閉西龕後畫三尊像，均為立像，主尊為佛，雙手下垂，不持物。南側地藏比丘形，左手托寶珠，右手作手印。北側為菩薩，寶冠，左手胸前手印，右手胸前持花。

續表

8	103 窟甬道南壁	盛唐窟。晚唐縮修甬道，甬道北壁存西側天王立像一身，南壁存西側地藏立像一身，比丘形，立像，持物漫漶，榜題：「南無地藏菩薩」。
9	138 窟南壁	經變畫下方東側畫男供養人 10 身，西側畫立像 13 身，正中為藥師佛，左手托鉢，右手持錫杖，向東依次為 5 菩薩、1 立佛；向西依次為 2 菩薩、1 比丘、3 菩薩，比丘左手托花、右手胸前作手印，由於有頭光，似可視作地藏。
10.11	138 窟西壁	經變畫下方畫立像 18 身，正中為立佛，手姿漫漶。向南依次為 5 菩薩、1 佛（左手托鉢、右手作手印）、2 菩薩；向北依次為 1 菩薩、1 比丘（手姿漫漶）、1 化佛冠菩薩、1 合十比丘、4 菩薩、1 藥師佛（左手托鉢、右手持錫杖）
12	138 窟北壁	經變畫下方西側畫立像 7 身，西起 2 菩薩、1 比丘、4 菩薩，比丘左手置胸前，漫漶，右手托供養花瓶。
13	177 窟南壁龕內南壁	單尊像。南壁（正壁）屏風三扇，各畫一菩薩立像，東起第一身為地藏，比丘形，左手托寶珠，右手置胸前，持物模糊。餘二身為菩薩。
14.15	195 窟北壁龕內北壁	該窟為 194 窟前室北壁的附屬小龕，東、西壁各畫 3 菩薩立像，正壁（北壁）中央無畫，左右各一比丘立像。東側比丘左手胸前作手印，右手胸前托寶珠；西側比丘左手持一蓮花，右手胸前作手印。由於有頭光、頸釧等菩薩特徵，可能不是弟子，當可視作地藏。
16	196 窟東壁門上	東壁門上畫菩薩說法圖 1 鋪，主尊化佛冠，北側脅侍菩薩南側地藏，下有 2 供養菩薩 2 明王。地藏比丘形，半跏坐，右手托寶珠，北側上升一云南側上升三云，雲中無物。

續表

17	196 窟南壁	南壁下層畫 15 身菩薩立像，最西側是地藏，比丘形，左手置胸前，持物不明，右手托寶珠，榜題漫漶。
18	196 窟北壁東側	北壁下層畫 15 身，菩薩立像，其中 2 身為地藏菩薩。西起第 3 身，比丘形，右手托寶珠於胸前，左手情況不詳，榜題上半段：「南無地藏」。下半段漫漶，常理當有「菩薩」2 字。
19	196 窟北壁西側	北壁西起第 12 身，比丘形，立像，右手托寶珠於胸前，略同北壁東側地藏，但袈裟不同，榜題漫漶。

七　五代宋時期敦煌壁畫中的地藏圖像

1. 五代時期　二十一身

五代時期敦煌壁畫中有二十一身地藏像，位置多集中在甬道頂（12 身）、前室（4 身）。這些地藏像畫幅較以前增大，主尊多為披帽像，坐像，如同佛說法圖，儼然成為釋迦涅槃之後、彌勒成佛之前的救世主，地藏身分大大得到提升。具體特點有：

（1）這一時期比丘形地藏較少。榆第十九窟主室甬道頂殘甚，存善惡童子、六道等。榆第三十四窟甬道頂殘甚，存雙手持日月的阿修羅等部分六道圖，地藏形像不明。可以判明形像的十六身中，有七身為比丘形（124、217、225、387、390 窟，榆 33 窟）。

第一二四窟甬道頂畫比丘形立像，左手托寶珠、右手持錫杖。

第二二五窟為盛唐未完窟，東壁門南五代畫觀音地藏立像。觀音化佛冠，榜題「南無觀世音菩（下缺）」。地藏比丘形，立像，持物不明，榜題「南無地藏菩（下缺）」。

第三九〇窟為隋末初唐窟，五代重修，甬道頂畫地藏十王圖，地藏為比丘形。

第三八七窟前室南壁畫比丘形地藏立像，左手托寶珠，其餘畫面漫漶，時代屬於後唐清泰年間。

榆第三三窟東壁門上畫地獄變，主尊為地藏，坐姿，比丘形，左手置左膝，右手持錫杖，背光放光，光中有六道。兩側有業鏡、油鍋、誅殺、天王等內容。

第二一七窟二身見後文。

五代開始出現披帽地藏像，數量要多於比丘形地藏，可以判明形像的十六身中，有九身為披帽像。有的是單尊像，有的與十王組合。單尊像見於榆十二、十六窟。

榆第十二窟西壁門上榜題北側畫披帽地藏坐像，左手托寶珠，右手持錫杖。榜題南側為密教觀音坐像，左手持杵，右手持劍，榜題：「南無大聖觀世音菩薩。」

▲ 圖7 三九〇窟地藏十王圖

榆第一六窟西壁門上榜題北側畫披帽地藏坐像，左手托寶珠，右手持錫杖（榜題南側為菩薩坐像，戴寶冠，雙手胸前捧水瓶）。榆第一二窟與榆第一六窟的地藏形像類似。前文推測《十王經》和《道明和尚還魂記》約產生在晚唐，晚唐末五代初傳入敦煌。這些驟然出現的「新樣」地藏像顯示新樣式、新經典一經傳入，迅即風行。

（2）十王圖像的出現。五代地藏圖像的另一個顯著特徵是出現了十王圖像，可以確定的有八鋪。

第八窟。已見前述。

榆第三八窟前室北壁存壁畫中最大的一鋪十王經變。主尊毀，兩側畫十王審判場面，下方左金毛獅子、右比丘（道明），存部分十王的榜題，文字屬於《十王經》中的四句贊，如變成王的榜題存後半部分：「日日只看功德力，天堂地獄在須臾。」這是唯一存有贊文的十王經變。

第三〇一窟前室西壁門上上部毀，存錫杖部分，地藏左手置於左膝，不持物，南側下有二身俗人，北側下有三身俗人，身分不明，南側中有一人，形像略大，或是道明。其餘毀。

第三〇五窟甬道頂畫披帽地藏坐像，左手撫膝（無寶珠），右手持錫杖，左側畫惡童子、道明立像，右側畫善童子（善童子、惡童子、道明均存有榜題），下畫獅子。正下方為供桌，上有一香爐二淨瓶，兩側各有二俗裝人，屈身持笏，身分不詳。上兩角各一供養菩薩。

第三七五窟甬道頂畫披帽地藏坐像，地藏左手持寶珠，右手持錫杖（無六道），有十王、二判官、道明、獅子，上二角各畫一飛天。

第三七九窟原為隋窟，五代縮修窟門。甬道頂畫披帽地藏坐像，地藏左手撫膝，右手持錫杖，有六道、十王、二判官、道明、獅子。

第三八四窟盛唐未完窟，甬道頂五代畫披帽地藏坐像，地藏左手持寶珠，右手持錫杖，有六道、十王、四判官、善童子、惡童子、獅子、道明和尚，內容完整。

第三九〇窟甬道頂畫地藏坐像，地藏比丘形（較罕見），左手寶珠右手錫杖有六道、十王、四判官、道明（有「道明和尚」題記）、獅子（圖7）。

第三九二窟甬道頂畫地藏坐像，地藏披帽，左手仰掌於膝，右手錫杖，地藏手中無寶珠，有六道、十王、道明、獅子。

（3）披帽地藏與水月觀音的組合。見於六、三三一窟，這是地藏與觀音新的組合形式，從以前的地藏、觀音單尊像的組合發展成具有豐富內容的地藏、觀音組合。

第六窟甬道頂上部（東側）畫水月觀音。下畫披帽地藏與十王，地藏披帽而坐，左手持錫杖，右手托寶珠，下兩角站立十王、四判官。

第三三一窟前室西壁門上中為榜題，北側水月觀音，東側地藏坐，像，冠飾漫漶，有六道、道明、獅子無十王。披帽地藏與水月觀音的出現，值得思考，因為地藏出於中國民間傳說（道明冥間所見形像）、水月觀音為畫工創作（畫史記周昉「妙創水月之體」），幾乎脫離了經典佛教。

（4）比丘形地藏像與披帽地藏像同時存在。第二一七窟甬道頂地藏十王組合像，頂部壁畫現全毀，現存兩披，南披六畫面，中央地藏坐像，比丘形，左手托寶珠，右手說法印，以東三王、以西二王。北披六畫面，中央地藏坐像，比丘形，左手托寶珠，右手說法印，以東三王，以西二王。

敦煌五代地藏統計

	分布	主要內容
1	6 窟甬道頂	甬道頂上部（東側）畫水月觀音。下畫披帽地藏與十王，地藏披帽而坐，左手持錫杖，右手托寶珠，下兩角站立十王、四判官。
2	8 窟南壁門上	該窟位於第九窟前室北壁，坐北朝南，南壁門上畫地藏十王，存主尊地藏和西側的五王、獅子，地藏頭部兩側有善惡二童子。第九窟建於八九二年前後，故定此窟為晚唐窟。由於第八窟是第九窟的附屬洞窟，開鑿年代或許較晚，本文暫放在五代窟中敘述。
3	124 窟甬道頂	單尊像，比丘立像，左手托寶珠、右手持錫杖。
4～5	217 窟甬道頂	地藏十王組合像，頂部壁畫現全毀，現存兩披，南披六畫面，中央地藏坐像，比丘形，左手托寶珠，右手說法印，以東三王、以西二王。北披六畫面，中央地藏坐像，比丘形，左手托寶珠，右手說法印，以東三王，以西二王。
6	225 窟東壁門南	與觀音對應。盛唐未完窟。東壁門南五代畫觀音、地藏立像。觀音化佛冠，榜題「南無觀世音菩（下缺）」。地藏比丘形，立像，持物不明，榜題「南無地藏菩（下缺）」。又，這組圖像右下角還畫一身形像較小的菩薩立像，傍題「地藏菩薩……」但「菩薩」二字筆劃不全，後面沒有文字，菩薩戴寶冠、披天衣，是普通菩薩無疑，這條題記可能是塗鴉之字。
7	301 窟前室西壁門上	上部毀，存錫杖部分，左手置於左膝，不持物，南側下有二身俗人，北側下有三身俗人，身分不明，南側中有一人，形像略大，或是道明。其餘毀。
8	305 窟甬道頂	披帽，坐像，左手撫膝，右手持錫杖，供桌上一香爐二淨瓶，有善童子、惡童子、道明（均存有榜題），金毛獅子。上兩角各一飛天，下兩角各二身俗裝人，屈身持笏，身分不詳。

續表

	分布	主要內容
9	331 窟前室西壁門上	與水月觀音組合，中為榜題，北側水月觀音，東側地藏坐像，冠飾漫漶，有六道、道明、獅子。
10	375 窟甬道頂	披帽，坐像，左手持寶珠，右手持錫杖，有十王、二判官、道明、獅子，上二角各畫一飛天。
11	379 窟甬道頂	隋窟後代續修。五代縮修窟門。甬道頂畫披帽地藏坐像，左手撫膝，右手持錫杖，有六道、十王、二判官、道明、獅子。
12	384 窟甬道頂	盛唐未完窟。甬道頂畫披帽地藏坐像，地藏左手持寶珠，右手持錫杖。有六道、十王、四判官、善童子、惡童子、獅子、道明和尚內容完整。
13	387 窟前室南壁	比丘形，立像，左手托寶珠，其餘畫面漫漶。壁畫繪於後唐清泰年間。
14	390 窟甬道頂	地藏比丘形（較罕見）坐像左手寶珠，右手錫杖，有六道、十王、四判官、道明（有「道明和尚」題記）、獅子。
15	392 窟甬道頂	地藏披帽，左手仰掌於膝（手中無寶珠），右手錫杖，有六道、十王、道明、獅子。
16	榆 12 窟西壁門上榜題北側	披帽坐像，左手托寶珠，右手持錫杖，形像同 16 窟。榜題南側為密教觀音坐像，左手持杵，右手持劍，榜題：「南無大聖觀世音菩薩。」
17	榆 16 窟西壁門上榜題北側	披帽坐像，左手托寶珠，右手持錫杖，形像同榆 12 窟。榜題南側為菩薩坐像，戴寶冠，雙手胸前捧水瓶。
18	榆 19 窟主室甬道頂	殘甚，存善惡童子、六道局部。
19	榆 33 窟東壁門上	地獄變，主尊為地藏，坐姿，比丘形，左手置左膝，右手持錫杖，背光放光，光中有六道。兩側有業鏡、油鍋、誅殺、天王等內容。
20	榆 34 窟甬道頂	殘甚，存雙手持日月的阿修羅等部分六道。

續表

	分布	主要內容
21	榆 38 窟前室北壁	為壁畫中最大的一鋪十王經變。主尊毀，兩側畫十王審判場面，下方左金毛獅子、右比丘（道明），存部分十王的榜題，文字屬於《十王經》中的四句贊，如變成王的榜題存後半部分：「日日只看功德力，天堂地獄在須臾」。

2. 宋、西夏時期　十身

近來，敦煌宋、西夏時期的洞窟年代問題正受到學者關注，有學者認為莫高窟所謂「西夏窟」多數是宋窟。[32]由於內容基本相同，本文將此兩個時代十鋪地藏圖像一併敘述。另外需要說明的是，第四四四窟為盛唐窟，宋代縮修窟門，前室、甬道壁畫屬宋。《敦煌莫高窟內容總錄》記前室西壁門上畫地藏、藥師，誤，實是二組赴會佛。東千佛洞第五窟有大量密教題材，其中曾誤將南、北壁西側的曼荼羅認為是十王圖像。

地藏圖像與前一時期雷同，沒有太多的變化，其中單尊像只有三身（117、154、449 窟），餘七鋪為組合像；八身可判定形像的地藏像中，有三身為比丘形，五身為披帽形。其餘二身因出現在有十王的圖像中，可能都是披帽形。可見組合像、披帽形是流行題材。

比丘形地藏單尊像有二例。第四四九窟西壁南側帳扉南壁宋畫地藏比丘形，立像，左手胸前托寶珠，右手持錫杖，榜題漫漶。對應北側帳扉北壁畫一菩薩，雙手持香爐，榜題「南無寶檀香菩薩」。第一一七窟西壁龕外南側西夏畫比丘形地藏立像，雙手各持一寶珠。龕外北側為觀音立像（寶冠、左手提淨瓶、右手持蓮花）。

32　霍熙亮：《莫高窟回鶻和西夏窟的新劃分》，敦煌研究院編：《1994 年敦煌學國際學術研討會論文提要集》第 54 頁。關友惠：《敦煌宋西夏石窟壁畫裝飾風格及其相關的問題》，敦煌研究院編：《2004 年石窟研究國際學術會議論文集》下冊，上海古籍出版社 2006 年版。

披帽地藏單尊像有一例。第一五四窟北壁上層中唐畫二鋪經變，下層東起西夏畫一身站立披帽地藏、四身站立菩薩。地藏左手托寶珠、右手持錫杖，身兩側各放三道光，當表示六道，但光內無物。

與十王組合的地藏像有七例：

第一七六窟甬道頂宋畫披帽地藏坐像，有十王、六道、獅子等。地藏披帽坐像，左手托寶珠，右手持錫杖。身體放光，現六道，南側金毛獅子，北側漫漶（當有道明），下方兩角為十王。

第二〇二窟甬道頂宋畫地藏坐像，頭部殘，左手托寶珠（缽？），右手持錫杖，兩側十王。下方中央供桌，上一香爐二淨瓶（同五代第6窟），南側金毛獅子、北側道明和尚。

第三一四窟前室西壁門上宋或西夏畫地藏，披帽，倚坐像，左手持物不明，右手持錫杖，有十王，無六道。

第三八〇窟甬道頂宋畫地藏，披帽，坐像，左手托寶珠，右手持錫杖（無六道），有十王、二判官上方兩角各有一飛天。

第四五六窟東壁門北宋畫地藏，比丘形，立像，左手托寶珠，右手執錫杖，有六道、十王、判官。

榆第十五窟甬道南壁宋畫地藏披帽，坐像，下方殘甚，但可見「獅子」「道明和尚」諸字。

榆第三五窟甬道頂宋畫地藏，殘大半，存南側十王，有六道榜題有：「第四七齋五官王下」「第十三年齋五道轉輪王下」「道明和尚」等。

敦煌宋西夏地藏統計

	分布	主要內容
1	117 窟西壁龕外南側	西夏。龕外南側為比丘形地藏立像，雙手各持一寶珠。龕外北側為觀音立像（寶冠、左手提淨瓶、右手持蓮花）。
2	154 窟北壁	西夏。上層中唐畫二鋪經變，下層東起西夏畫一身站立披帽地藏、四身站立菩薩。地藏左手托寶珠、右手持錫杖，身兩側各放三道光，光內無物。
3	176 窟甬道頂	宋。地藏、十王、六道、獅子等。地藏披帽坐像，左手托寶珠，右手持錫杖。身體放光，現六道，南側金毛獅子，北側漫漶（當有道明），下方兩角為十王。
4	202 窟甬道頂	宋。地藏、十王，上部殘，地藏形像不明，兩側十王。地藏坐像，左手托寶珠（缽？），右手持錫杖。下方中央供桌，上一香爐二淨瓶（同五代第 6 窟），南側金毛獅子、北側道明和尚。
5	314 窟前室西壁門上	西夏。地藏披帽，倚坐像，左手持物不明，右手持錫杖。有十王。
6	380 窟甬道頂	宋。地藏披帽坐像，左手托寶珠，右手持錫杖。有十王、二判官，上方兩角各有一飛天。
7	449 窟西壁南側帳扉南壁	宋。地藏比丘形，立像，左手胸前托寶珠，右手持錫杖，榜題漫漶。對應北側帳扉北壁畫一菩薩，雙手持香爐，榜題「南無寶檀香菩薩」。
8	456 窟東壁門北	宋。地藏比丘形，立像，左手托寶珠，右手執錫杖。有六道、十王、判官。
9	榆 15 窟甬道南壁	宋。披帽地藏坐像，下方殘甚，但可見「獅子」「道明和尚」諸字。
10	榆 35 窟甬道頂	宋。殘大半，存南側十王，有六道，榜題有：「第四七齋五官王下」「第十三年齋五道轉輪王下」「道明和尚」等。

八　紙絹畫中的地藏圖像考察

敦煌紙絹畫的具體年代尚無詳細劃分，故本文按照單尊像、組合像來考察。

1. 單尊像　二十身

敦煌紙絹畫中的地藏單尊像有二十身，其中十五幅為幡畫，占四分之三，其中 MG.17658 為絹畫比丘立像，左手胸前持念珠，念珠放光，右手持錫杖。上方一禪定佛，前後各一榜題，後一榜題存「菩薩」二字，下左側榜題：「妻張一心供養。開元十七年（729）。」這是敦煌年代較早的紙絹畫。比丘如老僧，而非「面如滿月」。念珠放光與地藏寶珠放光類似，又手持錫杖和「菩薩」之題記，考慮到比丘形的「菩薩」只有地藏，故一般認為此比丘為地藏。

紙絹畫中的地藏單尊像主要特徵是：

（1）立像為主，有十六身；

（2）比丘形為主，有十七身，披帽形二身，密教菩薩形一身；

（3）手托寶珠為主，有九身單手托寶珠；

（4）多為幡畫題材，有十五身是幡畫。即立像、比丘形、單手托寶珠等構成紙絹畫中地藏單尊像的主要特徵。

現將主要內容敘述如下。

紙絹畫中的地藏單尊像調查表

	館藏號	主要內容
1	S.P.4	Ch.0084。絹，披帽坐像，左手托寶珠，右手持錫杖，下左角畫合十女供養人一身（下部殘）。
2	S.P.118	Ch.Ixi004。幡，絹，比丘立像，右手提淨瓶，左手置胸前，不持物，題「南無大聖地藏菩薩」。粉本與 S.P.125 同源。

續表

	館藏號	主要內容
3	S.P.119	Ch.xxiv.004。幡，絹，比丘立像，右手托寶珠，左手置胸前，不持物。
4	S.P.125	Ch.i003。幡，絹，比丘立像，雙手不持物，背面題「南無地藏菩□（薩）」。形像近同 S.P.118，粉本同源。
5	S.P.301	Ch.0060。幡，麻，比丘立像（？），題「南無地藏菩薩」。今藏印度，圖未見。
6	S.P.324	Ch.00111。幡，質地不明，比丘（？）立像，右手持寶珠，左手置胸前。今藏印度，圖未見。
7	S.P.412	Ch.i.0012。絹，披帽坐像，左手托寶珠，右手持錫杖。下方四供養人，右側比丘尼前導、後隨一女子左側前為合十男供養人、後隨一比丘，頗奇怪（應比丘前導）。今藏印度。圖見松 106A、*Buddhist Paintings of Tun-Huang in the National Museum*, New Delhi 第 60 圖。
8	S.P.442	Ch.xxi.0013。幡，絹，比丘立像，左手持淨瓶，右手結手印。今藏印度，圖見 *Buddhist Paintings of Tun-Huang in the National Museum, New Delhi* 第 59 圖。
9	MG.22798	幡，絹，比丘立像，雙手胸前作印契，不持物，地藏特徵不明顯。另面為菩薩立像，應屬於一組觀音、地藏圖像。
10	EO.1399（TA.158）	幡，絹，比丘立像，雙手不持物，地藏特徵不明顯。東京國立博物館藏，伯希和收集品，一九五七年吉美博物館與該館交換的三件敦煌文物之一。
11	EO.1186	幡，絹，比丘立像，右手托寶珠，寶珠向上散發出彩雲，左手置胸前，不持物。
12	MG.17768	幡，絹，比丘立像，左手托寶珠，右手置胸前，不持物。
13	EO.1180	幡，絹，比丘立像，雙手合十，榜題漫漶。
14	MG.17656	幡，絹，比丘立像，殘甚。

續表

	館藏號	主要內容
15	EO.1398	幡，絹，比丘立像，雙手胸前作印契，不持物，題「地藏菩薩」。
16	EO.1168	幡，絹，比丘立像，左手托寶珠，右手置胸前，榜題漫漶。
17	MG.17779	幡，絹，比丘立像，右手托寶珠，左手置胸前，不持物。
18	MG.17658	絹，比丘立像，比丘如老僧，上方一禪定佛，前後各一榜題，後一榜題存「菩薩」二字。左手胸前持念珠，念珠放光，右手持錫杖。下左側榜題「妻張一心供養。開元十七年。」
19	P.4514（5）	本卷有曹元忠開運四年（947）木刻像多身。其中木刻地藏菩薩像一頁，上圖下文，地藏為密教菩薩形，坐姿，戴寶冠，左手托寶珠，右手印契。右側題「大聖地藏菩薩」，左側題「普勸供養受持」。下為《地藏略儀》。
20	P.4518（35）	紙，比丘形，結跏趺坐，左手托寶珠，右手錫杖，右上角題「南無地藏菩薩」，左下角題「清信佛弟子縫鞋靴匠索章三一心供養」。按：索章三還繪製觀音像，見於 S.P.30（Ch.Iiv.0011），紙，禪定化佛冠菩薩坐像，右上角題「南無觀世音菩薩」，左側題「清信佛弟子縫鞋靴匠索章三一心供養」。應理解為同一組供養像，顯示觀音、地藏的對應關係。法藏 EO.1398 為索章三供養的紙畫多寶如來像。左側題：「南無多寶如來佛」。右側題：「施主清信佛弟子皮匠縫靴錄事索章三一心供養。」[33]

33 P.2049v《後唐同光三年（925）正月沙州淨土寺直歲保護手下諸色人破歷算會牒》第九十九到一百行有「麥一碩肆斗，索章七利潤入。」此索章七或與本文討論的索章三有關，若是，則索章三生活在十世紀上半葉。

2. 地藏組合像　二十身

坐像多，有的主尊是地藏，有的附屬千手觀音等圖像或與佛說法圖等其他圖像並列，主要特徵有：（1）均為坐像；（2）除二件為比丘形外（S.P.29，日本有鄰館），均為披帽像；（3）十五身持寶珠。

敦煌紙絹畫中的地藏組合像調查表

1	S.P.9	Ch.lxi.009，十王經變。絹，披帽坐像，右手持錫杖，左手印契，背光放光，但光中無六道圖像。下方左右畫十王、判官，中道明和尚、金毛獅子。榜題漫漶。
2	S.P.19	Ch.lviii.003，地藏說法圖。絹，披帽坐像，左手托寶珠，右手持錫杖，背光兩側放光，光中顯六道，佛座左右各一胡跪合十供養菩薩，榜題均為「普門菩薩」。下方中央為建隆四年（963）榜題一方，保存完整，左右各男女供養人二身。
3	S.P.23	Ch.0021，十王經變。絹，披帽坐像，左手持錫杖，右手托寶珠，左右十王，下方有道明和尚、金毛獅子，業道鏡顯罪人行狀，此圖無六道。榜題存「崔判官」「道明和尚」等。右下二比丘一男供養人、左下一比丘尼二女供養人。
4	S.P.29	Ch.lvi.0017。絹，地藏比丘形，側身坐，雙手似不持物，背光顯出六道，存部分榜題。
5	S.P.361	Ch.00225，十王經變。質地不明，地藏坐於岩石（？），左手托寶珠，右手持錫杖，有童子、獅子、十王，題記有「五官王下……」等。下方站立二男三女供養人，題記：「女九娘子出適陳氏一心供養」「故母張氏一心供養。」今藏印度，圖未見。
6	S.P.362	Ch.00355，十王經變。絹，披帽坐像，與十王組合。中地藏菩薩，左手托寶珠（似乎先畫寶珠，後畫手，以致手將寶珠覆蓋大部分），右手不持物，左右十王，有道明和尚，無獅子，下男女供養人各二身。今藏印度，圖見松 111A、*Buddhist Paintings of Tun-Huang in the National Museum, New* Delhi 第 62 圖。

7	S.P.473	松 109，十王經變。絹，披帽坐像，與十王組合。白描粉本，右手托寶珠，左手持錫杖，左右為十王，下方為金毛獅子、道明和尚。今藏印度。
8	S.P.552	Ch.lxiii.002，十王經變。紙，披帽坐像，與十王組合。中地藏菩薩，左手托寶珠，右手持錫杖，左右十王，有道明和尚、獅子，下男女供養人各二身。此圖上方有二個紐帶，顯然用於懸掛。今藏印度，圖見 *Buddhist Paintings of Tun-Huang in the National Museum, New Delhi* 第 61 圖。
9	MG.17659	絹，披帽坐像，左手持錫杖，右手托寶珠，位於千手觀音圖下方，有道明、金毛獅子，「地藏菩薩來會鑑物時」「道明和尚卻返時」「金毛獅子助聖時」「於時太平興國六年（981）辛巳歲六月丁卯朔十五日辛巳題紀」等榜題保存完好。
10	MG.17664	地藏說法圖。絹，披帽坐像，左手托寶珠，右手持錫杖，背光兩側放光，光中有六道，左右各站一童子，畫面左下有金毛獅子。下層右側一比丘一沙彌一男供養人、左側一比丘尼一女供養人一侍女。
11	MG.17793	十王經變。絹，披帽坐像，與六道、十王、判官組合，左手托寶珠，右手持錫杖，背光左右有六道，榜題保存完好，其中一比丘榜題「道明和尚」，上方兩角分別題「十王地藏菩薩壹鋪」「奉為亡過女弟子郭氏永充供養。」
12	MG.17795	十王經變。絹，披帽坐像，與十王組合，有金毛獅子，左手托寶珠，右手持錫杖，十王身後的榜題漫漶，左上角題「傅氏女弟子為自身畫十王地藏一幰，充供養。」
13	MG.17662	十王經變。絹，披帽坐像，地藏左手作印契，右手持錫杖，與六道、十王組合，榜題保存完好，知為太平興國八年（983）作品，「南無道明和尚」「南無金毛獅子」「南無引路菩薩」等榜題值得注意。
14	MG.17794	絹，披帽坐像，與十王組合，地藏披帽，左手托寶珠，右手持錫杖，有道明和尚、金毛獅子、獄卒，無六道。上方題「法氣朝天」，似為後人題寫。

15	EO.1173	十王經變。麻布，上半部千手觀音，下半部地藏、十王、男女供養人，榜題基本完整。地藏披帽坐像，左手托寶珠，右手持錫杖。
16	EO.3644	十王經變。絹，十一面觀音、十王、地藏像。上半部披帽地藏、十一面六臂觀音並坐，地藏披帽而坐，左手托寶珠，右手持錫杖。下半部十王、男女供養人，有道明和尚、金毛獅子。榜題均漫漶。
17	EO.3580	十王經變。麻布，披帽坐像，上半部為佛說法圖（因有寶池，一般稱淨土圖），下半部為六道、十王。地藏左手托寶珠，右手持錫杖。有六道、十王、道明和尚、金毛獅子，榜題漫漶。
18	美國弗利爾美術館	披帽坐像，左手托寶珠，右手結手印，前方畫一將軍，題「五道將軍」，下方道明、獅子，畫面左上角題「道明和尚」，右上角題「南無地藏菩薩忌日畫施」，其中「忌日畫施」字體較小。左下角畫一密教菩薩，右下角畫一供養人二侍從，題「故大朝大于闐金玉國天公主李氏供養」。
19	有鄰館	絹畫，觀音化佛冠，左手持蓮枝、右手托花瓶，半跏坐；地藏倚坐，比丘形，穿袈裟，左手持蓮花（寶珠？）、右手撫膝，左右各有一人，應是善惡童子，下方左側一供養比丘、右側一男供養人，身後站立一侍童。圖版說明定在五代。圖見該館一九七五年編《有鄰館精華》第二九圖。
20	甘博本	甘肅省博物館藏淳化二年（991）父母恩重經變的左下方有披帽地藏坐像，這是敦煌有年代的最晚的一幅地藏像。[34] 經變左下方，披帽，坐像，左手持錫杖，右手持寶珠。對應位置是一菩薩立像，類似引路菩薩。

3. 插圖本《十王經》中的地藏像　五身

敦煌文獻中有插圖本《十王經》四件，另有一件有圖無文，還有一件回鶻文插圖本《十王經》，其中有地藏像五身：第一、二件的前面有披帽地藏説法圖；第三到五件出現六菩薩，其中二件中的地藏為比丘形，一件是披帽形；五件的最後都出現五身無頭光的比丘（前述P.3304 十王經變榜題底稿結尾有「大目乾連於此鐵床地獄勸化獄卒救母時」一句，推測可能是目連，但筆者未思考此事）。

插圖本《十王經》中的地藏像

1	P.4523＋S.P.80	S.P.80 即 Ch.cii.001，紙，十王經變，二件各五王，可拼全卷，無經文。首頁為地藏説法圖，地藏披帽，半跏坐，左手印契，右手錫杖，下方左右十王，下方中二童子合十站立，一比丘合十站立（道明），二金毛獅子。最後一圖有一比丘，無頭光，行走狀，左手持錫杖，右手托缽。此圖無六菩薩。
2	S.P.78＋S.P213＋S.3961	S.P.78 即 Chi.00404，S.P.213 即 Ch.xi.001-2，紙，三件可拼全一件插圖本《十王經》，卷首畫披帽地藏，結跏趺坐，左手托寶珠，右手錫杖，存十王八身、善童子一身，榜題「善童子一心供養」。後面是圖文並茂的贊、圖。最後一圖為一比丘立像，無頭光，左手托缽，右手前伸至帶枷女人，似作解救狀。
3	P.2003	紙，插圖本《十王經》，卷首畫一佛二弟子説法圖，左右各二判官，佛座左右十王。下方道明、金毛獅子。無地藏。正文則畫地藏等六菩薩立像。地藏披帽，右手持錫杖，左手置胸前，不持物。最後一圖有一比丘站在地獄旁，無頭光，雙手合十。

34　秦明智：《北宋「報父母恩重經變」畫》，《文物》1982 年第 12 期。郭曉瑛：《甘博藏敦煌絹畫〈報父母恩重經變〉內容新探》，《敦煌學輯刊》2007 年第 2 期。

4	P.2870	紙，插圖本《十王經》，卷首一佛二弟子說法圖，左右畫十王四判官，下方中置供桌，右側一比丘合十而跪（道明），左側二童子合十而立，榜題基本完整，畫面與久保總美術館略同。無地藏無獅子。正文中出現六菩薩，其中有合十比丘形地藏。最後一圖有一比丘站在地獄門前，無頭光，手作指點狀。
5	久保總美術館	紙，前《地藏菩薩經》；中一佛二弟子說法圖，有十王、四判官、善惡二童子、道明，無地藏無獅子，畫面同 P.2870。正文有六菩薩立像，其中地藏比丘形，左手托寶珠，右手持錫杖。後插圖本《十王經》。最後的第十王畫面中出現一比丘立像，無頭光，雙手不持物，作指點狀。尾畫一佛一男供養人，題：「辛未年十二月十日書畫畢，年六十八寫，弟子董文員供養。」一般認為此辛未年為九七一年。按：中國歷史博物館藏有董文員在「庚寅年七月十五日題畫」的《觀世音菩薩、毗沙門天王像並題記》，見《中國歷史博物館藏法書大觀》第十二卷，此庚寅年當即九三〇年。
6	天理圖書館	張大千所獲回鶻文本，有圖有文，殘片中沒有發現地藏。

四川石窟中至少有十鋪十王經變，除前述資中北岩第八五窟外，還有大足石篆山第九窟（1096 年）、北山第二五三窟、寶頂山第二十窟，安岳圓覺洞第八十窟、圓覺洞第八十四窟、來鳳鄉第一窟，內江翔龍山第一窟，彭州三昧禪院第一至五窟（一王一龕，存五王，編為一至五窟）、綿陽北山院第九窟。其他地區十王經變還有若干，如河南鞏縣石窟文管所收藏有十王造像碑，一塊高一六八釐米，另一塊高一七一釐米，各刻一列五身。[35]美國弗利爾美術館藏廬山開元寺本、德國

35 中國石窟雕塑全集編委會：《中國石窟雕塑全集》第 6 卷「北方六省第 39 圖，重慶出版社 2001 年版。圖版說明定在北魏，誤，應為五代。

柏林印度藝術博物館藏吐魯番出回鶻文本、黑水和河北定州出西夏文本、韓國海印寺藏本、日本高野山寶壽院藏本、日本建仁院藏本等。

通過考察，我們對敦煌地區的地藏圖像有一個較為清晰的認識：

（1）地藏圖像在敦煌流行了約四百年，比丘形地藏一直存在，但在唐代最流行。

（2）披帽地藏像出現在五代，並成為五代、宋、西夏時期流行的樣式，比丘形地藏像相對較少，説明地藏圖像從經典記載形像轉為一種產生於中國本土的瑞像。

（3）敦煌壁畫中的地藏圖像顯示，晚唐時期地藏圖像處在較低的地位，如果沒有《道明和尚還魂記》《十王經》等這些中國僧人自編的宣傳品，地藏信仰將走向衰落。

（4）《十輪經》主要宣傳地藏思想，試圖以所宣傳的地藏四十五變化身與觀音的三十三變化身進行較量，但觀音信仰已經深入人心，而後地藏主要拯救陰間苦難，觀音主要拯救陽間苦難，敦煌二鋪十輪經變是地藏信仰的里程碑。

（本篇由3篇文章整理而成：〈《唐前期敦煌地藏圖像考察》，《敦煌研究》2005年第3期；《中唐以後敦煌地藏圖像考察》，《敦煌研究》2007年第1期；《敦煌所見早期披帽圖像新資料》，2009年芝加哥大學「十世紀美術考古」，會議提交論文，2012年出版）

地域文化研究叢書・敦煌文化研究叢刊　A0204015

敦煌佛教圖像研究　上冊

作　　者　王惠民
版權策畫　李煥芹
責任編輯　曾湘綾

發 行 人　林慶彰
總 經 理　梁錦興
總 編 輯　張晏瑞
編 輯 所　萬卷樓圖書股份有限公司
臺北市羅斯福路二段 41 號 6 樓之 3
電話 (02)23216565
傳真 (02)23218698

出　　版　昌明文化有限公司
桃園市龜山區中原街 32 號
電話 (02)23216565
發　　行　萬卷樓圖書股份有限公司
臺北市羅斯福路二段 41 號 6 樓之 3
電話 (02)23216565
傳真 (02)23218698
電郵 SERVICE@WANJUAN.COM.TW

ISBN 978-986-496-488-8
2020 年 8 月初版二刷
2019 年 3 月初版
定價：新臺幣 360 元

如何購買本書：
1. 轉帳購書，請透過以下帳戶
合作金庫銀行 古亭分行
戶名：萬卷樓圖書股份有限公司
帳號：0877717092596
2. 網路購書，請透過萬卷樓網站
網址 WWW.WANJUAN.COM.TW
大量購書，請直接聯繫我們，將有專人為您服務。客服：(02)23216565 分機 610

國家圖書館出版品預行編目資料

敦煌佛教圖像研究　上冊 / 王惠民著. -- 初版. -- 桃園市 : 昌明文化出版 ; 臺北市 : 萬卷樓發行, 2019.03
　冊 ;　公分
ISBN 978-986-496-488-8(上冊 : 平裝). --

1.敦煌學 2.石窟藝術 3.佛像

224.6　　108003218

本著作物經廈門墨客知識產權代理有限公司代理，由浙江大學出版社有限責任公司授權萬卷樓圖書股份有限公司發行中文繁體字版版權。
本書為真理大學產學合作成果。　校對：鄭淳丰／臺灣文學系四年級